荆棘中绽放

舒黎明 编著

深圳
40个
历史时刻

海天出版社
HAITIAN PUBLISHING HOUSE

·深圳·

序言

张玲

一

"深圳是改革开放后党和人民一手缔造的崭新城市，是中国特色社会主义在一张白纸上的精彩演绎。深圳广大干部群众披荆斩棘、埋头苦干，用 40 年时间走过了国外一些国际化大都市上百年的历程。这是中国人民创造的世界发展史上的一个奇迹。"2020 年金色的十月，深圳经济特区建立 40 周年庆祝大会上，中共中央总书记、国家主席、中央军委主席习近平如是评价深圳。

深圳经济特区的横空出世，很像茫茫荒漠里突兀地长出一棵参天大树的感觉，也很像浩浩长空中猛然传来一声悠扬雁叫的感觉。千年万年，南中国这片土地沉睡着静穆着，偶尔激动着颤抖着，但一直与奇迹无缘。正如恩格斯所言："没有哪一次巨大的历史灾难不是以历史的进步为补偿的。"十年内乱之后，中华民族终于等到一个真正具有历史意义的时刻——命运攸关和群星闪耀的时刻。

1978 年 12 月 13 日，中央工作会议在北京召开，邓小平做了题

为《解放思想，实事求是，团结一致向前看》的重要讲话。1978 年 12 月底，邓小平在中央工作会议上的讲话成为党的十一届三中全会的基本指导思想。十一届三中全会的召开，打开了思想解放的闸门，实现了新中国成立以来党和国家历史上具有深远意义的伟大转折，中国改革开放的大幕从此拉开。在这个重要思想提出的前一年，刚刚复出的邓小平视察广东，"逃港"作为一个海内外都十分关注的重大政治问题被摆到邓小平面前。

分别发生于 1956 年、1962 年和 1979 年的三次逃港大潮，从内地逃跑到香港的居民达百万人之巨，紧邻香港的许多村庄变成"无人村"。在长期坚持以阶级斗争为纲的背景下，政府对此采取强硬的高压手段，但是，怎么用高音喇叭唱"社会主义好"也没用，怎么派工作组、派民兵站岗警戒也没用，即使是鸣枪警告也没有用。邓小平对这个严峻问题的回答在当时堪称石破天惊："最大的问题是政策问题。"这是以邓小平为核心的党中央解放思想、实事求是迈出的重要一步。

1979 年 4 月，时任广东省委书记习仲勋在中央工作会议上大胆直言，希望中央放点权给广东，允许在深圳、珠海、汕头各划出一块地方成立"贸易合作区"，作为华侨、港澳同胞和外商的投资场所，按照国际市场的需要组织生产。对此，邓小平讲了国人耳熟能详的那几句话："还是叫特区好"，"陕甘宁开始就叫特区嘛"，"中央没有钱，你们自己去搞，杀出一条'血路'来"！

1980 年 8 月 26 日，在逃港的"桥头堡"深圳，率先建立了中国第一个经济特区。特区条例公布后的几天，逃港的人群突然消失了，成千上万藏在梧桐山大石后、树林中准备外逃的人，完全消失了！

那是中国特色社会主义在深圳这张白纸上的第一次精彩演绎。

缔造之初面积仅有327.5平方公里，占地面积不到广州六分之一、上海三分之一的深圳经济特区，承担着特殊的历史使命，开始了"先行先试"。

二

深圳先行先试的成果包括许多广为人知的第一：蛇口"开山第一炮"被誉为打响了中国改革开放"第一炮"。蛇口工地上土方车率先试行一车4分钱的奖金制度，从省委一直惊动到中南海，给当时仍停留在吃大锅饭思维里的中国人带来"多劳多得"的冲击。"时间就是金钱，效率就是生命"的口号第一次公开将金钱放进标语牌，以至数度竖起又被迫撤下，直到1984年国庆节终于以"花车"巡游形式出现在天安门广场，震动举国上下。东湖路上第一次土地拍卖的拍卖槌敲下之际，住宅商品化还被公认为是"违宪"行为，谁也没有想到，短短四个月后，被修正的居然不是土地拍卖而是宪法。创建人才市场，将人才从单位和档案的禁锢中解封，实现自由流动，始于深圳；在全国第一个将吃饭问题与粮票脱钩的，也是深圳……

但深圳的"先行先试"从来都不是一帆风顺，深圳在各领域先行先试取得的成果，后来被视为骄人成绩，在当时却总是招惹诸多非议。自建立之日起，深圳经济特区就面临重重怀疑。1979年蛇口工业区成立时，有位抗战时期在此打过游击的老战士泪流满面，痛心疾首地说："革命先烈流血牺牲得来的土地，给你们一下子卖掉了。"

从罗湖桥上走过来的港商，驮在自行车上进入深圳的百事可乐……对现在的中国人而言是值得欢迎的招商引资，对当时习惯以阶级斗争为纲的中国人而言，却是值得警惕的资本主义的腐蚀和入侵。特区建

立头两年，经济特区与"租界"没啥两样，深圳"只剩下五星红旗是红的""已经是资本主义化"等言论甚嚣尘上，特区是否要继续办下去的争论十分激烈。

关键时刻，邓小平首次亲临深圳视察。深圳的建设成果让他欣然题词："深圳的发展和经验证明，我们建立经济特区的政策是正确的。"那是对中国改革开放具有深远历史意义的重要事件，从此关于特区能不能办的争论基本消失。

先行先试必然有走弯路的时候。就在以三天一层楼的惊人速度建成国贸大厦没多久，深圳的经济模式受到海内外的严厉质疑和抨击，经历了一次"断血"危机，贷款大规模被断，曾经热闹非凡的大街变得行人寥落。面对挫折，深圳积极调整经济模式，于1987年发布的第18号文件在全国首次为民营科技企业颁发了准生证，诞生了华为、金蝶、创维等众多民营科技企业，拉开了中国高新科技企业追赶欧美跨国企业、与之争奇斗艳的大幕。

时代的挑战永不止息。作为先行先试的城市，在不同的发展时期，深圳总是面临不同的争议，经历许多迷茫的时刻。但深圳的优秀也正在于此：越是在争议和迷茫中，越能走出令人意想不到的精彩新道路。上世纪90年代，随着改革开放深入人心，全国各地改革开放取得的成果日新月异，许多人认为深圳作为特区不再有优势，"特区不特了"，鼓吹特区没有必要再办下去的论调四起。

这个时期，党和国家再度为深圳指明了方向。

1990年6月、1990年11月、1994年6月、1995年12月，江泽民四次来到深圳考察，充分肯定了深圳的成就："经济特区建设所取得的成就充分证明，创办经济特区的实践是成功的，实行改革开放

的总方针是完全正确的。它从理论与实践的结合上，丰富了我们建设有中国特色社会主义的认识。"又针对社会上"特区还能不能办下去"的疑惑指出："中央对发展经济特区的决心不变，中央对经济特区的政策不变，经济特区在全国改革开放和现代化建设中的历史地位和作用不变""要把发展经济特区贯穿于社会主义现代化建设的整个过程，基本实现国家现代化要搞多久，经济特区就要搞多久。"

党中央斩钉截铁的表态使"特区消亡论"没有了市场。

与此同时，党和国家对深圳未来的发展也指明了方向："随着全国改革开放的深入，社会主义市场经济体制的建立和现代化建设的发展，经济特区的特色也要相应地随之发展。今后主要应通过深化各项改革、调整经济结构、自主创新技术、加强全面管理、提高人员素质、完善投资环境、增进经济效益、健全法制规范，使整体经济水平再上一个台阶。"1999年，深圳又断然将传统的荔枝节改为国家级的高交会，成果斐然，促成朗科成为第一家收取外国企业专利费的中国企业，也令创办才8个月的新兴产业小公司腾讯在深陷烧钱模式难以为继之际，得到直接接触国际资本市场的机会，获得的百万美元投资奠定其日后成长为国际互联网巨头的基础。

当时间进入21世纪，"出口8亿件衬衫才能买一架空客飞机"的巨大反差强烈刺激着中国人不再满足于做单纯的"世界工厂"，此时深圳早已在党和国家的指导下调整了经济结构，强化了自主创新，整体经济水平再上了一个台阶。

歌德曾怀着敬意把历史称为"上帝的神秘作坊"，改革开放的大风吹来，"人有多大胆，地有多大产；不怕办不到，就怕想不到"，这句不合客观规律的话，竟然逆转成功了，这恐怕是世上第一回。早

在国际航班还是稀罕物的上世纪80年代，还只是一座边陲小镇的深圳就"异想天开"，想要建属于自己的国际机场，并奇迹般争取到国家同意，自筹资金于1991年将机场建成并投入使用，使得深圳成为全国唯一海陆空口岸齐备的城市，为21世纪初深圳富有远见地将新兴的物流产业确立为城市支柱产业之一打下坚实基础，为腾邦、顺丰等物流快递龙头企业的发展壮大提供了广阔舞台……而海关和各个政府相关部门的改革创新也引领了世界潮流。

好风凭借力，送我上青天。1980年深圳建市时仅有一名拖拉机维修工、一名兽医算得上科技人员，短短40年，当美国对诸多中国高新科技企业发动"制裁"之时，人们调侃说，美国并没有发动国与国之间的贸易摩擦，从中兴、华为到大疆，美国发起的，只是与深圳南山区粤海街道之间的贸易摩擦而已。

二

21世纪初，20余年经济高速发展让中国人不再满足于单纯地赚钱，对社会法制、环境、精神层面有了更高需求。以胡锦涛同志为总书记的党中央提出科学发展观。胡锦涛三次亲临深圳视察指导工作，对深圳更好地发挥改革开放的"窗口"作用、"试验区"作用和"排头兵"作用寄予厚望，要求包括深圳在内的经济特区加快发展、率先发展、协调发展，在制度创新和对外开放等方面走在前面，努力当好推动科学发展、促进社会和谐的排头兵，为全国提供更多的有益经验。

而此时回看深圳的发展轨迹，似乎在每一个阶段深圳都开了"外挂"，提前为今后的发展埋下伏笔。1988年，深圳尚未成立人大，就大胆向国务院呈递了请求授予深圳市立法权的报告。历时5年曲折地

获得了立法权后，深圳通过法规及有关法规的决定400多项，其中超过三分之一是在国家和地方立法没有先例的情况下先行先试的，不但维护企业利益，在保障外来打工者权益方面，也走在全国前列，甚至连电梯运营、污水处理这样的"小事"都有法可依。

同时，深圳也用法律移风易俗、保护好人。在法律的保护和推动下，深圳悄然于1998年10月在全国率先实现临床供血100%来自无偿献血；深圳人体器官捐献工作跃居全国领先地位，2007年全市已有5000多人自愿登记捐献器官，到2017年更是成为全国多器官捐献最多的城市。

深圳对人民群众生命财产安全的重视也早在上世纪90年代就写进了法规，一个以"时间就是金钱，效率就是生命"闻名的城市，却也是全国第一个发布气象灾害预警的城市，率先用法规在灾害天气面前强制全市停业。

教育方面，早在地区生产总值只有1个多亿的1983年，深圳市政府就拨款5000万元筹建深圳大学。如今深圳已经成为世界各地的毕业生都愿意前来工作的地方。深圳中小学教师队伍卧虎藏龙，深圳本地高校人气爆棚，录取分数线常常超过许多全国重点大学……

四

深圳近年来令人惊叹的一次奇迹莫过于2014年，华为的终端基地落户东莞松山湖被认为是深圳产业外迁的一次重大事件，加上之前富士康等深圳知名大企业陆续将产业重心内迁到河南、江西等地，大疆等公司也在酝酿将总部建到东莞，导致各界对深圳的唱衰不绝于耳之际，深圳市政府却在政府工作报告里郑重提出了建设"粤港澳大湾

区"的构想，建议将包括深圳在内的广东省内九大城市（广州、深圳、佛山、东莞、惠州、中山、珠海、江门、肇庆）跟香港、澳门两个特别行政区紧密联合在一起，形成一个世界级城市群——粤港澳大湾区。

这个提案被当作国家级战略受到高度重视，从此深圳作为经济特区与先行示范区叠加的粤港澳大湾区的核心引擎，开辟了发展的新境界。四年后，作为粤港澳大湾区战略中重要一环的港珠澳大桥开通，习近平总书记亲自出席并宣布大桥正式开通，还一连用了"圆梦桥、同心桥、自信桥、复兴桥"四个词来称赞它。

事实上，从空间而言，港珠澳大桥并不经过深圳，与深圳无关；从时间而言，它的筹建早在深圳建市之初便有了构想，数百亿元的巨额投资和超高难度的技术需求也不是当时的深圳能够承担的。一座在空间和时间上都与己无关的大桥，深圳竟然神来一笔将其与自己的发展深切结合，毫无疑问又成奇迹。

到底是什么能让党和国家总是能够为深圳指明方向，而深圳又总是能在党和国家的指引下有奇迹般的发展？奥地利著名作家茨威格在他的传记文学作品《人类群星闪耀时》记录了若干对人类历史影响深远的瞬间：所向披靡、筹划周密的拿破仑之所以会遭遇滑铁卢之战，关键在于其部将格鲁希毫不变通拒绝进攻的那个瞬间；而城堡坚固的君士坦丁堡最后的陷落，皆因一扇忘了关上的小门……茨威格认为，无比丰富的事件集中发生在极短时间里，一如整个太空的电聚集于避雷针的尖端，平素缓慢地先后或平行发生的时间，凝聚到决定一切的唯一的瞬间：唯一的一声"行"，唯一的一声"不"，太早或太迟都不行，使这一时刻长留史册，它决定了一个人的生死，一个民族的存亡，甚至于全人类的命运。

那么，那些促使深圳诞生，以及令它走出有如奇迹一般发展轨迹的瞬间是什么？1978年10月，北京，邓小平视察新建的一批住宅楼后，问了身边的人一个问题——居民住宅能否成为商品？在那个夜色尚未褪尽的年代里，周围一片沉默。

于是邓小平自问自答："如果房子算商品，我这几年也还有点积蓄，想买套房子给朴方，我的其他孩子不需要照顾，朴方是因为我致残的，我需要照顾他。"①

或许，这位父亲说出的普普通通的蕴藏于柴米油盐、一屋一床之中的爱和渴望的瞬间，为9年后远在南海边的深圳人冒着"违宪"风险推动土地第一拍，注入了敲下拍卖槌的最大一股气力。

1978年7月最热的日子，刚刚复出工作就南下主政广东的习仲勋来到中英街。40多年后他的儿子习近平回忆："……我来深圳，去中英街，看到两边差距确实太大了，一边是破烂木板房，一边是带空调的气派小楼。当时就感觉到老百姓有着强烈的改变生活和命运的愿望。"对比鲜明的街景，令每一个人油然而生的强烈改变生活和命运渴望的瞬间，或许就是习仲勋后来在中央工作会议上尖锐地、鲜明地要求中央放权、落实改革开放的胆识来源之一。

而当一名香港富商站在轻松赚大钱和报国两种选择的十字路口，决然选择了报国的瞬间，内伶仃洋上贯通港珠澳的巍然大桥和它背后繁荣富裕的粤港澳大湾区便已隐约浮现；当一场滂沱大雨冲掉布吉大芬村大量精美的油画作品时，认真负责的文化站工作人员赶去了解情况后，从镇到区各级政府相关部门很快拿出一条条看似枯燥的规划文

---

① 王恩山，《散落的历史》，新星出版社，2012年。

件以及真金白银的改造升级资金的瞬间，农民也能变身中国梵高的奋斗奇迹也就离得不远了；当我们看到许多无名的普通打工者面对没有售票员卖票和监管的公共汽车，不约而同选择老实按照指引投币坐车的瞬间；当我们看到一个后来甚至没能留在深圳安家的打工者，只是听了一场宣传便勇敢站出来成为这座城市首位无偿献血者的瞬间；当我们看到25名拥有各自悲欢离合故事的平民旅游者，得到自由去往香港的机会，却没有任何一人选择自私逃离，最终全都如约回到罗湖桥这边的瞬间……

正是这些瞬间，让我热泪盈眶、热血沸腾。《荆棘中绽放——深圳四十个历史时刻》这本书，真实叙述了深圳经济特区的发展历程，写出了四十年来党和国家领导人的实事求是、英明决策、思想解放和人民至上，写出了深圳人的敢闯敢试、开放包容、务实尚法和追求卓越。荆棘中绽放，苦难后辉煌，深圳四十个历史时刻，当然囊括不了深圳经济特区四十年每一个群星璀璨的瞬间，但窥一斑见全豹，深圳走在大道上，中国走在大道上。

习近平总书记在特区建立40周年大会上要求："在新起点上，经济特区广大干部群众要坚定不移贯彻落实党中央决策部署，永葆'闯'的精神、'创'的劲头、'干'的作风，努力续写更多'春天的故事'，努力创造让世界刮目相看的新的更大奇迹！"我们唯有不忘初心，牢记使命，奋勇向前！

（作者系深圳市委常委、宣传部部长）

002	一次激烈的对话：
时刻一	当解放思想实事求是的精神开始发光

011	"杀出一条血路"：
时刻二	未被真实记录的蛇口"开山第一炮"背后

目录

022	率先打破"铁饭碗"：
时刻三	按下改变观念的开关

033	17 分钟促成宪法修改：
时刻四	全国土地拍卖第一槌落下之前

045	第一声春雷响起：
时刻五	时间就是金钱，效率就是生命

057	"摸着石头过河"：
时刻六	百事可乐公司被自行车"驮"过罗湖桥

066	1985 年大"断血"：
时刻七	化危机为转机的城市品格怎样练成

078	一场完美的配合赛：
时刻八	率先取消粮票、放开物价

089	来了就是深圳人：
时刻九	全国最大移民城市的起头

101	创造财富奇迹：
时刻十	从农村股份改造到第一只股票

114	小小律所备受关注：
时刻十一	法治建设先锋与试点城市的魄力

124	法治之重：
时刻十二	敢开口要立法权的"野心"

131	法治之善：
时刻十三	用立法来移风易俗

136	打造"黄金人"的远见卓识：
时刻十四	一座核电站黄金般的"逆袭"

146	东方风来满眼春：
时刻十五	一次"后无来者"的惊世报道

158	滩涂上变魔术：
时刻十六	先进的观念比物质更重要

167	春江水暖鸭先知：
时刻十七	民营企业第一张"准生证"的诞生

176	你乐，我乐，大家乐：
时刻十八	"文化沙漠"里绽放的花儿

186	一个标题拍出 17 万元：
时刻十九	深圳传奇里属于文化的一片海

196	在这里变身"中国梵高"：
时刻二十	中国油画第一村的传奇

210 时刻二十一	满溢着设计与创意的土壤： 中国第一个设计之都诞生
222 时刻二十二	迎着台风起航： 深圳特产的神奇变身
231 时刻二十三	互联网狂飙的年代： 被高交会改变的人生轨迹
240 时刻二十四	一米柜台足以影响世界： 深圳制造的狂野梦想
247 时刻二十五	非深圳不可的宿命： 大疆的选择水到渠成
255 时刻二十六	解决最后 2 厘米问题： 深圳海关引领现代化
262 时刻二十七	敢闯敢试敢作为： 两本自买账本催生了整个"电子政府"
270 时刻二十八	勇敢按下城市的"暂停键"： 从深圳起步的气象灾害预警
277 时刻二十九	运通九州，服务民生： 一日三餐吃出了全球物流
284 时刻三十	万里之航不蔽毫厘之差： 亚洲最佳码头盐田港的奇迹

292
时刻三十一
让异想天开落地生根：
一路开挂的深圳机场

302
时刻三十二
为弄潮儿提供最广阔舞台：
全国唯一海陆空口岸齐备之城

309
时刻三十三
留取丹心照汗青：
一个富商站在广深高速前的抉择

317
时刻三十四
流动名片折射美好素质：
无人售票公交车的率先推行

322
时刻三十五
赠人玫瑰，手有余香：
志愿者之城的风采

329
时刻三十六
平凡人带来最多感动：
从有偿献血到无偿献血的 100% 逆转

336
时刻三十七
来自灵魂深处的伟大：
出租屋里走出的器官捐献先行者

342
时刻三十八
教育与金钱之间的误解：
一座大学的"奢侈"与"节约"

349
时刻三十九
一桥飞架深港：
一座桥的百年风云

358
时刻四十
"有我"到"无我"的伟大转身：
从经济特区到粤港澳大湾区

366
参考文献

‹ ‹‹ ‹

时刻

一

一次激烈的对话：
当解放思想实事求是的精神开始发光

一

深圳宝安福永凤凰山，山形如凤凰，停栖在浩瀚的伶仃洋畔，南瞰深圳湾，峻秀葱翠，物产丰饶。

距凤凰山 100 多公里的江门新会也有一座临海的大山，叫崖山，是南宋末年崖山之战发生地，陆秀夫在此背着南宋末代少帝跳海而亡，十万南宋军民在此齐齐跳海壮烈殉国。

公元 1287 年，崖山之战八年后，元大都修建工程全部竣工，一派繁荣兴盛景象，南海上的牺牲和鲜血早已被时光冲淡。就连忽必烈一心想要招降的文天祥，也于四年前慨然赴死，只留《正气歌》时时激荡：天地有正气，杂然赋流形。下则为河岳，上则为日星⋯⋯

这一年，一名五岁幼童跟随母亲、舅舅等人风尘仆仆来到凤凰山

下。他们在山脚一棵梨树下造起房子，拓荒垦殖，定居下来。

这家人看起来与众不同，不仅仅是满口与南粤人不同的陌生口音，更因着行事为人、谈吐举止处处透露着风度不凡、见多识广，令人一望而知绝非普通农户。

然而，这个五岁大的、被众人严密保护、认真教育、来历不凡的幼童，跟普通农户家的孩子一样长大了，没有了不得的皇亲贵戚突然出现改变他的命运，也未将聪明才智和良好教育用于追求仕途通达。他打铁、务农、结婚、生子、老去，普普通通地过完了一生。

这名叫文伯平的普通农人，尚在襁褓之中时他的祖父文天祥便兵败被俘，父亲文道生也于同年病逝。他在母亲、舅舅和忠心仆从的护佑下一路从广东丰顺逃到福建，过饶平，终于在凤凰山下结束了颠沛流离的逃难生涯。

为保全族人的性命，文氏子孙严格遵守彼此不相认、终生不做官的家训。

做官这件事，在外人意味着权势和风光，真正肩扛责任的人才知道那是怎样的兢兢业业、如履薄冰、殚精竭虑。文天祥进士第一出身，官拜将相，为保家卫国经历常人难以想象的艰辛，到最后以生命留取丹心照汗青，不可谓不是"辛苦遭逢起一经"。

文伯平作为文家好不容易保住的一线血脉，恪守终生不做官的家训。他想不到的是，700多年后，凤凰山下他的子孙们，终究还是跟他祖父一样，因为当着一点小官，遭遇了人生一场重大的"惊心动魄"。

二

那是1978年的夏天，此时文氏后人定居的地方隶属宝安县福永

公社凤凰大队。文天祥那位名叫文富祥的后人年近五十，当着小小的芝麻官：凤凰大队书记。

这年夏天，和其他200多名基层大队书记一起，文富祥来到宝安县委党校学习。

7月2日，有消息传来，新上任的省委书记想要跟基层大队书记们好好地、坦诚地聊聊。

连着三天，省委书记和省委其他领导一起，跟文富祥等大队书记聊了很多直接尖锐的话题，主要集中在"逃港"这件事上。

熟悉港片的人总能从电影不经意的细节里窥到一点当年逃港的"盛况"，周星驰在电影《情圣》里扮演的就是一个从内地逃到香港的逃港者。还有一些香港名人，如香港金利来集团创始人曾宪梓、香港期货"教父"刘梦熊、音乐人罗文、一代小提琴家马思聪等都是当年的逃港者。

1962年，九死一生的逃港者大量涌入香港，被困于华山，金庸力排众议在《明报》上发表社评号召："最宝贵的是人的生命！最大的仁政，是救人的生命！"更直接拟标题"火速！救命！"，因而被誉为大侠。

分别在1956年、1962年和1979年发生的三次逃港大潮，跑掉的人有多少呢？据统计，20世纪50年代初到70年代末，香港人口从232万人飙升至506万人。除去官方宣称的每日50名合法移民以及自然增长数值，剩下至少100万人，都是从内地逃过去的。

100多万人是什么概念？当中国人口达到13.64亿之际，2014年国务院发布《关于调整城市规模划分标准的通知》，城区常住人口100万以上500万以下的城市便可称为大城市。

一整座大城市的人口经当时的宝安县逃去香港，带来的冲击可想而知。1971 年，宝安县公安局在给上级的《年终汇报提纲》里提道：大望前、马料河、恩上、牛颈窝、鹿嘴、大水坑等许多村庄都变成了"无人村"，有个村子逃得只剩下一个瘸子。

1973 年，西坑村的大部分青壮年，包括当年反外逃的积极分子、民兵干部都逃到了香港，有个组留下的最大的"男人"，是一个 8 岁的男孩。

据统计，至 1978 年，当时宝安县的干部参与逃港者共有 557 人，逃出 183 人；县直机关有 40 名副科级以上干部外逃……

怎么用高音喇叭唱"社会主义好"也没用，怎么派工作组、派民兵站岗警戒也没用，即使是鸣枪警告，即使放出警犬撕咬，也没有用——这是十几年后深圳市委宣传部写作组在《深圳的斯芬克思之谜》里描述的当时人们逃港的疯狂景象。

三

深圳梧桐山，对如今的深圳市民而言是本市最高峰，附近有仙湖植物园、弘法寺，山上有登山道，是阖家游玩及公司团建的好去处。但是一口气爬到山顶对缺乏运动的都市人堪称挑战，出发前必定要穿专业运动装，带够补给。偶有冒失探险的驴友因雾大天黑跌落山崖伤亡，便被当作大事不停报道，从各方面进行反思。

谁能想到，时光倒流三四十年，作为陆路偷渡路线的必经之地，梧桐山上曾经聚满衣衫褴褛、饥肠辘辘、根本不知运动鞋和补给为何物的人们。他们带在身上的宝物是猛兽的大便，涂在边防铁丝网上，边防战士的猎犬闻到不敢近前，他们便推倒铁丝网逃往香港。

鹰嘴崖，梧桐山上一处并不太陡峭的山崖，当年曾摔死大量逃港者，被深圳河对岸的香港称为"梧桐山上阎王壁"。

1996年，《深圳商报》记者陈秉安爬上梧桐山顶，来到所谓的"阎王壁"，发现此处并不怎么陡险，更不像香港报纸说的那么恐怖，只要稍加留心，是不应该摔下去的。

可是，当时为什么会有那么多逃港者摔下崖去呢？

天黑？人累？饥渴？紧张？还有什么原因吗？陈秉安在悬崖边上走着，想着，直到抬头远眺，隐隐约约看见山脚下深圳河对岸香港那头望不到边的高楼大厦，猛然明白了。

那些疲惫不堪的偷渡者，在饥饿、恐慌之中，于千难万险之后，登到山顶，突然看到山下是香港的灯光，一派辉煌富足的景象。那种即将获救的惊喜、紧张、兴奋陡然一齐袭来，他们太兴奋了，正是这种极度的兴奋令他们忘记了悬崖就在脚下！

到底是什么在吸引那么多人不顾生死、忘乎所以地逃往香港？

这就是1978年夏天那三天里，省委书记想跟文富祥这些基层人队书记认真讨论的问题。

与会的200多名大队书记，对此积极发言的大概是19名，令人印象深刻的有三人。

文富祥便是其中之一。

小心驶得万年船。普通人坚持说真话尚且要三思，更何况身在官场。1962年那次逃港潮里，有些官员说了真话，他们的下场历历在目，有的人后来直接被批斗疯了。

可是，不知道怎么回事，文富祥开口了。每句话都真实大胆得让人大吃一惊。

大逃港

"为什么有这么多人外逃?"省委书记问。

"香港比内地好嘛!"

石破天惊。

那个年代说香港比内地好,等于说资本主义比社会主义好,是大逆不道,是下一秒就会锒铛入狱的重罪。

文富祥却继续说了下去。

"第12生产队文×民,四个小孩都偷渡出港,很快就汇1万元回家建新房。凤凰大队最好的新房,都是偷渡者家属建的。偷渡到香港很快找到工作,可以炒老板鱿鱼,自由选择职业,赚钱多,什么东西都能买到。在家当农民天天面朝黄土背朝天,一辈子当农民,世世代代当农民,农民不自由,是笼中鸟。

"……很多东西要凭证购买,有时有证也买不到。

"……真是官字两个口，一时说不准包产到户，一时又说可以包产到户，我们包也难，不包也难。一时说反偷渡，一时又放人出港，我们抓也错，不抓也错。我们当干部的真怕搞到自己头上。我们抓偷渡抓到怕，被运动斗到怕！"

——以上对话细节摘录自 2014 年 4 月中央党校对当时在场的前宝安县委书记方苞的采访。其实，文富祥当时到底跟省委书记说了哪些话，不同的报道略有出入。

这很正常。除非有现场录像或录音，情绪激动的情况下，连说话者本人都不可能记清楚自己说过的每一句话，更何况在场一个个被文富祥的大胆直言惊呆了的参与者。

大家都记得的是，文富祥说完这些话后，省委书记的脸色变得不好看了。

省委书记责问："你是何时入党的？什么出身？当了几年干部？你大队的公余粮任务完成没有？"

文富祥发热的头脑顿时清醒了，知道讲过头了，低声回答："我家代代贫农，我在土改时就入党当干部了，公余粮任务超额完成。"

省委书记听了没再说什么，气氛僵住了。

那一刻，过去那些说实话的人的下场，一一浮现在文富祥眼前。

恰在此时，他又看到会场里有个民警走了过来。

文富祥后来告诉方苞，他当时以为，民警是要过来把他当场抓起来的。

文富祥紧张到极点，民警却从他身边走了过去，想象中的一幕并未发生。

省委书记的面色逐渐缓和下来，说了一些同样令文富祥及其他干

部震惊的话：

"同志们说的话虽然难听，但是我们也要听。

"同志们讲得很好，很诚恳。

"要允许讲不同的话，允许讲错话、做错事。

"现在搞成这个样子，偷渡到了这么严重的情况，同志们都没有责任，主要责任还是在我们，我们不能回避这个责任。"

文富祥生命中一场"惊心动魄"有惊无险地过去了。

不仅仅是有惊无险。正如省委书记所说，他们没有回避，而是扛起了这个责任。那次谈话过后半年，1979 年 1 月 31 日，经中央批准，中国第一个外向型经济开发区——深圳招商局蛇口工业区正式成立。

1980 年 8 月 26 日，在逃港的"桥头堡"深圳，率先建立了中国第一个经济特区。

特区条例公布后的几天，逃港的人群突然消失了，成千上万藏在梧桐山大石后、树林中准备外逃的人，完全消失了！

不仅如此，之后 30 多年的人生中，文富祥亲眼见证一座富有的城市从之前贫困的土地上拔地而起，亲眼看到连饭都吃不饱的国度逆袭成全球第二大经济体。

四

1978 年初夏发生在宝安县委党校那间普通小平房里的惊心动魄的对话，无疑为奇迹的发生奠定了基础。

作为有幸参与这一历史进程的亲历者，文富祥后来回忆到底是什么支撑他说出那些话。

他想到的是很多年前，当他还是一个小男孩时，家里的老人家就

说，他们的祖先是著名的文天祥，要讲忠义。

他还知道，那位名叫习仲勋的新任省委书记，是了不起的大人物，担任广东省委书记之前四个月刚刚复出工作。过去 16 年，功勋卓著的他被诬陷，蒙受冤屈，被下放、看管、监护，中间有长达 6 年时间他的任何亲人都无法联系到他，社会上纷纷谣传他的死讯。而当他复出工作时已年届 65 岁，他并不计较个人恩怨得失，而是背负起看守祖国南大门的使命，奔赴广东担任省委书记。

面对这样一个人，文富祥心里其实是有底的。

还有一件事是文富祥很久以后才知道的，在他跟习仲勋那番对话发生的前一年，刚刚复出没多久的邓小平到广州视察，听完各人汇报后，邓小平沉默半晌，掸了一下烟灰，指出：最大的问题是政策问题。

"解放思想，实事求是"八个普普通通看似枯燥的字，从能够让人讲实话、听得进别人讲实话那个时刻开始，便绽放了光芒。

"杀出一条血路"：
未被真实记录的蛇口"开山第一炮"背后

一

众所周知，1979 年 7 月 8 日，深圳蛇口港开工建设，打响了中国改革开放"第一炮"。

定格于黑白照片上、于简单平凡中蕴含无限希望的开山瞬间，也蔚为经典。

然而有关蛇口"开山第一炮"的记录，有许多细节与大众认知并不一致，存在诸多疑点。

首先，1979 年 7 月 8 日这个时间点是存疑的。

蛇口工业区出版的画册《春天的故事》中，对蛇口"开山第一炮"的时间只确定到 1979 年 7 月。具体是哪一天？没说。招商局历史博物馆反复向当时亲历的老同志求证，有些人说原定 7 月 1 日，后来考

虑到这一天是党的生日不太合适，就推后了一天。2004 年蛇口官方出版的《辑录蛇口》一书中把"开山第一炮"的时间确定为 7 月 2 日，而非广为流传的 7 月 8 日。

其次，蛇口"开山第一炮"的地点也是存疑的。

我们现在看到的蛇口"开山第一炮"经典照片中，开山、炸山的地方在微波山和龟山之间。熟悉地形的人知道，此处应有个山包，可照片上本应是山包的地方变成了一个整齐的平整切面，一看就是已经平整过的。所以，真正的"开山第一炮"地点跟照片记录的，也不一样。

最后，流传最广的那张照片并非照相机拍摄，而是从电影胶片上截取的。也就是说，连那张照片本身也不是准确的"开山第一炮"现场第一拍——尽管它肯定是最早拍摄的蛇口开山建设的照片之一。

那么问题就来了：为什么这样一件惊天动地的历史大事件，竟然没有留下确切的、翔实的记录和照片？

这个问题的答案，需要我们退回到 40 多年前，回到当时、当地去寻找。

二

40 多年前的深圳是怎样的？

深圳市的名称正式于文件中第一次出现，是在 1978 年 8 月 22 日中共惠阳地委向中共广东省委报送的《关于宝安县改为深圳市的请求报告》中。

当时，深圳市还有另一个备选名：宝安市。

"宝安"，境内有宝山，山中有银矿，"山辉泽美，珍宝之气聚焉"，贵气又吉祥。

"深圳"两个字呢？来源于宝安县下辖的深圳镇。圳，是田间水沟的意思。深圳，因村庄周围水泽密布，中间有一条深水沟而得名——光看这两个字就可以想象出一个有水有田、跟大多数南方农村差不多风光的小地方。

不过，由于跟香港的口岸关系，深圳镇在海内外的知名度远远高于宝安县，而且名字里有水有田，寓意也吉祥，于是最终还是敲定用这两个字。

那个时候，不要说深圳镇，就连宝安县也只不过是惠阳地区一个落后的边远辖区。1978年惠阳地区的工农业生产总值为18.8亿元，宝安县为1.27亿元，仅占6.7%。

深圳镇就更不用说了，大小不过9平方公里，人口不过两万多人，我们印象中上世纪八九十年代落后的农村小镇是什么样，它就是什么样。

深圳市第一任市委书记张勋甫赴任后，捏着一支烟在十字形的街巷从头走到尾，身旁的副书记曹喜芝忍不住"吐槽"："老张，这条街有多长啊，还不够烧一支烟哩。"

老旧小镇的毛病这里全都有，公路路基差，重载大货车一压就坏；盛夏时节臭气熏天蚊蝇乱飞，就连著名的九龙海关（深圳海关前身），也不过是木头屋顶的砖房，海关关员们住在车站边铁皮搭成的窝棚里；遇到暴雨，海关车站里的大批旅客就只能站在浑浊的没膝深的水中……

这就是当年的深圳，可以用四个字形容：穷乡僻壤。

那么，40多年前第一批前来建设这块穷乡僻壤的人又是怎样的呢？

深圳建市以后第一批50多位干部都从惠阳地区调派。这支"拓荒"

的队伍，包括后来第一任深圳市园林管理公司经理、深圳城建开发集团公司总经理等人。当时，对自己来深圳到底要干什么，这些干部是懵懂的。

市委书记张勋甫、副书记曹喜芝等人问他们："特区怎么办，知道吗？"

"这个……一切有党安排，党叫干什么，咱就干什么。"

不好意思，现实情况恰恰跟"一切有党安排，党叫干什么，咱就干什么"相反！在1979年深圳筹备建立特区之际，邓小平对时任广东省委第一书记习仲勋说的话是：中央没有钱，你们自己去搞，杀出一条"血路"来。

曹喜芝只好改变话题，继续问这些干部："老伴呢，问过你干什么来了吗？"

"问过，她以为又是搞社会主义教育运动，叫我搞完了早点回家去。"

一个皮肤黑黑的青年反问他："曹书记，将来——可以带老婆来吗？"

"可以带——不过现在不可以，家属也不准来探亲，没房子住，知道吗？干多久？我也说不清，4个月，也许——一辈子。"

三

说不清，谁也说不清。相较而言，蛇口作为特区中的特区，独资开发蛇口工业区的招商局算是比较清楚特区到底要搞什么，要往哪个方向去杀出一条"血路"的。

招商局，历史悠久，成立于1872年，是晚清洋务运动的大手笔，曾组建中国近代史上第一支商船队并收购美资旗昌轮船公司，完成中

开山第一炮

国第一次收购外商资产的壮举；开通过中国第一条专用电话线；投资兴建开平矿务局——中国第一家大型煤矿开采企业；创建了中国通商银行——中国第一家自办银行……现在的世界 500 强企业招商银行、中国平安也都由它孵化而出，中集集团的创立也跟它有关。

历经晚清战乱、辛亥革命、一战、国民革命、二战、解放战争，招商局起起落落，始终屹立不倒。直到 1979 年，招商局还是香港四大中资企业之一，堪称中国洋务运动硕果仅存的百年名企。不过，在第 29 代掌门人袁庚接手招商局、准备为深圳经济特区先行招商引资的时候，这家曾经的航运巨头，连一条船也没有了。

与之形成鲜明对比的是，1949 年招商局起义的时候，香港搞船运的小老板包玉刚仅仅拥有两条船，30 年过去，招商局一条船都没了，

而包玉刚已变成香港船王，同时也是世界船王，拥有的船吨位达到1300余万吨！

要把失去的时间夺回来！这是在党的十一届三中全会期间人们迫切的希望，也是袁庚带领招商局在蛇口兴建蛇口港的初衷。

不过，中央说没有钱，是真的没有钱；说要杀出一条"血路"，也是真的要杀出一条血路来。

中央总共给了深圳3000万元贷款作为启动资金。

有人觉得，3000万元在那个年代也不算少了。殊不知，袁庚刚到香港接手招商局工作时，招商局仍在租房办公，租金昂贵，袁庚觉得不划算，于是张罗银行贷款为招商局买了港岛干诺道上一栋24层的大厦，价格是6180万港元——按当时的汇率，仅一栋楼的价格便超过整个深圳的启动资金。

单拿蛇口来说，清挖滩涂后建600米的码头，需要填土40万方左右。按当时的价格，一方土的运费是15块钱，光是运送这40万方土就要600万元，一口气就花掉了3000万元贷款的五分之一。

嫌运费太贵了，招商局决定从微波山和龟山之间100米宽、200米深的这一块炸出大约45万方土石来。蛇口"开山第一炮"就是这样打响的。

而比炸开土方更难的，是炸开各种看不见、却实实在在压得人无法动弹的"大山"。

蛇口"开山第一炮"打响后，国务院下达文件，正式通知深圳试办特区并要求划出特区范围。

深圳市领导亲自带队实地察看，划定东西长49公里，南北宽约6.5公里，总面积约327.5平方公里的特区"先富"区域。

没想到，"省特区办"第一个不同意：深圳搞这么大的特区规划不现实，不是一般的大，而是大得无边，比全世界特区的总面积还大！为什么不在福田无人区办一个像汕头、珠海大小的 6 平方公里全封闭的加工区，周围用高墙围起来就行了？

深圳市回答：深圳特区比延安时期"陕甘宁"小得多。杀出一条"血路"来推广到全国，特区是全国的特区，6 平方公里这么小怎么杀？

"省特区办"：你们比"陕甘宁"有政治野心。

深圳市回答：我们没有政治野心，只是想按小平同志讲的办特区，在经济上杀出一条"血路"来，推广到全中国！

40 多年后的我们难以想象深圳居然只是区区一块 6 平方公里、全封闭的加工区！但在当时，那就是大多数人包括许多位高权重的决策者眼中的"正道"，327.5 平方公里才是"离经叛道"。

好在省委第一书记习仲勋、省长刘田夫站在深圳市这一边。这场争执惊动了国家进出口委，他们派专人到深圳调查后，感觉这是重大决策问题，必须回去向领导（江泽民当时任国家进出口委主任）汇报。

最后，北京方面来了电话，说"你市请示的文件全部内容和特区范围都照执行"。

这场事关深圳经济特区格局和起点的拉锯战终于圆满解决，而这，只是深圳"开山"路上的一个开始。

四

回到蛇口。"开山第一炮"炸响后，想象中热火朝天的建设并未顺利展开。运一趟土方距离只有 300 多米，但一辆车每天只肯跑 20 趟，

而且每趟只肯拉半车。两个月下来工程进展非常缓慢。

蛇口的七、八月很热，负责人上工地一看，好多工人都在车底下乘凉睡觉呢。

怎么才能让人动起来？

袁庚想了一想，说："能不能搞点奖金？"

根据测算，一辆车一天跑个80车应该没问题。招商局便规定了超产奖励：工人每人每天定额55车，完成定额每车奖2分钱，超过定额每车奖4分钱。

仅仅4分钱的事，工人的积极性立刻被调动起来了！最勤快的工人每天跑131车，一天奖金4.14元，一个月能挣100多块钱外快——要知道，1979年城镇集体职工平均年工资水平不过542元而已。

1979年10月份到1980年3月份，实行超产奖励半年下来工业区多创产值130万元，而发给工人的超定额奖金，平均每人每月仅24.3元，不到130万元的2%，非常漂亮的双赢！

然而，1980年4月，这么好的措施却硬生生被勒令停止了，理由很简单：相关部门有规定，奖金额不得超过工人一个半月到两个月的工资额。

工人被重新拉回去吃"大锅饭"，积极性被挫伤，车辆每天平均运量由99.4车迅速下降为32.2车。

按照这样的速度，蛇口港码头交付使用计划要落空。

袁庚拍案而起，向上级部门递呈报告，同时又请来记者写内参，将这4分钱的"官司"从蛇口一直闹进中南海，闹到时任中共中央总书记胡耀邦的案头。

40多年后我们已经知道这个故事的后续：

胡耀邦从 1980 年 7 月 30 日的新华社内参了解情况后立即批示："我记得中央讨论奖金时，中央并没有哪位同志同意奖金额不得超过一个半月到两个月工资额的规定……为什么国家劳动总局能这么办，交通部也这么积极？看来我们有些部门并不搞真正的改革，而仍然靠作规定发号施令过日子。这怎么搞四个现代化呢？"

谷牧同日批示："请建南、泽民同志考虑：既实行特殊政策，交通部、劳动总局这些规定在蛇口完全可以不实行。如同意，请通知广东。"

8 月 1 日，谷牧接到胡耀邦批示后再次批示："我已通知广东拒绝实行这项规定。广东实行特殊政策、灵活措施，本来就可以不受这些规定的约束。"

区区 4 分钱的奖金牵涉许多部门，牵涉许多规定，牵动国家最高决策层，最终，横在深圳特区探索路上的"大山"，又被炸开了一个大口子。

然而，对当时的深圳开山者们而言，努力和等待的那 4 个月是异常煎熬的。

当时的局面到底有多凶险呢？

时任蛇口工业区技术工作组副组长兼总工程师室副主任孙绍先，由交通部委派，在建设蛇口过程中屡建奇功，并在三年后接受袁庚邀请，义无反顾将户口落到蛇口，从此扎根深圳。他离开北京时，一位老领导好心忠告他："不要把饭碗砸烂了。"就是这么一位不怕砸烂饭碗毅然投身深圳建设事业的坚定战友，2005 年接受《袁庚传》作者涂俏的访谈时，见面第一句话就说："我秘密调查过袁庚。到今天都没有说过，不知道他现在知不知道。"

事实上，1978年年底开发蛇口的计划一上报，无论是针对开发计划，还是针对个人的告状信就源源不断。作为蛇口开发的负责人，袁庚背地里被扣上许多帽子，"经营独立王国""里通外国"云云。为此交通部派出四人小组秘密调查监督他，孙绍先就是秘密小组的副组长。

一动未动便已危机四伏，把事情一直往上闹，谁能未卜先知一定会得到支持而不是其他？

更何况，作为蛇口开发带头人的袁庚又不是没尝过被扣帽子的惨痛后果。

袁庚本是一个传奇人物，在情报工作上成果累累，参与过周总理万隆会议安保工作，破获过国民党特务刺杀刘少奇的"湘江案"，却被人诬陷为美国特务，在秦城监狱蹲了五年大牢，后来在周总理的亲自过问下才被释放，来到深圳开展工作时已年过六旬。

正常人都能想到，这位领导既然进去过一次，就有可能再进去一次。跟着他一起干，说一句"前途未卜"算是相当客气了。

2010年孙绍先和其他拓荒者接受中央电视台采访，说出了当时的真实心声，同时也解开了蛇口"开山第一炮"这么重大的历史事件竟然没有留下翔实记录之谜——

"有了'开山第一炮'这种说法，应该是在1984年小平视察深圳之后的事了，也是媒体宣传的吧。"

"我们那个时候哪里敢想是这么个伟大的事件，当时心里就有一个思想准备，跟着袁庚坐监狱！"

40多年后享受到美好结果的人理所当然地认为那是一条值得珍重纪念的荣光之路，只有身处其中的人才明白面对的是怎样的荆棘丛生，不要说拍照留念了，连饭碗、前途、一生浮沉……他们都早已一并抛

诸脑后。

多年后袁庚回忆当时种种，如是说道：

"1878 年，爱迪生在门罗帕克实验室里最初点亮的白炽灯只带来 8 分钟的光明，但是这短暂的 8 分钟却宣告了质的飞跃，世界因而很快变得一片辉煌。最初那盏古拙的灯泡，它纤弱的灯丝何时烧断并不重要，重要的是它真真确确留给人们对不足的思索和对未来的希望。"

率先打破"铁饭碗"：
按下改变观念的开关

一

1987 年的冬天，北京白雪纷飞。中国首批公派美国的 MBA（工商管理硕士）学员之一王岩骑自行车来到东城区派出所。在那座四合院的雪地里，他来来回回走了好几圈，终于咬牙走进屋里。

户籍警问："你想干吗？"

王岩说："迁户口。"

北京户口之稀缺珍贵从过去到如今从未改变，在计划经济时代更意味着远优于其他城市的机会、福利和保障，一旦失去便再无后悔药可吃。民警确认王岩迁出户口的意愿后，从盒子里翻出他那张北京户口卡，举在他面前连问了三次："你想好了？"

王岩点点头："想好了。"

民警当着他的面把那张卡片撕成了碎片。

让王岩自断后路的户口迁出地，是深圳。

一个看似颇有前途的在京公职人员，为什么要破釜沉舟前往一座诞生仅 7 年的南方新城？

事情要从 1979 年中美正式建交说起。邓小平访美达成的协议中，有一项是美国政府协助中国培养管理人员。1984 年 4 月，美国总统里根在北京人民大会堂宣布，这个项目的毕业生将获得纽约州立大学授予的 MBA。

当年 10 月，王岩从国家精心选拔的 440 名精通外语、有 3 年实践经验的优秀青年中脱颖而出，成为首批学员之一，完成国内两年的学业后又赴美实习一学期。

赴美实习前，给他们做动员的是当时的国家经委副主任朱镕基："你们的毕业典礼将会是基辛格做讲演！"仅仅他们出国实习的经费，便几乎用掉国家经委 1986 年全年出国费用的一半。

可付出这么高的成本、被国家寄予厚望的"稀有资源"，回国后却无法发挥所学所长。

回到天津的学员王海涛，被分配的工作是给外国专家送送信，当生活翻译，兼管杂务。领导觉得这样已经很好了："风吹不着，雨淋不着！"

另一位 MBA 被塞去科室当科员，近一年无所事事，只被头发花白的科长拿去当了一次评职称的砝码："看他们敢不评我高级职称？我的能力还不够强吗？全厂唯一的研究生都在我的领导下！"

现在看来荒谬可笑的安排，在当时却是天经地义：人归属于单位，单位把人"锁"在档案里；一纸户口又锁定了一个人与一个地域的关系。

只要单位不放人，你永远去不了别的地方，做不了别的工作。

一年后，《中国青年报》收到求援信并采访了这批MBA，刊登报道《命运备忘录——38名工商管理硕士（MBA）的境遇剖析》，惊动了当时的国务院代总理李鹏，从而为他们争取到了"选择工作的自由"。

拥有了那个年代难能可贵的"流动自由"，王岩想要去深圳。

三年前国庆的天安门广场上，王岩亲眼看见来自深圳蛇口的观礼车，上面写着"时间就是金钱，效率就是生命"。这个在当时绝对惊世骇俗的标语吸引他去参加了蛇口在北京的招聘考试。不过，由于被选拔去读MBA的机会同时降临，他选择了后者。

而就在他们这批MBA学员遭遇的困境被报道后，深圳立即在《中国青年报》发布公开信：蛇口全都要，欢迎来看！

深圳相关部门的反应之敏锐，态度之积极热情，让王岩看到了学有所用、大展拳脚的希望。这次，他终于决定头也不回地奔向深圳——后来人们称这种行为叫"砸掉铁饭碗"。

"砸掉铁饭碗"的王岩在深圳蛇口找到了他的"金饭碗"，一碗接一碗。他先是在蛇口招商港务公司将MBA所学全都派上用场，在挑战中不断成长，出任总经济师，带领公司由小到大、在深圳与新加坡两地上市，然后又接受新的挑战，当选为深圳市知识产权局副局长。如今，王岩成了华南理工大学全职教授，走在校园里，幸福感滋滋往外冒。

二

当王岩这批优秀人才在国家领导人的亲自过问下才得到特批可以

自由流动时，在深圳，这种事情却早已进行了五六年，发生了成千上万次。早在 1981 年，深圳就吸引到中国第一个打破铁饭碗、第一个跳槽的招聘干部王潮梁。

因为是第一个，所以王潮梁的招聘过程不像后来那样大张旗鼓在《中国青年报》上广而告之，更像是地下秘密工作。

1981 年 8 月 15 日，43 岁的王潮梁还是长江航运局科研所一名普通的工程师，正准备从武汉去无锡出差，忽然收到总局工程师王志远托人带给他的一张小字条，上面神神秘秘写着：海员俱乐部 3 号房有人想见你。

谁？怎么回事？

王潮梁打电话才得知，深圳蛇口工业区在武汉公开招考工程技术人员，考场设在海员俱乐部。王潮梁是西北工业大学第一批大学生，很有能力，可惜那时候什么都不准改，什么都不能改，他一直壮志难酬、蹉跎岁月。得知深圳招人的消息后，王志远便推荐他去试一试。

8 月 16 日至 17 日两天时间，王潮梁考了三门科目：英语、国际知识和论文。经过笔试和面试，他成绩优良，成为武汉考区唯一录取者。

作为第一个吃螃蟹的人，王潮梁遇到的流动阻碍比王岩大得多。他硬着头皮找领导汇报要去深圳工作的事，领导一听就火了，坚决不放人。

在那个年代，没有户口和粮油关系，领不到粮票，吃饭都成问题。

在调动事宜一筹莫展之际，蛇口工业区负责人袁庚转达了对王潮梁的大力支持：敢不敢辞职？敢不敢开个头？现在人才浪费严重，蛇口欢迎出头鸟。档案这边补办！

有了深圳方面的坚定支持，在各方干预和帮助下，王潮梁勇敢抗

争，折腾了足足 9 个月，终于来到了深圳。

1983 年，王潮梁出任"海上世界"总经理，在没有任何经验可借鉴的条件下，想方设法将一艘法国建造的豪华游轮"明华号"改造成陆地上的酒店，打造了中国第一个海上旅游中心。

而海上世界接待的首位客人，是邓小平。

1984 年 1 月 26 日，邓小平视察海上世界"明华号"，王潮梁带领全体员工热情大方接待，并趁邓小平高兴之际，邀请他写下"海上世界"四个大字。

邓小平欣然提笔一挥而就，写完之后正准备放下笔，王潮梁赶紧说："请首长签个名留念吧！"

邓小平笑了笑，又在题词下面写下"邓小平题一九八四年一月廿六日"。

全场一片沸腾！这是邓小平给深圳留下的极其珍贵的"第一笔"！

谁能想到呢，促成这珍贵的"第一笔"的跳槽第一人王潮梁，来深圳工作之前的 43 年，在工作单位连一个组长都没做过！

在深圳找到适合自己的舞台后，王潮梁最忙的时候，头上顶了八个局长的头衔：蛇口卫生局局长、蛇口教育局局长、蛇口文化局局长等等——当时蛇口精简机构，离开海上世界担任蛇口管理局办公室主任的王潮梁便把担子全挑在自己肩上。年近五十的他没日没夜地工作，丝毫不觉得累。

从 1981 年到 1992 年，全国人大授予深圳市人大特区立法权，深圳市政府起草《深圳经济特区劳务工条例》，短短 11 年间，深圳从内地引进技术干部约 25 万人，接收应届院校毕业生 8 万多人，不仅有首届 MBA 学员王岩、清华三剑客之一的顾立基等人，而且革命先

烈叶挺将军的儿子、航天高级工程师叶华明，著名电影演员祝希娟等都在招揽之列。当国家耗费心血培养的人才在中国其他地方仍被旧体制禁锢之际，深圳早已建立起了常设性人才市场，"停薪留职、档案暂存在人才交流中心、全员合同制"这些崭新的概念早已悄然流行。

当初为了推动干部人事制度改革，放开对人才的束缚，蛇口工业区负责人袁庚说了三个真实发生的笑话。

笑话一：美国人讲什么语？

美国一个商务代表团访问蛇口，一位干部笑容可掬地询问对方："英国人是讲英语的，你们美国人讲什么语？"

笑话二：剑桥大学建多大的桥？

英国剑桥大学派团访问蛇口，一位干部接洽时问道："你们建（剑）桥大学，主要建造多大的桥？"翻译煞费苦心斟词酌句想替他遮掩，

咖啡档出现在深圳街头

对方一位懂汉语的人已经笑出了声。

笑话三：360 度的转弯。

时任国务院副总理谷牧来蛇口听取汇报，一位干部说："刚去香港一趟，看过那边的情况后，思想彻底转过弯子了。不只是 180 度的转弯。"

谷牧笑问："那是多少度呀？"

这位干部认真答道："是 360 度的转弯。"

谷牧笑了："同志，你转到哪里去了？！"

这些都还不是最好笑的。

三

1979 年，深圳准备开放招商引资的消息放出去的第二天，香港妙丽集团董事长、《天天日报》社社长刘天就便雄心勃勃跨过罗湖桥，搭在一辆自行车后座上沿着崎岖弯折的田间小路，一路颠簸找到深圳市政府临时办事处，迫不及待要投资深圳。

当时深圳的酒店只有火车站附近的侨社旅店和深圳旅店两家，条件简陋，稍好的房间才配有风扇，服务好的十天半月换一次床单，稍差的半年才换一次。刘天就出资 1500 万港元，深圳市出地皮和劳动力，兴办了中国第一家合资酒店——竹园宾馆。

1981 年 1 月 25 日，竹园宾馆正式开业。它是深圳第一家有空调的宾馆，一天房费 200 港元，客人以港客为主，生意很好，许多外商来深圳指定要住这儿。

奇怪的是，几个月之后旅客越来越少，有些外商宁可住条件差的旅馆也不肯去竹园宾馆。当初为了谈投资，晚上可以在办公室睡长桌

的刘天就也打起退堂鼓，不想经营竹园宾馆了。

深圳市政府感到迷惑，问题出在哪儿呢？

市领导指派分管宾馆的财贸办主任李定和饮食服务公司的温富去竹园宾馆蹲点调查。

调查出来的问题确实很多。比如，部分党员干部不相信香港资本家也有爱国的，要与港方人员划清界限；不准港方经理召集我方员工开会；不准我方员工接触港方人员；派人收集港方人员的言论，等等。

最令人啼笑皆非的是酒店服务员——那时候都叫"同志"，群情激昂反映问题：刘天就这个资本家太恶毒，竟然要求同志们每天都要把房间的床上用品换洗一次！

还有，竟然要求厕所不但要没有臭味，还要洒香水！简直就是笑话！

要求同志们胸前挂上写有自己姓名职务的名牌，侮辱人格！

港客住宿居然要开空调，还要有地毯，简直就是资产阶级二流子！

更恶毒的是，宾馆还要求女同志擦口红！还要站在门口，面带微笑迎接那些资本家。革命同志怎么能干这样的事？

他们最不满意的是竹园宾馆的用工制度。正式营业前，宾馆于1980年11月与员工正式签订劳动合同，成为改革开放后中国内地第一家签订劳动合同的用人单位。这个劳动合同的最大特点，是打破了干部和工人的身份限制。

那时候的体制，只有干部才能担当管理人员。竹园宾馆却翻了天：工人干好了能当管理人员；干部干不好照样当一般服务员。与之紧密挂钩的是钱。工资不再按资格发放，而是根据职务高低发放。也就是说，干得好的工人当上了管理人员，工资就可以比干不好的干部高！奖金

也不再是平均发放，而是根据表现分出高低。

如今看来天经地义的多劳多得，在当时却让许多人接受不了。有些人因为不称职被港方管理人员批评指正后，干脆不来上班了。同时却要求工资照发，一分钱不能少！

刘天就当然不同意，员工经过考核没有尽职尽责就应该"炒鱿鱼"。

这下"同志们"炸锅了："社会主义还开除人？天大的笑话。"

40多年后，我们看到这些匪夷所思的故事，难免会想，为什么当时的人会这么可笑？

其实并不是。

拿竹园宾馆来说，它是涉外单位，工资比国营单位高，而且奖金发的是港币——1984年中国人民银行深圳分行行长兼国家外汇管理局深圳分局局长罗显荣在酒楼吃一盘饺子、喝一罐啤酒，由于啤酒是用港币进口的，结账必须要用港币才能买单，他不得不跟服务员讨价还价了半天——内地人当时能持有港币是件了不起的事，因此，当年能够在竹园宾馆做服务员的，算得上"社会精英"了。有些可以进税务局、财政局、公安局的复员军人坚决要求来此做服务员，一些领导的子女、亲戚也千方百计挤进来。

竹园宾馆后来的发展也证明大部分"同志"其实真的很不错。经过一番调整之后，同样是那批人，当年便令竹园宾馆扭亏为盈，实现盈利62万元，到1983年盈利150万元，连续几年被评为省和全国的先进企业。

曾经发言"蠢"到令人发笑的同志们，也在短短的时间内摇身一变，成了时代的弄潮儿。1981年竹园宾馆组织了一支流行乐队——很有可能是内地第一支流行乐队，小号手、架子鼓手、贝斯手等一应俱全，

吸引很多歌手来此跑场，宾馆里频频响起梅艳芳、张国荣等港台明星的流行歌曲。

1985 年，竹园宾馆开办内地第一家迪斯科歌舞厅，全国各地的记者纷纷前来体验"资产阶级"舞厅。同一年，竹园宾馆又竣工开业了全国第一个保龄球场——竹园保龄球场。

1986 年 11 月，全国第四届"力士杯"健美邀请赛，500 多名运动员、教练员、工作人员下榻竹园宾馆——此届健美赛，我国女运动员第一次身着三点式泳装参赛，轰动全国。

是什么让原本看起来"蠢"到好笑的人犹如被金手指点中一样，忽然开窍了？

很简单，深圳市政府派温富接替之前思想僵化的副经理，支持宾馆解雇不合格员工。

第一批被解雇的 6 名员工，包括惠州地委一位领导的儿媳、深圳一位市领导的亲戚等。

解雇名单公布后引起极大震动，被炒的人大吵大闹。有的电话指责，有的向上告状，说这是搞资本主义的一套，是开创社会主义大批失业的先例，要求立即停止执行！

然而，从宾馆领导层到深圳市政府、广东省政府，顶住层层压力，坚决按照劳动合同来办，支持老板炒不合格员工的"鱿鱼"，当然，也支持员工炒不满意的老板"鱿鱼"，自行跳槽。

就是这么简单的一瞬间，非常奇妙，大家过去习以为常的铁饭碗被砸破，仿佛按下了一个让人变聪明、变勤奋的开关。竹园宾馆那些不肯上班的员工很快回来了，大家也都乐意跟着香港来的专业老师学习化妆、礼仪了，嘴里也开始练习英语会话。

更奇妙的是，忽然之间大家心齐了，劲也往一处使了，于是出现了后来那些越来越好的发展局面。

竹园宾馆成功的改革经验从 1982 年起被深圳市政府推广到国有企事业单位，对新招的工人一律实行合同制。

1983 年，深圳市政府颁布了《深圳市实行劳动合同制暂行办法》，进一步扩大了用工制度改革范围；1988 年，由深圳市起草送审的《广东省经济特区劳动条例》正式实施，为国家后来制定劳动法提供了重要借鉴和参考。

1995 年 1 月，《中华人民共和国劳动法》颁布实施。此时，距离深圳竹园宾馆签下改革开放后第一份劳动合同，已经过去了近 15 年，打破"铁饭碗"的人们，正在变得越来越聪明，越来越勤奋，共同让社会变得越来越美好，越来越强大。

17 分钟促成宪法修改：
全国土地拍卖第一槌落下之前

一

　　广为人知的王石创建万科地产的故事，是从他 33 岁那年在深圳的一次"恰好"开始的。

　　那是 1984 年 1 月 24 日。邓小平视察深圳，登上深圳国际商业大厦天台，眺望蓬勃新兴的深圳——20 层楼的国商大厦是当时深圳第一高楼，马路对面则是建设中的即将超过它的中国第一高楼、53 层的国贸大厦。

　　33 岁的王石此时恰好骑着自行车从楼下经过。

　　被围观人群所吸引，王石上前一问才知道是邓小平来了。

　　那一刻，王石本能地意识到：干大事的时候到了！

　　三个月后，万科前身"深圳现代科教仪器展销中心"成立。尽管

那是一家跟房地产无关、只要不违法什么赚钱做什么的万金油公司，却为日后的万科地产王国积累了扎实的原始资本。

七年后的1991年1月底，王石果然干成了一件"大事"：深圳万科地产以"000002"的股票代码，成为全国第一家上市的房地产公司。

都说天下没有偶然，所有偶然不过是化了妆的、戴了面具的必然；那么所有的"恰好"，也并不是所谓的刚刚好、运气好，而是其他条件早已备好的不早不晚、历史必然。

假如王石骑自行车路过的时间早五年，那么他路过的那座大楼，还是一片荒山野岭——也有可能是一片水田。

当他停下自行车举目四望，他能看到的深圳的最高楼，只有三层。

他骑自行车回家的街上，或许会碰到一对夫妻带着他们快要上学的孩子走进路旁一间小房子，房子里住了三代人，房子旁边是一条臭水沟，被戏称为"深圳龙须沟"——当时中国大部分城镇居民的住房条件都很差，深圳就更不用说了，许多调派来支援经济特区建设工作的干部都还住着铁皮棚。

可是，就算那时有预言家跳出来对王石大喊"快去准备地皮，准备钢筋水泥，准备盖房子，深圳以后会出现许多中国第一高楼，你会靠卖房子成为亿万富豪"，王石恐怕也不会冒出准备干大事的想法，只会觉得对方是神经病。

因为那个时候，《中华人民共和国宪法》第十条第四款明文规定："任何组织或者个人不得侵占、买卖、出租或者以其他形式非法转让土地。"土地属国家所有，由国家统一分配，无偿使用；住房同样作为福利分配，等单位分房是中国人解决住房问题的唯一途径——尽管

因此导致国家投入大量资金而绝大部分人住得并不好，但假如谁想在土地上盖房子卖给别人，那是绝对要坐牢的！

历史不可假设。所以 33 岁的王石并没有面临以上情形，我们也无从推断，假如是他，该如何跨越法律的荆棘去开辟一条通往光明未来的小径。真正面对这些问题的，是当时的深圳市政府，尤其是作为深圳市政府委任解决住房问题的一名 33 岁的干部骆锦星。

二

1979 年 2 月，从惠阳邮政系统调往深圳工作的骆锦星，怎么也没想到分派给他的工作竟是房地产管理局副局长，以及一个不可能完成的任务：一年之内，建好 2 万平方米、300 多套干部宿舍。

为何说是不可能完成的任务？ 2 万平方米的建设任务起码要 200 万元资金，但市里没钱，只能拨出 50 万元。

骆锦星平时把柴米油盐钱都交给老婆，自己从不过问，现在却真切体会到了什么叫巧妇难为无米之炊。

骆锦星在一位香港朋友面前诉苦，朋友告诉他："你这个局长是在端着金饭碗要饭，为什么不像香港那样，把土地变成黄金？"

香港开埠前只是一个地瘠山多、水源缺乏的小渔村，从 1950 年开始，随着房地产业的兴盛，短短几十年时间就创造了李嘉诚、李兆基、霍英东、郭炳湘家族、郑裕彤等世界巨富。

闻言，骆锦星做出了那个时代的正常反应：那是资本主义的做法，是违法的！

不过，现实的严峻让骆锦星忍不住做起关于土地出租的美梦：办特区，不就是为了吸引香港人、外国人来投资吗？如果可以用每平方

米 5000 元的价格，把要开发的罗湖区 0.8 平方公里（80 万平方米）的土地租出去，就是 40 亿元！盖房子、给土地配套通电通水，不就都有钱了吗？

而且，香港人和外国人租了地，自然会过来建大楼。他们盖了楼，数年后还是我们的地。这样，我们一分钱不用花就建了一个罗湖商业区！划算！

骆锦星越算越高兴。可是一回到现实，他很快就冷静下来了。

这是违法的！还可能被说成是卖国，那是大罪！

虽然负责建设的并非骆锦星一个人，但他是真的怕被扣上这顶大帽子。为此，他想了一个办法：借来一大堆马恩列斯著作！

"说实在话，我是第一次认认真真地啃读这些巨著。这完全不同于多年来听新闻报道所一再宣传的：到宝书中去找答案。我只是希望祖师爷对租地有论述，只要他们说了可以干，我就不怕了。"

那天夜里，如有神助般，骆锦星兴奋地发现，无产阶级导师真的在《资本论》中有过地租的理论！

在厚厚的《列宁选集》"住宅问题"一节中，列宁曾引用恩格斯的话说：住宅、工厂等等，至少是在过渡时期未必会毫无代价地交给个人或协作社使用。同样，消灭土地私有制并不要求消灭地租，而是要求把地租——虽然是用改变过的形式——转交给社会。

骆锦星欣喜若狂，当晚就奔去敲市委书记张勋甫的家门。

老成的领导高兴之余，替他补充了一点：马克思和恩格斯在《共产党宣言》中还说过"剥夺地产，把地租用于国家支出"，你们就先试试看吧！

没想到，这个"先试试看"的效果出奇地好。消息放出去没两天，

罗湖桥上就过来了那位投资竹园宾馆的港商刘天就。搭在自行车后座上过来的他不仅试着投建宾馆，还想试着投资房地产。当时，香港经济腾飞，地价飙涨，一桥之隔的深圳无论地价还是人工都是价格洼地。

多年以后，骆锦星还清晰记得1979年最后一天那场历史性的对话。

刘天就："只要划出一块合适的地皮就行。由我组织设计，出钱盖房，在香港出售，赚的钱你们得大头，我得小头。"

骆锦星："东湖公园附近，可以划出一块地方来，如何？"

刘天就："那好，所得利润，你拿七，我拿三。"

骆锦星了解过，在香港只要有地，银行就给贷款，等于只要付清地价，建筑费用由银行出。他摇摇头："你拿得太多了。"

刘天就笑道："你拿八，我拿二，如何？"

骆锦星试着狠心杀价："我拿八点五，余下的是你的！"

刘天就居然爽快答应了："我们初次打交道，往后要做的事还很多，这次就依你的！"

骆锦星牛刀小试，就这样成功签下了深圳第一块土地出租协议，那是1980年1月1日。

七天后，1月8日，骆锦星受命组建深圳第一家，也是全国第一家房地产公司——深圳经济特区房地产公司（以下简称深房公司）。

多年以后，人们把1980年称为中国房地产元年，把骆锦星称为深圳房地产业界的"祖师爷"。然而，事实上，1980年骆锦星组建的深房公司只有干部职工5人，注册资本是4辆自行车——还是他们勘察地形时从荒野间捡回来的逃港者丢弃的旧自行车。市里本来答应给公司4万元做启动资金，但迟迟不到账，后来跟港商借了4万港元，才算弄到一间小平房摆了几张桌子作为办公场所。

而"先试试看"的风险也是前所未有的。深房公司刚和港商签订完合同就有同事对骆锦星说："你胆子不小啊！这是违反宪法的！"一些人指责他："深圳的干部、群众都没房子住，你这个房管局局长反倒去为资本家建安乐窝。"还有人公开宣扬："深圳发生了惊天卖国案！"

有的报纸刊登文章——《旧中国租界的由来》，影射骆锦星搞的"土地出租"就是"租界"。

据说，当时深圳的干部，人人都会背诵列宁关于地租的那段语录。有考察者或质问者远道前来，他们就流利地背诵给那些人听。

而仿佛有一种奇异的力量，不受任何寒酸现状的限制，不受任何讥讽和打压的阻碍，推动着骆锦星等人，推动着深圳市政府，甚至推动着全中国往前"试试看"。

三

过完元旦是春节，春节过后第三天，刘天就积极得令深圳市政府吃惊，他带着设计好的图纸过来催开工了。

那个名叫东湖丽苑的楼盘第一期共有 108 套新房。刘天就把设计图纸摊开，告诉深房公司：房子的图纸设计出来后就开始在香港叫卖，均价 2730 港元每平方米，不到香港楼价的一半，三天就一售而空，给你们赚了 500 多万元！

房子还没开始建，土地就真的变成了黄金！

当时，深圳市委一位远在泰国出差访问的官员闻讯，立即来电表示：加推单位！于是，第二批 108 套新房又推向了香港，旋即再次售罄。

东湖丽苑的一炮成功，让深圳人大大开窍，香港商人也纷纷过河

来谈地皮了。

香港德兴公司租地5000平方米建德兴大厦。香港中国海外投资公司租地3000平方米建海丰苑大厦……

从1980年到1981年，仅深房公司就吸引港资在罗湖区投资40亿港元，订租土地4.54万平方米，我方收得"土地使用费"计2.136亿港元。不但2万平方米的房子从无到有地建起来了，还有多余的钱用来建设罗湖。罗湖90万立方米的土丘被夷平，地面平均增高1.07米，最低洼处增高4米，开通公路，通电、通水、通邮政，为进一步招商引资、发展经济做好了基础设施建设。

后来王石"恰好"路过、令他生起想要"干大事"想法的国商大厦以及国贸大厦，就是这样一点点"先试试看"建出来的。

事实上，早在1980年4月，邓小平便提出关于住房改革的意见。当年6月22日，中共中央、国务院批转国家建委党组的《全国基本建设工作会议汇报提纲》，将邓小平讲话的主要内容以中央文件的形式发至全国，明确了房子是可以卖的，因为它是商品；当年8月，全国人大常委会通过《广东省经济特区条例》，对深圳的土地使用制度改革进行了自上而下的肯定，同年出台的《全国城市规划工作会议纪要》也提出对新建小城市、卫星城、现有的城市新建区、旧城成片改造区，都应考虑组织开发公司，实行综合开发——但，出租土地的做法依然是违反宪法的。

继续试探着往前冲的，除了深圳市政府，还有各路"江湖豪杰"。

深圳"卖地"半年后的一天，刚从武汉来到深圳的尚志安像外商一样走进深圳市政府大门，夸海口说："给我政策，不要市委一分钱，我在荒山野岭的上步开辟出一个工业区来。"

现在看来天方夜谭般的胡扯，在当时却轻而易举地实现了。反正不用投钱，深圳市政府真的给了尚志安一块杂草丛生的荒山野岭随他折腾。

拿到土地批文之后，尚志安到银行贷款1800万元，第一栋厂房很快开工了。开工没几天，一家香港企业便找到尚志安要交钱买厂房。这家公司叫家乐床具家私厂，可看作是深圳的第一个品牌企业。

尚志安有点迷惑："厂房还没建好呢，怎么能收你的钱呢？"

对方解释说，在香港都是先交钱认购，然后再收房。

尚志安恍然大悟，立即开始预售厂房，再用收到的预付款去建造新的厂房。如是往复，借鸡生蛋，资金像滚雪球一样膨胀，1800万元转眼变成了1.44亿元。

到1983年，上步形成了深圳第一个工业区，有17幢标准厂房，3幢职工宿舍，1幢管理大楼，1座仓库，还有餐厅、变电站和运动场等一批设施，竣工面积达21万平方米！

而且还有意外惊喜。1983年年初，在上步工业区内发现了优质矿泉水，水质上乘，埋藏在离地面40—100米之间，封闭条件好，据测试，与中国著名的五大连池矿泉水相类似。消息一传出，比利时工程企业有限公司前来洽谈投资兴建矿泉水厂，投资额1000万美元。接着又有香港中化企业有限公司投资1亿港元开发井田矿泉水，这成为后来知名的怡宝、景田、益力等矿泉水品牌的起点。

很快，一个上步工业区已经不够尚志安折腾，八卦岭工业区随之开发。

与此同时，香港联城公司在文锦渡口岸开发联城片区；香港人伙泰在老城区进行城区改造，开发华城开发区；刘天就也在布吉开发

了工业区。罗湖、福田的开发工地连成了片，再加上南山蛇口工业区建设得如火如荼，沙河的华侨农场也进入开发期，整个深圳大开发的局面铺开了。

从1980年1月1日签下第一份土地出租协议到1985年，深圳实际利用外资12.8亿元，累计完成基建投资76.3亿元，初步形成了9个工业区。

1985年6月25日，涉足房地产业仅5年、成立时连4万元经费都要借的深房公司，出现在了香港的土地竞拍会上。那也是来自内地的房地产公司第一次与李嘉诚的长江实业、李兆基的新鸿基等香港地产企业同台竞技。

尽管第一次见到拍卖槌，骆锦星等人却代表深房公司和合作伙伴一起，以5350万港元的价格力压时年28岁、锋芒毕露的丽新集团富商林建岳，夺下深水埗大埔道79号一块约1930平方米、靠近繁华商业闹市区的土地，令香港人惊呼："深圳虎"来了！

在此地块上筹建的太子中心两幢大厦两年后隆重推出，数天内被抢购一空，深房公司净赚4000万港元。随后，深房公司相继在北角英皇道、窝打老道、宣安街、七姐妹道等10余块地皮上累计投资20亿港元，获得净利1.2亿港元。

············

"先试试看"带来的巨大财富效应和社会影响力已然势如破竹，积蓄了巨大能量，终于引发具有历史意义的"动地一槌"。

四

1986年，《深圳经济特区土地管理体制改革方案》提出：所有用

地实行有偿使用，协议、招标、公开竞投各搞一个试点，先易后难。1987年5月，公开竞投的方案论证会召开，来自香港的专业人士提出："方案是可行的，但必须修改宪法和土地管理法，否则外商是绝对不敢来买地的。"

终于，问题来到了最关键的部分：修改宪法！

且不论其他阻力，按照当时的规定，仅是提出修宪便需要30名全国人大代表联名提出，而深圳只有5名人大代表。

尽管如此，土地竞投方案还是实施了。

1987年12月，全国市长会议在深圳召开。深圳决定借中央领导和各兄弟城市参加会议的东风，举行中国内地第一场土地拍卖会。

用于拍卖的地块紧靠风景秀丽的深圳水库，面积为8588平方米。

总共有44家企业参加了这场"中国第一拍"。那之前内地从未有过拍卖槌，那把拍卖槌是深圳特意向香港测量师学会寻求帮助，时任会长刘绍钧和后来担任过香港特区行政长官的梁振英出面操办，特意定制了一柄枣红色的樟木拍卖槌赠送给深圳的。

当时的中共中央政治局委员李铁映、国务院外资领导小组副组长周建南、中国人民银行副行长刘鸿儒以及来自全国17个城市的市长出现在了拍卖会现场。

拍卖底价为200万元，每次加价幅度为5万元起。

随着一声"拍卖开始"，一些企业频频举牌报价。深房公司代表骆锦星一直等到叫价390万元才出手，直接叫上了400万元，场上掌声雷动。

其后，深房公司和深圳市工商银行房地产公司、深华工程开发公司三家走到了最后阶段的竞逐，每一次举牌叫价都会引来一浪高过一

浪的热烈掌声。

最终，骆锦星叫了525万元。

"525万一次，525万两次，525万三次。"

拍卖师一锤定音。现场的记者把镜头全部对准了骆锦星，闪光灯亮成一片。中国土地第一拍以超

土地拍卖会

出底价300多万元，地价611元每平方米成交！

后来的记载中，都说这场持续仅仅17分钟的"中国土地第一拍"促成了4个月后的修宪，进而引发土地管理法的修改，土地使用权转让终于合法。北京大学房地产研究所所长陈国强评论说："这是一次历史性突破，是我国土地使用制度的根本性变革，标志着我国的根本大法承认了土地使用权的商品属性，跨出了土地商品化、市场化的重大一步。"那以后，王石们才得以在种种"恰好"之下，乘风破浪，干成个人和企业生涯当中一件件的大事。事实上，在这最终17分钟的"动地一槌"背后，是七年来从民间到上层顶着"违宪"的压力，对房屋和土地种种无畏、勇敢的努力和尝试。

这种推着大家往前试的神奇力量从何而来？

在后来很多次回顾他带领深房公司创下10多个"第一次"的采访中，骆锦星总是不经意间提起1979年他陪同深圳市领导们穿过深

圳小镇仅有的两条水泥路时看到的场景，那些孩子快要上学了却还没分到房子的无房夫妻；那些挤在臭气熏天的"深圳龙须沟"旁一间小房里的一家三代人；那些不得不把厨房安在走廊上、一做饭便狼狈地跟南头苍蝇深圳蚊共舞的主妇……

而在更早以前，深圳的"拓荒牛"们尚不知道他们未来将遇到什么、做出什么。1978年10月20日上午，在北京，邓小平视察新建的一批住宅楼后，问了身边人一个问题——居民住宅能否成为商品？

在那个夜色尚未褪尽的年代里，周围一片沉默。

于是邓小平自问自答："如果房子算商品，我这几年也还有点积蓄，想买套房子给朴方，我的其他孩子不需要照顾，朴方是因为我致残的，我需要照顾他。"

普普通通的蕴藏于柴米油盐、一饮一啄、一屋一床之中的珍贵的爱和渴望，总是推动着人类勇往直前。

第一声春雷响起：
时间就是金钱，效率就是生命

一

1981 年 3 月的一天，深圳蛇口工业区太子路旁显眼的地方，竖起了一块用三合板做的施工队用牌，上面用红油漆写着：时间就是金钱，效率就是生命。

这两句口号是蛇口工业区负责人袁庚在从香港返回的船上有感而发，精心提炼出的。

"效率就是生命"跟蛇口工业区的建立有关。那是 1978 年，袁庚完成交通部交代的任务，调查香港招商局的情况后，执笔起草了一份文件，突破"不用西方世界资金"的思想禁区，郑重提出"多方吸引港澳与海外游资"等在当时触目惊心的大胆设想。交通部党组讨论后，于 10 月 9 日上报中共中央和国务院。

三天后，中央几位主要领导人圈阅了交通部的《请示》，迅速批示由袁庚担任招商局第29任负责人。此后，袁庚选定蛇口工业区作为深圳特区中的特区开始先行建设。不无巧合的是，100多年前的1872年12月23日，李鸿章向清廷呈奏《试办招商轮船折》，同治皇帝同样在三天后恩准。有人开玩笑说：假设当年李鸿章的奏章被同治皇帝身边的人打入"冷宫"，后来国务院的秘书也把交通部的报告塞进抽屉了事，那么历史可能就要改写了。

袁庚听了这个玩笑后有感而发，脱口而出："效率就是生命。"

"时间就是金钱"这句话则脱胎于名句"一寸光阴一寸金"。不过真正让袁庚深刻体会到时间之宝贵值钱的，却是1978年11月他给招商局在香港买办公楼的经历。

那是一个周五的上午，招商局跟办公楼的卖主经过长时间斗智斗勇的谈判，终于用6180万港元的价格谈妥了买卖。依常理，袁庚热情邀请卖主一起吃午饭庆祝。

不料，卖主无论如何也不肯去酒楼吃饭，只跟他们一起吃了简单的快餐，而且吃得特别急，河粉、面条胡乱地往嘴巴里塞，还不停看手表，仿佛屁股后面有什么追兵似的，临走前反复强调，要求袁庚下午2点"一定""准点""无论如何"都要赶到律师楼，把手续办妥。

袁庚不知对方为何这般着急，为了不失约，他催促财务及时把2000万港元的转账支票填好盖上章，一行人带上支票，准时赶到律师楼。

卖主和随行人员早就到了，正站在门口等他们。袁庚吃惊地发现，卖主的小车停在楼前没熄火，司机还在驾驶座上，一副随时待命的样子。

"时间就是金钱，效率就是生命"

在律师楼里办完各项手续，卖主和随行人员拿到支票后，留下一人商谈后续事宜，其他人立即起身，左右护卫着拿支票的人快步下楼，迅速钻进轿车。很快，轿车拐上马路，箭一样冲向远方。

为什么要这样争分夺秒？

事后袁庚才了解到，当时香港已实行每周双休，第二天周六银行不上班。如果周五下午3点前支票不能交给银行，卖主就要损失3天的存款利息。当时浮动利息是14厘，2000万港元3天的利息是28000港元。

袁庚大受触动，举一反三，迅速在企业开展财务检查。这一查问题还真多：不少子公司不及时进账，有人把支票搁在保险柜里过夜不当回事。袁庚随即加强财务整顿，仅及时进账这一项就使招商局收益状况改善不少。

当时内地很多人完全没有时间观念、理财观念，"时间就是金钱"

是袁庚从香港学到的第一课。

其后在蛇口码头的建设过程中，最高只要 4 分钱的奖金就能让工人们迅速提高工作效率，节约施工时间，进而创造 130 万元的效益财富，更加印证了"时间就是金钱，效率就是生命"。到 1981 年，蛇口 1.3 平方公里的工地上已有 4000 多名工人近 20 个工种同时施工，整个深圳利用外资达到好几亿元，各处工业区蓬勃建设。袁庚意识到需要在思想意识层面总结出一句能够体现出蛇口改革开放精魂的口号，以坚定信念，于是想出了"时间就是金钱，效率就是生命，顾客就是皇帝，安全就是法律，事事有人管，人人有事管"六句口号。

在随后召开的工业区干部大会上，袁庚宣读了这六句口号。有与会者对"顾客就是皇帝"提出异议，认为共产党把顾客当"皇帝"不大好。

于是，竖起来的那块牌子上，很"收敛"地只写了头十二个字。

谁也没想到，仅仅"时间就是金钱，效率就是生命"十二字便引发了一场强烈的震动。

二

40 多年后我们已经很难想象"金钱"两个字究竟有多戳当时社会的敏感点。其实，不要说在竖牌子的 1981 年，就算再过 7 年，1988 年在蛇口举行的一场座谈会上，70 位蛇口青年与 3 位从北京来的著名青年工作者之间原本轻松热闹的讨论，在不小心触及"金钱"这个话题后，照样掀起一场轰动全国的讨论。

那次座谈会上，3 位著名青年工作者之一、某部调研员曲啸谈到对特区的看法，把来特区工作的人按照对金钱的不同态度分成两类：

创业者和淘金者。他认为，淘金者不是为深圳特区的发展来创业，而是为了个人利益，图这里生活好、工资收入高。他把这类人当作淘金者，认为特区不欢迎这样的淘金者。

这个说法却没有得到特区青年的共鸣。有人反驳曲啸："为什么不能赚钱？淘金者赚钱没有触犯法律，无所谓对错。淘金者来蛇口的直接动机是赚钱，客观上也为蛇口建设出了力。"并用开餐馆的个体户打比方："个体户开餐馆的目的是谋生赚钱，但他给国家上缴税金，也方便了群众，这样的淘金者有什么不好？除了投机倒把、经济犯罪等之外，凡是正常的经济活动，都是用自己的汗水和生命创造财富、活跃经济，对社会发展起着推动作用！"

对金钱看法的不一致，引爆双方对更多深层次问题的分歧和讨论，结果就是：会议结束后第二天，一份题为《"蛇口座谈会"始末》的材料从深圳被密送到了中央。

这份材料被深圳人形容为"不光彩的小报告"，里面形容整个座谈会充满了"明显错误言论"，已经走上了"邪路"，并把那名与专家激烈辩论的青年的名字报了上去。

这场"蛇口风波"相继引发《羊城晚报》《天津青年报》《南京日报》《中国青年报》《人民日报》等国内各大报刊的激烈讨论，轰动全国。

事实上，深圳经济特区的出现本身就是惊世骇俗的。它是在中国长期闭关自守的格局尚未根本打破的情况下，作为打破这一格局的特殊举措突然创办的。当时许多人并不理解引进外资究竟意味着什么，他们能想到的是旧中国的"租界"。1979年，在蛇口机器轰鸣、劈山填海之际，有位抗战时期在此打过游击的老战士泪流满面，痛心疾首地说："革命先烈流血牺牲得来的土地，给你们一下子卖掉了。"

中国第一批合资企业的申报书上，不但有邓小平的签字，还有 12 位副总理的画圈。"如此谨慎，如此持重，是因为合资企业将深刻地冲击经济体制中的规章制度和思想观念。"

我们完全可以想象，本就惊世骇俗的深圳经济特区的土地上，竟然专门竖起一块大牌子提倡"金钱"和"效率"，究竟会惹出多大的震动。

为了大局着想，竖起仅三天后，那块牌子便被拆下放进了仓库里，也有一说是被工人拿去当柴烧了。

但特区的建设依然在继续，"时间就是金钱，效率就是生命"在实践中一次次得到印证。

三

靠近罗湖口岸的渔民村，本是 1979 年蚝田病灾影响的重灾区，全村 33 户人家吃饭都成问题。改革开放后，村民搭上特区快速发展的顺风车，利用两条货船到中山、东莞等地贩运水泥、钢材，积累启动资金后又购买载重卡车，开挖河沙，先后为深圳海关、国商大厦、国贸大厦及深圳体育馆等工地提供建筑用沙，1980 年仅车队收入便达到 17 万元，再加上香港老板投资建厂的租金收入，短短一年时间，33 户村民户均收入近万元。1981 年渔民村的集体收入更是达到 60 多万元，并依靠集体力量投资 70 万元，请设计院统一为村民规划、设计、建设了 33 栋米色小洋楼，栋栋都有花园、喷水池，户户都有"三大件"——电饭煲、电冰箱和电视机，被认为是当时中国最富的村庄。

同年，香港中发大同公司看到深圳还没有像样的商场，便和深房公司联合，准备兴建一幢 20 层的国际商业大厦（国商大厦）。按经济规律，第一就是"钱"，谁能抢先办起深圳第一个大商场，谁就能

时刻五 │ 第一声春雷响起：时间就是金钱，效率就是生命 / 051

吸引顾客，赚大钱。

工程按照惯例由上级安排施工单位。被指派施工的广东省某建筑公司要价 550 元每平方米，且理直气壮要求香港方面掏腰包接待 17 名技术人员去香港对高层建筑进行学习。香港中发大同公司的老板一一答应，只求早日动工，因为他是从香港的银行贷了款来建楼的，多拖一个月就要多付成万的利息。

不料条件都谈好后，香港老板来到工地，看到地面光秃秃的，没有半点动工的痕迹，反而是建筑公司打来了涨价的电话："建筑材料价格上涨，550 元做不下。"他压住火气，同意涨到 560 元。

半个月后他满怀希望再过河来看，地面终于不再是光秃秃一片——土缝中已经长出了星星点点的草芽！

建筑公司则继续信口开河，拿不出任何预算却漫天要价，要求每平方米涨到 580 元，愤怒的香港老板断然拒绝。

旧体制下习惯了做大爷的建筑公司立即摆出高姿态，撂挑子不干了。

时任深圳市委书记兼市长梁湘得知此事后很恼火："走了张屠夫，我们就要吃带毛猪吗？"

此时蛇口工业区通过承包的办法，使得基建工程任务完成迅猛。梁湘等市领导决定：既然基础工程项目可以采用承包的办法，建造楼宇同样可以。谁的工程造价最低、工期最短就请谁干。

施工图一发下去，十几家进驻深圳的工程队——北京的、广州的、武汉的、江苏的……纷纷出来竞争，招标投标。最终，中国一冶深圳工程处以 398 元每平方米的最低造价、18 个月的最短工期中标，成为全国第一家大型国有企业参与深圳基建施工的单位，亦是第一个在公开招投标中胜出的单位。

1981年9月10日，中国一冶在跟香港中发大同签订的合同中约定：提前竣工一天，奖励港币一万元；拖延竣工一天，罚款港币一万元。

其实，中国一冶从没做过这么快的工程，而且还要进口各种高层施工机械，当时建材又是按计划分配的……他们签下这个合同相当于一次"豪赌"，赌输了，1000名职工和他们家小的生计就赔进去了——可真是"时间就是金钱，效率就是生命"了。

10月8日，国际商业大厦破土动工。大厦三楼以上为层高3米的标准层，每层建设所用时间一般少则10天，多则20余天。照这样的速度，别说18个月，两年也完成不了。

为调动职工积极性、提高工效，中国一冶召开员工大会，决定实行经济承包制，以队为单位承包国商大厦的北楼和东楼工程，奖金不封顶，多劳多得，超额多少奖励多少。

奇迹随之出现！

承包前，北楼建完第五层花了25天；承包后，建第六层只用了9天，建第七层仅用了8天！

所有人身上的潜能都被激发，夜以继日，苦干加巧干，在东楼第16层至20层施工过程中，创造了我国高层大厦"五天一层楼"的建设速度纪录，使我国的建筑施工水平赶上了国际标准，成为之后国贸大厦建设过程中创造三天一层楼的"深圳速度"的起点。

1983年6月28日，国商大厦胜利竣工，提前94天，以质量全优工程完成！

同时中国一冶也如数拿到了合同约定的94万港元奖励，轰动全国。

拿到厚厚一沓奖金的工人们惊呆了，一位安徽来的大嫂难以置信地询问丈夫："这是不是咱们的钱啊！该不该拿啊？"

国贸大厦封顶

在这样热火朝天的"时间就是金钱，效率就是生命"的大环境中，1981 年 11 月底，参加招商局企业管理培训班的谭筑熙等 6 位学员，在一个星期天，在当时蛇口最热闹的商业街——华苑酒家门前的小广场上再次竖起了写了那十二个字的大木牌。

四

第二次竖起的牌子上比之前多了两行字："事事有人管，人人有事管"，也比第一块木牌多"存活"了几个月。到 1982 年春，国内有关经济特区是否要继续办下去的争论变得十分激烈，有人在报纸上撰文告诫人们说："外国侵略者通过历次租界章程大肆掠夺中国领土和主权的惨痛事实，暴露了中国封建制度及其官僚主义在同国际资本

打交道过程中的极端腐朽和无比昏庸。对于已经站起来的中国人民来说，它则是不可忘记的一页。"

经济特区与"租界"没啥两样！深圳"只剩下五星红旗是红的"，"已经是资本主义化""国中之国"等言论甚嚣尘上。

面对严峻形势，袁庚考虑再三，再一次让人将这块牌子拆除。

一年过去，随着深圳招商进展顺利、特区面貌日新月异，对于改革开放的非议稍微转淡，1983 年 8 月，时任蛇口工业区宣传处副处长周为民又想起这句口号。他认为这句话如同晨钟暮鼓，引领蛇口人以全新的观念与光阴赛跑，促进蛇口人在改革开放中不断锻造新的辉煌。于是宣传处制作了比前两块牌子大许多倍的巨幅标语牌"时间就是金钱，效率就是生命"，将其立在港务公司门前。

第三次立起来的这块牌子最终存在了多久？有种说法是，在 1984 年前的蛇口，每一块十二字标语牌存在的时间都很短，由此产生了"四立三拆"的说法；另一说法则是，此后在各种争议中，这块牌子再也没有拆除过。

无论如何，时间来到 1984 年 1 月 26 日，这天一大早，一块崭新的、巨大的，上书"时间就是金钱，效率就是生命"的蓝底铁皮广告牌在深圳市区通往蛇口的路口再度被竖了起来。

这次这十二个字，不是给深圳经济特区加油鼓劲，而是想要寻求一个答案。

1984 年春节前，邓小平南下视察深圳、珠海等沿海经济特区。在深圳考察两天后，1 月 26 日，邓小平将会到达蛇口工业区考察。

蛇口工业区办了 5 年，这条路到底对不对？"时间就是金钱，效率就是生命"究竟是对是错？袁庚想从改革开放总设计师口中得到一

个答案。于是工程公司连夜加班，一大早赶在邓小平到来前竖起了那块新的广告牌。

当天，邓小平在蛇口重点听取了袁庚的汇报，而后走到窗前，指着一片繁忙的蛇口港码头问："码头是什么时候建成的？能停多少吨位的船？"

袁庚一一回答。

小平称赞道："你们搞了个港口，很好！"

袁庚终于提起了他最想知道的那个问题："我们有个口号，叫'时间就是金钱，效率就是生命'。"

邓小平的女儿邓榕说："我们在路上就看到了。"

邓小平说："对！"

刹那间，袁庚听懂了他一直想要知道的答案。邓小平的回答一语双关，态度鲜明。

这次视察，邓小平在离开深圳前，并没有对深圳的改革开放成果表态，反而给后去的珠海先题词："珠海特区好"，直到 2 月 1 日，也就是大年三十中午，邓小平才在广州给深圳题下了令人格外鼓舞的、显然经过深思熟虑的一句话：深圳的发展和经验证明，我们建立经济特区的政策是正确的。

而且，细心的邓小平在落款时，把时间稍微提前了一点，落的正是他到深圳蛇口、看到"时间就是金钱，效率就是生命"那块牌子的日子——1984 年 1 月 26 日。

当年 2 月 24 日，邓小平在与中央领导谈话时再度提到了深圳的口号："深圳的建设速度相当快……深圳的蛇口工业区更快，原因是给了他们一点权力，500 万美元以下的开支自己做主。他们的口号是'时

间就是金钱，效率就是生命'。"

邓小平的一锤定音，消除了当时围绕着口号的种种争议。

1984年10月1日，中华人民共和国成立35周年的国庆庆典上，深圳蛇口工业区的彩车成为近百部彩车中唯一的一部企业彩车。那个被几度竖起又被几度收起的标语牌，经过实践的检验后，终于醒目地出现在了天安门游行队伍中，"时间就是金钱，效率就是生命"这句口号从此响彻全国，家喻户晓。

这句最能体现改革开放精神的口号，逐步成为人们的广泛共识和行为准则，被誉为"第一声春雷"。

"摸着石头过河"：
百事可乐公司被自行车"驮"过罗湖桥

一

1979年8月28日，在党中央、国务院决定在深圳设立经济特区的短短一个月后，百事可乐香港业务代表李文富给深圳市政府写了一封信，表达到深圳投资设厂的意愿。

跟它含着金汤匙重回中国市场的对手可口可乐相比，百事可乐这一举动实在有点"草根"。

早在1972年美国总统尼克松访华，中美恢复外交关系时，可口可乐就在王府井街口的北京饭店设立了临时办事处；1978年12月16日中美双方发表《中美建交公报》之前三天，可口可乐已跟中粮公司签署合作协议；公报签署后第二天，它即获准向中国出售第一批瓶装可口可乐，并打算在上海建立灌装厂，以至于当时美国社会很多人认

为可口可乐跟白宫高层有特殊信息渠道。

百事可乐就"草根"多了，它真正能够去到上海发展已经是1995年。在1979年，它只能将进入中国市场的希望寄托于新兴的经济特区。

如百事可乐所愿，李文富很快得到深圳市政府的回信并被约来洽谈。

当时香港的汽车不能开过罗湖桥，深圳连马路都没修好，李文富便把百事可乐的样品放在自行车后架上骑过罗湖桥，来到位于深圳戏院的深圳市外经办谈判。

谈判的过程相当顺利。李文富与时任深圳市外经办副主任何耀在企业战略、品牌和人员管理等方面都达成一致意见。然而，当到了真正要将项目落实的时候，问题出现了。

根据当时合资合作的规定，我方的投资额必须占51%，照这标准，百事可乐在深圳建灌装厂，我方至少需要投入200万美元。众所周知，新建立的经济特区只有3000万元人民币贷款，为单个投资项目花掉200万美元无异于天文数字。

怎么办？

时年49岁的何耀年轻时参加过敌后武工队，打过游击，担任过工业局局长，做过书记，也当过校长，履历丰富，但从事招商引资却是大姑娘上轿头一回。不只是他，当时全中国有招商引资经验的人也没几个，深圳市外经办上上下下都在摸索、学习，正所谓"摸着石头过河"。

"我们在实践中摸索，通过一些老乡讲讲香港那边怎么做的后，我们几个人就研究，怎么样对我方有利，又不违反当时的法律。比如说双方要承担什么责任，利润怎么分？像来料加工，什么叫加工？为什么是合资而不是合作？就是这样小心地摸着石头过河。"

二

何耀说的探索"来料加工",指的是深圳尝试性创立和发展的"来料加工""来料装配""来样加工"和"补偿贸易"的贸易方式,也就是后来通称的"三来一补"。

事情要从1978年说起。那年最闷热的7月,刚刚南下主政广东的习仲勋等人来到沙头角——著名的中英街所在地考察。

跟其他边境不同,中英街一街跨两地,一边是社会主义制度,一边是资本主义制度,两边百姓可以自由来往探亲购物。

习仲勋等人在中英街的尽头,碰到一群人围着一张长桌。长桌上放着塑料花、钥匙圈和表带的零部件。有的人领零部件回家加工,有的则来交加工成品、领取加工费。

中英街相关领导告诉习仲勋,镇上逃港的有2420人,留在境内的只有1147人。自从当年4月引进境外工厂在境内发塑料花、钥匙圈和表带等物给村民进行厂外加工后,不但村民赚到了加工费,镇里一个季度还额外收入管理费11万港元;此外他们还引进港商办丝花厂、手套厂,工人月均收入900元人民币!从此全镇不仅不再有人非法到境外定居,原来非法移居境外的一些居民也说境内治安好,生活费用低,这些工厂如果继续办下去,他们也要回来定居!

习仲勋很高兴,一再勉励他们要大力发展这类企业。

但是当时并没有中央文件明确说明可以这样跟外资合作,上级部门审批和海关放行也都缺乏明确规定;而且这类企业大多是劳动密集型,技术档次低,引起不少非议。

"这是人家淘汰的垃圾,我们却当宝贝捡拾回来,不符合我们引进外资的方向。""这是夕阳工业,我们有的是,何须引进。"甚至

有人指责"把已经消灭的剥削制度又引了进来，和资本主义社会没有什么区别"！

但深圳顶住了来自各方面的压力，不争论，多干少说，或只干不说，让实践来检验。在各方一齐努力下，到1979年3月底，深圳市引进加工贸易工厂27家，收取工缴费169万元。

5个月后，国务院下发文件，明确对来料加工、装配业务简化审批手续，明确创汇地方留成比例。从此，"三来一补"成为国家正式认可的贸易合作形式。

各种企业如雨后春笋般冒了出来。深圳公路沿线交通便利的农村，不管是祠堂、公社饭堂还是大队部，都租给企业改做临时厂房，供不应求。人们的收入开始翻倍增长。有人这样形容道："1979年的深圳，许多人关起门来，悄悄数着突然增多的钞票，一个突然升格为市的小镇，开始热闹非凡，人来人往。"

到1980年5月，深圳同外商签订协议近400项，收入工缴费462万美元。这证明，在"三来一补"等利用外资问题上"摸着石头过河"，固然面临许多未知风险，但真的可以"渡河"。那么，跟百事可乐的合作，要怎样去摸着石头过河呢？

谈判的时候，何耀告诉百事可乐方面：我们现在没有钱，只有土地、人力、电、水，这就是我方的条件。而你方有新设备、有钱，这由你们出，而且我们要世界一流的先进设备。

大原则就这样定了下来。之所以要世界一流的先进设备，是因为当时曾有所谓的外方企业来深圳投资，提供的设备都是残破的。

百事可乐很有诚意，愿意全力配合。于是，深圳市外经办积极创新、勇于突破，双方商定：我方提供5000多平方米的土地；百事可乐负

责提供设备和 50 万美元的流动资金。生产的可乐 80% 外销,以港币结算;20% 内销,以人民币结算。合作期 15 年,前 5 年,企业利润我方占 55%,百事可乐占 45%;5 年后,我方利润占 60%,百事可乐占 40%。

这种中方提供土地和人员,外方提供设备和资金的合作模式是前所未有的,开创了跨国公司进入中国内地市场的全新模式。在当时并没有一个合适的框框可以把这种模式套进去,深圳市外经办便自己创出一个词,叫"中美合作企业"。

1981 年 2 月,双方签订了合约,与百事可乐合作的深圳罐头厂弄了辆四轮拖拉机作为迎宾车,欢天喜地把双方代表接了过来,正式开始建设投产。

三

与百事可乐在深圳的顺利相比,早早抢占中国内地市场先机的可口可乐却在上海"折戟"了。可口可乐跟中粮的协议约定,在灌装厂建立前,由中粮公司采用寄售的方式先行销售可口可乐饮料,"仅限于在涉外饭店、旅游商店出售"。至于灌装厂,可口可乐准备跟上海正广和汽水厂合作建立,不料却遭到了意想不到的抗拒和抵制。上海的报纸发表文章,指此举是"卖国主义、洋奴哲学",引进可口可乐就是引进腐朽没落的资产阶级生活方式,就是打击民族工业。

无奈,可口可乐不得不改在北京一家烤鸭厂腾出来的一间旧厂房里建设它的灌装厂,花了将近 100 万美元,直到 1981 年 4 月才建成投产,仅比百事可乐的罐装汽水下线早一年。

不仅如此,利用外资会不会威胁国家安全,会不会影响民族工业

发展，对外商提供优惠是不是"投降主义"等争议一直存在，"肥水流了外人田""把我们的钱都赚走了"等骂声也不断。因为"空气紧张"，一时之间，可口可乐所设的代销点、零售点都撤销了。

在这样的背景下，深圳引进百事可乐自然同样引起质疑。

"不过最后我们还是坚定支持深圳引进百事可乐。"深圳市政府顶住了所有压力。

1982年4月，深圳生产的第一罐百事可乐顺利下线。没有对手的优越先天条件，却在深圳找回了被竞争对手甩下的黄金时机，李文富被称为用单车把世界500强驮过罗湖桥的人，百事可乐集团公司总裁因此专程从美国飞到香港向他颁发杰出贡献奖。

深圳相关人员则没有这样的好运。与百事可乐的合作引发的争议非常大，1981年冬天，负责签约的何耀去中央参加对外经济贸易会时，一提到百事可乐这个"中美合作企业"，外贸厅厅长就站起来说："你标新立异，怎么能叫合作企业呢？就是合资企业嘛。"

外面谣传何耀做了卖国贼，是帝国主义的爪牙。有人写了告状信告到省里，说他与资本家搞在一起，收受贿赂，损害工人利益，导致外汇流失。又有人把别人说的话安在他头上，说他造谣中伤领导云云。他还因此被专门的调查组审查过。

这种全新的合作方式后来惊动了中央，邓小平亲自对合作企业做出批示，从此以后，"合作企业"变成中央的政策。直到今天，外资合作模式除了"合资企业"，"合作企业"也赫然在列，其定义内核仍跟深圳市和百事可乐第一次创造性合作的模式相符。

四

深圳无论是在"三来一补"还是"中美合作企业"上的摸着石头过河，都给经济特区带来了高速的发展。百事在深圳投产30余年，历经合作、合资、搬迁、扩产几个阶段，经营业绩一直保持双位数增长，成为纳税大户和骨干企业，也曾获得百事全球最佳运作工厂荣誉。百事引进国际上最先进的饮料生产线、生产技术和工艺，从而带动了中国饮料业的技术进步，使得中国饮料行业的技术装备和生产工艺达到发达国家水平。中国饮料行业空前繁荣，百事在其中发挥了积极的作用。

"三来一补"使得农民人均收入飙涨，1991年便达到月均收入1900元，10年增长6倍。以前，深圳的乡镇跟其他地方的乡镇没什么不同，人口1万人左右，农村人口约占80%。自从引进"三来一补"企业，仅仅发展20余年，这些乡镇大的便达到百万人口，相当于一个中小城市规模，普通的乡镇也有三五十万人；原本种菜种地的农民变成了房东、集体股份制企业股东，纷纷洗脚上田，其后更是在拆迁过程中纷纷成为坐拥千万财富的大小富豪。

1993年，深圳开始第一波城市化进程，到2004年6月，深圳户籍人口均为城市居民，深圳从此成为中国首个无农村无农民的城市！

而事实也证明，早期引进的劳动密集型"三来一补"企业，随着盈利增多、资本积累、市场需求和提高市场竞争力的需要，不少已转型为高新企业。到2017年，深圳市实际使用外资74亿美元，增长9.9%，规模占全省的32.3%。同时，世界500强企业在深圳扎堆，苹果、IBM、微软等在深圳设立研发机构或研发中心，如今已有300多家世界500强企业进驻深圳。

从"三来一补"和"中美合作企业"开始，深圳始终坚持往更深处"摸着石头过河"。

1980 年代，由于通信设备落后，"打电话难"迫使外商谈好项目后只能赶回香港或者广州向上司汇报；有些港商担心电话不通错过股市行情，谈生意都不敢在深圳过夜；很多即将谈成的项目变成了"回去研究研究"，几百万、几千万的项目就此白白流失。深圳便大胆突破"外国人来搞通信，危害国家安全"的思想束缚，大胆在通信业引入外资，跟英国大东电报局合作，于 1983 年 11 月成立深大电话有限公司。

由于是合资性质，可向世界任何银行贷款，资金瓶颈解决了，深圳通信马上领先国内其他城市。次年，在经济特区内，每 10 个人便可以安装一部电话，显著改善了投资环境，特区的通信水平一下子达到了世界先进水平。

1982 年，为了解决越来越多华侨和港澳同胞频繁出入内地旅游和投资等的消费需求，在深圳罗湖华侨旅行社一间平房内，新中国成立后第一家外资银行南洋商业银行（以下简称南商银行）在内地经营的深圳分行成立。

在深圳分行成立之前，南商银行已经为第一个涉外房地产工程东湖丽苑提供贷款，是改革开放后内地第一笔住房按揭贷款；中国内地"第一台"ATM 自动取款机也是由南商银行在深圳安装的。1981 年，南商银行率先发行第一张通行内地的信用卡"发达卡"，为南商客户和华侨提供服务，并于 1984 年吸引了世界规模最大的两个信用卡国际组织 VISA 和万事达卡的关注，先后加入万事达卡和 VISA 国际组织，率先发行万事达卡和 VISA 卡，让中国与世界的距离进一步拉近。

为适应高度活跃的经济活动，1988 年，深圳市人民检察院成立全国第一个经济罪案举报中心，为全国示范性地走出了一条在不搞群众运动的新形势下，依靠群众同贪污、贿赂、渎职等犯罪作斗争的新路子。

1989 年，为适应深圳劳动用工制度的深刻变革，深圳市劳动局设立劳动监察大队，制定了《深圳市劳动用工监察暂行办法》，参考国外以及香港等发达国家和地区的劳工监察做法，结合深圳实际情况摸着石头过河，成为全国首家劳动监察机构，开启了我国劳动行政执法的新领域。

1993 年，《深圳经济特区劳务工条例》成为内地第一部专门保护非本地户籍劳动者的法规，为国家开展农民工权益保护立法工作积累了宝贵经验；1996 年，深圳又出台全国第一部地方性工资保障法规，率先在全国实施欠薪保障制度，依法设立欠薪保障基金，为全国建立工资保障制度提供了借鉴。

1997 年，针对宾馆的中餐厅、西餐厅、客房要分开申报，政府分开审批，全跑下来要取得五六十个许可证，涉及 20 多个部门等繁冗的办事难问题，深圳开展了行政审批制度改革。1998 年 2 月《深圳市政府审批制度改革实施方案》颁布实施，不到一年的时间，深圳市政府部门和有关单位原有的上千项审批与核准事项被砍去了近 43%，审批事项的减幅更是高达 57.8%，开创了中国内地行政审批制度改革的先河。从此企业办事手续大大简化，审批时间和事项大大缩减，各家企业都乐开了花。此后，全国其他地方也相继开展行政审批制度改革，到 2001 年 9 月，国务院对全面推进这项改革做出了部署……

深圳经济特区建立 40 余年来，摸着石头过河，冒他人不敢冒之险，创下了 100 多项全国第一。

时刻
七

1985 年大"断血"：
化危机为转机的城市品格怎样练成

2020 年 4 月，新冠肺炎疫情尚未过去，"深圳房价逼近 7 万元"的消息便上了热搜。

这情形若放到 2008 年，是不可思议的。那年，同样是遇到种种难以预测的天灾人祸，同样是遭遇全球性金融危机，以外向型经济为主的深圳受到巨大影响，出口大降，大量企业倒闭，最直观的影响之一便是房价震荡走跌，新房住宅成交均价从 2008 年 1 月的 14743 元每平方米跌到 12 月份的阶段性低位 11084 元每平方米，最高跌幅达 40%！

那年年中，深圳还出现了全国首例断供案，一名买入四套住宅的炒房者由于房价跌破其首付款而断供，被银行告上了法庭。包括被告代理律师在内的很多律师表示，银行在和解方案上态度过于强硬："一

般欠贷不还的话，至少一开始是按照合同约定还款再赔点违约金，但如果银行坚持要求全部还清的话，似乎显得银行对楼市没太大信心……"

"没太大信心"这几个字，足以说明那年发生的一切。许多人在那个时候逃离了深圳。但熟悉深圳历史的人应该知道，深圳经济特区建立短短40年来，遭遇的重大危机绝不止一两次。

一

深圳经济特区的名号变得响当当，始于1984年春节邓小平视察后的欣然题词。一河之隔的香港的电视台立即转播这条消息，并且在黄金时间每隔五分钟播放一次；当年国庆天安门游行队伍中又出现了深圳的两辆彩车，"时间就是金钱，效率就是生命"的口号响彻全国，经济特区更是一时风头无两。

参观者蜂拥而至，平均每日进入特区的人数由3.52万人次上升到13.6万人次。参观者中有许多西方国家代表团，也有罗马尼亚、苏联、波兰、匈牙利等东欧社会主义国家的党政、经济部门的人前来取经。

然而，另一些事也在悄然发生。

这一年，距离深圳600多公里外的南海上，原本寂寂无闻的海南岛被美国一颗卫星捕捉到了异常——岛上突然变得白花花一片，拉近一看，竟是汽车的金属反光，漫山遍野，足有几万辆！

美国间谍专家分析不透：一座贫穷的小岛要这么多汽车干什么？

海南岛此时隶属广东，距香港和深圳不算远，理所当然成为未来开放经济特区的重点区域。当时全海南岛的总财政收入只有2.856亿元，连发工资的钱都不够。时任海南行政区党委书记、公署主任雷宇

为了又快又多地利用国家给予的特殊政策完成原始积累，打算进口 1.3 万辆汽车转卖到内地，赚他两个亿。

1984 年夏天，汽车像潮水般涌进海南岛，密密层层，一望无际。事后中央派人清查，在短短半年里海南一共签了 8.9 万辆汽车进口的放行批文。海南的工商局积极为来自全国各地的买家办理"罚款放行"手续：按照政策，这些进口汽车只能在海南使用，但如果交上四五千元的罚款，盖上一枚公章，那么价格便宜质量又好的新汽车就可以堂而皇之地装船出岛了。

全国掀起了奔赴海南买汽车的浪潮。海南 94 家区直属单位中有 88 家参与倒卖汽车，连机关门口扫地的阿姨和收发报纸的大伯都眉飞色舞地大谈搞到一张进口汽车的批文最少能挣四五千美元。

随着"海南汽车事件"的曝光和处理，国民经济发展的一系列问题开始暴露，如基建失控、信贷失控等。作为改革开放的排头兵，作为许多人眼中跟"海南汽车事件"一样靠"特殊政策"发家的深圳自然成了被瞄准的靶子。

1985 年，香港《广角镜》杂志发表了香港亚洲研究中心博士陈文鸿的文章《深圳的问题在哪里？》，打响"特区失败论"的第一枪，揭开"深圳第一次大围剿"的序幕，一棒子将深圳从得意春风中打下了马。

陈文鸿的文章严谨地引用了从深圳的各种政府工作报告和报纸新闻里搜集来的数据，言之凿凿地指出：深圳的发展速度是靠大量的基建投资产生的，"1983 年工业总产值 7.2 亿元，其中建筑业的产值占 6 亿多元"！他认为深圳没有实现中央建立经济特区的几个期望：一、产品以出口为主。以 1983 年为例，深圳的进口大于出口 4.84 亿元。二、

引进以先进技术为主。深圳引进的设备主要是香港地区、日本淘汰的东西。三、投资以外资为主。实际上外资只占30%，而这30%中又主要是港资，真正的外国人投资少得可怜！四、结构以工业为主。中央和深圳市政府对经济特区的期望，是发展以工业为主体的综合经济，可是，深圳经济却是以贸易为主。1983年深圳工业总产值7.2亿元，社会零售商品总额却高达12.5亿元，做生意赚的钱比工业挣的钱多得多。

深圳的贸易模式也受到严厉批评：根本没什么东西可出口，只好指望"内联"。所谓"内联"，某种程度上就是挖内地墙脚。

具体来讲，内地省市有不少具备出口创汇优势的企业，按照当时的政策，创汇的大部分都会被地方政府拿走。但假如与深圳搞联营，通过深圳出口，创汇就可以与深圳的出口商对半分，企业何乐而不为？深圳不用生产什么产品便可利用特殊政策坐收利润。可这样下来，地方政府的财政收入就遭受损失。

内地各省市为了出口创汇，通常会给出口商品以补贴。深圳在里面一搅和，就出现了以下怪象：上海人跑到深圳买了一把折骨伞，发现竟是从上海送去香港又转回深圳的。上海人很高兴，说是比在上海买少花了几块钱；深圳人也高兴，说赚了几块钱；香港百货公司也高兴，同样说赚了几块钱……事实上赚的就是地方政府给厂家低价出口的补贴费用。有学者因而笑骂"真不知谁见鬼了！阿凡提到井里捞月亮"……

由陈文鸿的"第一枪"开始，关于深圳的大讨论遍及海内外，《镜报》《信报》《成报》《南华早报》《华人日报》《百姓》，甚至美国的《美洲华侨日报》都纷纷发表评论文章。

这一番大动静带来的后果是，中央决定对深圳进行全面整顿，拔掉"输血的针头"。

二

从1985年起，按照国家统一计划，深圳各银行对企业贷款大面积收缩，基建投资被砍掉10亿元。

这一刀非同小可，几千家公司被迫关门，几十幢18层以上的大楼成了烂尾楼。香港记者邓凡专程赴深采访后写了一篇文章，说深圳热闹的罗湖商业区一带"……去年，人山人海……挤得走路也困难，如今竟水静河飞了（粤语：一潭死水）"。

深圳变得冷清了，关于深圳的各种贬抑传言却甚嚣尘上。曾经创造"三天一层楼"的深圳速度、令人对中国刮目相看的国贸大厦，因为下陷十几厘米，被香港报纸谣传两年之内就有坍塌的可能。事实上，稍有常识的人都知道，53层的高层建筑建成后下陷十几厘米在正常允许值范围之内，质量完全没问题。

但是不利的舆论形成后，再多常识也挡不住人们闻风而动的脚步。当时的神州第一楼国贸大厦，是由看好深圳前景的部分省、区、市和国务院各部委合资兴建的。如今好几家都要求撤资回内地去，因为深圳萧条了，他们的办事机构和商场再开在这里也没什么意思了。

最先来投资宾馆和房地产的港商刘天就再度过河来了。但是这次，他拿出一份香港报纸给深圳的合作者看——上面报道他在香港尖沙咀一间商场倒闭的消息："我是再也无力顾及深圳了，竹园宾馆，只好由你们深圳来办了。"连他也要撤资了。

1985年，对一年有八个月是夏天的深圳而言，是一个寒冷的冬天。

有关深圳的前路在何方，有种种传言，有人甚至以为——是不是特区不搞了？

时任深圳市委书记梁湘在面对各种意见时，诚恳地回答："我可以告诉大家，特区改革开放的大方向是正确的，没有错。我深深理解同志们的心情，但深圳的小局要服从全国的大局。"

主管特区工作的国务委员谷牧说："深圳要为全国的改革开路，首先还得调整好自己，选好一条路。"

有关"战略目标"的讨论，有关"路向"的争论，在深圳，在广东，在北京，陆续激烈地展开了。

有人提出深圳应该以农为主，被迅速否定了。

更多的人对照第三产业发达，身为国际贸易中心、金融中心的香港，提出深圳也可以走这条"以贸易为主"的路子。

对于这条路，参与讨论的人十分谨慎，学习批评者陈文鸿教授的态度，扎扎实实用数据来说话。

他们发现，香港"以贸易为主"的路线在 20 世纪五六十年代有过深刻教训。随着中国以及世界经济、政治气候的变化，香港赖以生存的转口贸易一夜之间一落千丈，栽过大跟头。也因此，香港才在 20 世纪 60 年代后拼命发展制造业，终于实现经济起飞。在当时，工业产品占香港的出口贸易 60% 以上。

准确地说，香港虽是国际贸易中心，但它的经济模式并非"以贸易为主"。同样地，东京等地也是如此，这绝不是偶然，而是经济规律使然。香港人懂得这个规律花了 100 年，深圳则用了 5 年。

寒冷的冬天、艰难的岁月，没有摧垮深圳，反而迫使它寻求真正适合自己的道路，发展以工业为主的外向型经济。其标准是：工业投

资中外资比重占 60% 以上；出口商品产值占全部商品产值 70% 以上；进出口贸易要有顺差，简单地说，就是从国外流回来的钱，要超过从国内流出去的钱。

三

定下新方向后，深圳开始迅速转型。

首先，深圳的内联，不再是之前"折骨伞"那种利用特殊政策赚快钱的贸易方式，而是给予合资方每年一定的出口配额，可以直接同外商见面，可以自己商定价格，自己出口自己生产的产品——当时内地的政策特别死，企业的出口产品由国家外贸部门统一收购，收购价格也由国家统一制定，企业不能将产品交由外商直接出口。深圳的新合作模式相当于为他们提供了一个"窗口"。

不仅如此，深圳还允许内联企业一些合乎条件的人员按期或经批准后进入香港地区和国外市场，直接观察经济动向，即时与外商拍板做生意，无须再走复杂冗长的申报流程。

在当时，内地厂商可以直接地、即时地跟外商见面商谈的魅力到底有多大呢？

有这么一个真实的故事：

1987 年，湖北一家棉纱工厂的产品积压，无论如何都卖不出去，眼看厂子就要垮了。恰巧这时有位 50 多岁的香港老太太回湖北老家探亲。病急乱投医的棉纱厂厂长听说后，一厢情愿认定那位老太太是"港商"，像见了救星一样拉着老太太长说短说，一定要老太太搭个桥，在香港找家要棉纱的公司，把他们积压的产品销售出去。

事实上，老太太只是一名在香港中环摆地摊售卖杂志的小贩，勉

强谋生的升斗小民而已。然而，单凭生活在香港这一点，"走进国际市场"这件对于国内厂家难于上青天的事，老太太轻而易举就做到了。

老太太回到香港后，没费多大功夫就打听到一家日本公司需要棉纱。

生意很快做成了，棉纱即刻从湖北启运到了香港，湖北的棉纱工厂一下子被救活了！

老太太自然也有收获，她得到了一笔不错的信息费：12.5万元人民币。她乐开了花，忽然发现这是条生财的好门道，从此书摊也不摆了，连儿子做饮食的小店也关门了。一老一小以"港商"的身份常年奔忙于香港和湖北两地，做中间商，很快就在新界买了一幢新住宅。

一位摆摊的老太太尚且能靠直接跟外商有接触与人方便、为己生财，一个合适的"窗口"城市有多重要可想而知！

总部在北京的中国纺织工业部在深圳办起华联纺织有限公司。以前，中国传统纺织品出口大多是原料和纱锭、丝绸等半成品，价格低廉，利润不高。1985年，华联纺织公司输港的一批麻纱卖出1.72亿美元，可是港商仅仅拿其中的一半到广东加工成服装销往美国，便获取净利2.13亿美元，那才是真正的一本万利。

华联纺织公司在深圳成立后，香港新南新印染公司立即从深圳河对岸伸过手来，与之联合成立中冠印染公司。内地的原料、技术和香港的销售渠道，加上双方的资金优势互补、优化组合，1986年中冠的利润比1985年增长了一倍多。

浙江省丝绸公司与招商局蛇口工业区合办华丝企业公司，将单纯的丝绸经过印染、制衣一条龙加工后变成光彩夺目的衬衫、睡衣，再出口国际市场，每年为浙江省增添近千万元的收入。

江西赣州地区机械电子工业局来到深圳，与香港京泰实业有限公司合资成立江泰工业有限公司，全员劳动生产率7万元，而在赣州时仅12643元；每百元资金利润率30%，在赣州时只有11.63%；工人每月工资600—1000元，在赣州时仅有150—200元。而且，通过在深圳设厂，他们还先后吸引了11批想要投资办厂的香港、台湾老板到江西考察，其中有部分很快就在赣州当地投资了。

湖南益阳麻纺厂有5000名员工，该厂从1985年开始派3个人到深圳设点，主要通过深圳这个"窗口"进行信息服务、商品销售等活动。自从设立这个窗口后，麻纺厂每年销售额均在600万美元以上。他们说，一个在深圳只有3个人的瞭望哨，带活了一个5000人的大厂。

一系列的数字就像一阵阵浪头，冲击着内地。航天部来了，电子部来了，湖南来了，吉林、新疆也来了……几乎所有的省、自治区、直辖市以及大多数国家部委，都向深圳涌来，设立办事处，办内联企业。

外界许多人还沉浸在深圳被"断血"的氛围中，对深圳的新动作冷嘲热讽："又是个'大跃进'的万斤高产田！""那个姓李的（时任深圳市市长李灏）担心深圳太萧条了，面上不好看，到内地搬花盆来装扮深圳！"

他们没想到，就在他们看低深圳的同时，1985年年底，深圳已与外商签订协议4696项，协议投资33.5亿美元，占全国直接利用外资的六分之一；1986年，深圳将各省、区、市和各部委所办的几十家电子企业联合组成深圳电子集团，即后来的赛格，与日立、索尼等代表当时世界最先进水平的日本军团交手；深圳一家家效益良好的外向型企业——康佳电子公司、浮法玻璃厂、中冠印染公司等，都开始冲向世界；1987年，深圳颁布《关于鼓励科技人员兴办民间科技企业的暂

行规定》，关键一条是承认知识产权的价值，允许科技人员用专利等知识产权入股。华为任正非后来承认，这一"红头文件"确实对华为的最初创业起了很大的刺激作用……

到 1987 年 6 月 12 日，距离深圳被"一棍子打下马"仅仅过去两年多，邓小平再次就经济特区发表讲话："现在我可以放胆地说，我们建立经济特区的决定不仅是正确的，而且是成功的。所有的怀疑都可以消除了。"

四

深圳成功跨过第一次危机没多久，1994 年 3 月，经济学者胡鞍钢撰写了一份报告并以内参的形式递给高层，称：特区不能再"特"了！

胡鞍钢提出，特区不能再无限制享受优惠政策，中国必须对经济特区的政策进行彻底调整，坚决取消各种减免税和优惠政策，取消不利于缩小地区差距、优惠于某些地区的经济特区。因为公平竞争是现代市场经济制度的基本原则之一，中央政府是市场竞争规则的制定者和监督者，不能带头破例对某些地区实行优惠政策或提供垄断，任何地方都不得享有法律和制度之外的经济特权。

"一柄锋利的匕首戳在了深圳最敏感的部位上。"有人这样评述道。

各省、区、市特别是一些欠发达地区领导的情绪被胡鞍钢这番言论引爆，甚至还挑动了浙江省和上海市某些领导对经济特区的不满。"取消经济特区"的呼声不绝于耳。与此同时，1995 年，深圳出现经济大滑坡，上半年第一次出现经济增长速度低于全国平均水平的情况。同年，深圳至东莞的高速公路开通，一批台资、港资企业纷纷"出逃"，跑到东莞去了。

这一次，深圳主动放弃坐享的加工贸易红利，提出"二次创业"的口号。1995 年 7 月，深圳召开全市科技大会，提出实施"科技兴市"战略，把推进高新技术产业发展作为今后的中心工作，明确了信息产业、新材料、生物技术为今后发展的三大支柱产业；三个月后，深圳市委、市政府发布《关于推动科学技术进步的决定》，明确"以高新技术产业为先导"的战略思想——比其他城市提前了将近 10 年。

很快，以华为为代表的一批民营高科技企业迅速发展，成为深圳经济的中流砥柱。同时，中兴通讯、万科等国有企业通过股份制改革成功向民营经济转变之后，也开始崭露头角，为深圳跻身中国一线城市行列、成为国际化大都会打下坚实基础。

2001 年，中国加入 WTO 后，经济特区在中国的历史使命似乎已经完成。2002 年冬天，一篇炙手可热的网文《深圳，你被谁抛弃》从深圳四大明星企业中兴通讯、华为、招商银行和平安保险即将"迁都"上海的传闻写起，分析深圳发展的瓶颈，写出了深圳在国家战略布局中地位的失落和迷惘。这篇文章数天点击量超数万，部分内容甚至被写成内参选交中央。

这场危机促使深圳开始建立研究开发体系，转向高端制造。华为、中兴通讯等一大批高科技企业开始在世界范围内设立研发中心、联合创新中心，在国内外申请大量专利。

在一片唱衰中，深圳三大支柱产业——高新技术产业、金融产业、物流产业不仅没有被抛弃，相反在各个领域均取得突破。也因此，2008 年尽管遭遇全球性金融危机，作为以外向型经济为主的城市，深圳经历了短暂的低谷后，很快就站了起来。到第二年，有人形容：深圳第二春正在悄然来临。

期待 10 年之久的创业板终于在深圳开市，登上舞台；中国各省、区、市金融、银行机构蜂拥而至，宁波银行、北京银行、上海银行、浙商银行等国内外数十家银行入驻深圳，中信证券总部在离开多年之后重新回到深圳，平安集团深圳第一高楼破土动工，深圳又回到了国际金融中心的大舞台。

与此同时，2008 年深圳率先布局生物、互联网、新一代信息技术、新能源、新材料、文化创意、节能环保等七大战略性新兴产业，短短几年，战略性新兴产业迅速成为经济发展的引擎。

1979 年深圳建市时生产总值不足 2 亿元，到了 2017 年，这一数值已经高达 2.2 万亿元，猛增了 1.1 万倍（常住人口增长近 40 倍），同一时期内，中国经济增长了约 200 倍。

就像世界其他国家对中国的经济增速望尘莫及一样，中国其他城市面对深圳的速度，也不免瞪乎其后。而更精彩的，是深圳在一次次被质疑、被攻击后，在低谷中吸取教训、凝聚力量、凤凰涅槃般地步步向前。

一场完美的配合赛：
率先取消粮票、放开物价

一

1991 年春晚，相声演员姜昆和唐杰忠表演了经典爆笑相声《着急》。街坊"老急"一听二大妈吼一嗓子"过两天副食品要涨价啦"，立刻着急到单位请假，到银行取钱，推出平板车、三轮车、小推车，一趟趟往家搬东西，总计：醋一洗澡盆、酱油两水缸、豆油十五桶、味精两抽屉、五香面儿一大衣柜、黄酱一被窝——酱坛子打了全撒在床上……没想到，买那么多东西在家囤着，它不涨价，光长毛！

这段相声活灵活现地展现了 1992 年中国物价改革闯关成功之前的种种曲折。

中国的物价在很长一段时间里，如铁打一般"稳定"。

以稻谷收购价格为例，1962 年每 50 公斤的价格是 9.5 元，过了

26 年仍然是 9.5 元。其他商品也一样，小至纸篓、竹叶、发夹、图钉，都由价格部门统一定价，巨细无遗，一网打尽，而且，"一价定终身"。

这种稳定无视价值规律，导致整个价格体系扭曲，进而造成世界罕有的全行业亏本。1978 年，每亩稻子净产值为 60.7 元，完粮之后亏本 14.2 元；养猪每个劳动日亏 0.43 元……农民生产热情不高，因而粮食产量也不高，吃饭问题便很难解决。许多行业同样如此。结果就是导致普遍的物资匮乏。正如当时民谣所说：中华大地无中华，牡丹四季不开花，前门香烟后门卖，凤凰何时到我家？

与此同时，国家为了保证民生，对粮油等物资采取高价从农民手中买进，再低价卖给城镇居民的做法，也令国家财政背上了沉重的负担。1979 年、1980 年，国家财政赤字都达到 170 亿元以上，并增发了 130 亿元来弥补赤字。1980 年，国内通货膨胀率达到 6%。

有人对比，1990 年美国政府的财政预算是 1.5 万亿美元，中国政府 1989 年财政收入只有区区 2810 亿元人民币，还要从这可怜的收入里给每个国民补贴粮食、煤气、住房和医疗等，再无余力去发展其他。

价格改革箭在弦上，不得不发。它也是中国整个经济改革最为困难和最为关键的改革，正如邓小平指出：这个关非过不可。不过这个关，就得不到持续发展的基础。

可是，价格改革要如何改？众所周知，波兰和俄罗斯为了冲价格改革的关，采用了美国哈佛大学萨默斯教授的休克疗法，虽最终取得成功，但是付出了相当高昂的代价，波兰和俄罗斯经济倒退了 20 多年。

中国的价格改革也困难重重：

1979 年，广州率先放开塘鱼价格，结果鱼价涨了几倍，一斤要几块钱。群众议论纷纷，甚至还直接告到了国务院。

上海等城市部分放开物价，造成成千上万的市民抢购大米、日用品；时值盛夏，杭州市市民抢购毛衣毛裤；气候温和的昆明市，人们抢购往常滞销的电风扇；广州市有位女市民抢购了 10 箱洗衣粉；南京市有位市民抢购了 500 盒火柴，仅仅因为火柴将从每盒 2 分钱涨到 3 分钱；武汉市有位市民抢购了 200 公斤食盐……

中国价格协会会长王永治回忆当时的情形，说："人们都疯了，见东西就买，不管需要不需要，也不在意质量好坏，冰箱有冷气就要，电视机出图像就抱。"几乎每次价格改革都给民众留下"涨价"的单一印象，导致比相声更夸张的抢购情节。

同时，各地银行也遭遇挤兑。许多银行无钱兑付，最终导致中国人民银行再次超发货币来解决问题。

中国的价格改革在动荡中艰难摸索前行，唯独在深圳出现一道曙光。

二

深圳创办经济特区之后的物资紧张，比中国其他城市更甚。

由于大量建筑工人、三资企业和来料加工企业的打工者、求职者以及跟随这些人而来的家属涌入，深圳经济特区暂住人口和流动人口暴涨。据统计，1981 年、1982 年，有五六十万人在深圳市生活，且每日每时都在增长。可食品供应依然按照户籍人口 2 万多的指标分配，吃饭问题变得十分突出，连时任市长梁湘都曾向分管供销、商业的副市长周溪舞半开玩笑地抱怨："你怎么搞的，我这当市长的中秋节吃饺子连醋都买不到？"

为了解决这个问题，深圳想尽了办法，从广交会上采购各种商品，

又邀请全国各地的商业部门和深圳共同成立公司，在深圳开店卖货。很快，各种农产品和粮食开始源源不断地运到深圳。

即使这样，深圳有时存粮也只够两天的量。1985年夏天，有一次，大雨把路冲坏了，运粮车赶不过来。这可把领导急坏了。有一船粮食正从泰国运来，市领导要求该船每行10公里就向市里报一次位置，最后一刻，粮船到达蛇口，市领导悬着的心才放下来。

粮票肉票等票证及其代表的严格计划经济体制，给深圳的发展带来了致命阻碍。

深圳的建设需要大量建设者，然而他们大多没有把户口迁过来，或者属非城镇人口，也就没有办法将"粮食关系"转入。那时候钱是第二位的，票证才是第一位。比如说，没有肉票，即使想用五块钱去买只值三毛五的羊肉，也没有人敢违规卖给你。

火车站泮溪酒家的老板找到市里，说可不可以买点议价粮，没有粮票也可以吃饭，只不过价格贵点。

市里说，可以试一试。

在泮溪酒家，一碗米饭，有粮票卖5分钱，没有粮票卖5角钱，足足贵10倍，结果还是有不少人去吃。

就这样，从一碗米饭开始，深圳尝试着跟粮票肉票等脱钩，不过，真正的价格改革却是从菜价入手。

上世纪80年代，中国许多城市都有一个"菜市长"，其工作职责很重要的一部分是保证城市的蔬菜供应。当时吃菜是件困难的事，全国粮食紧张，许多土地被拿去种粮食，蔬菜种植面积有限。更重要的是，蔬菜收购价格不合理。

拿深圳来说，国家定价一斤青菜只能卖5分钱，可按照深圳实际

情况，种菜成本一斤高达三四角钱。一河之隔的香港，一斤青菜可以卖一二十港元。深圳农民要么不愿意种菜，要么种了菜宁愿到香港卖高价。

1983年，深圳向汕头求援，调来5000名菜农种菜，但两个月后人全跑光了。菜农说，种菜不如捞虾，捞虾不如拉沙。其后，深圳又分别从湛江和广州招农民来种菜，市政府甚至把荔枝公园对面一栋楼贴进去出租来补贴菜价，却还是无法弥补亏损，菜农同样跑光光。

稻田荒芜无人种，鱼塘干得底朝天；豆角贵到每斤1.2元，新上市的通心菜更是贵得吓人，每斤2元。那些刚调入深圳的干部叫苦不迭，他们一个月工资也就六七十元钱，路过菜市场只能偏着头，不敢看摊档上的新鲜蔬菜。市政府只好用财政补贴从东北调来一批黄豆做豆芽菜，低价供应干部家庭的菜篮子，每户供应若干斤。可市财政一年收入才1.2亿元，发工资已经捉襟见肘，还要补贴粮食、煤气、房屋等，不可能长期这样贴补下去。

实在没有办法，市里决定采取市政府副秘书长兼财贸办主任李定的提议：放开菜价，让市场定价！

三

李定是后来被称为"拓荒牛"的深圳早期创业者之一，早年做过地下党，带兵打过仗，后来在部队多年，从未上过一节经济学课。他之所以敢提出放开菜价这个"扰乱社会主义经济秩序"、事关几十万人吃饭问题的大胆建议，并非突发奇想，而是因为在实际工作中多次观察到某种有趣的规律，看到一双无形之手的神奇调节能力。

1981年春节前，市财贸办在和平路举办商品展销一条街，有不少

进口货，香港同胞也被吸引过来。春节前的深圳已颇有寒意，上级却通知电风扇价格一律上涨15％。有香港人悄悄说："冬天风扇还涨价，真是神经病！"李定不仅没有生气，反而觉得骂得有道理。

"商品就应该随行就市，按质论价。当时我受香港人的启发，就要求在这条街上放开价格，搞浮动价格。"结果展销街生意异常红火，把香港、东莞、惠州的人都吸引来了。尽管商品价格降了，但销量大了，做生意的人都赚了大钱，市财贸办也赚了不少钱。

这次小范围内放开物价的尝试很成功，于是李定在第二年的荔枝收购上，同样采取了这个策略。

荔枝是当时出口换汇的重要商品，国家计划每年都有荔枝收购任务。然而，外贸公司统一规定收购价每斤8分钱，果农自己运到小市场卖是3毛多，卖到香港是1港元，任凭市政府如何"软磨硬泡"，果农就是不肯把荔枝卖给外贸公司。

眼见连续两年都收购不到荔枝，李定向分管领导提出去南山收购荔枝，价格由他来定，荔枝一定收到，保证不亏本。领导同意了。

那次在南头的荔枝收购再度放开价格，按质论价，普通荔枝每斤6角，好的每斤8角，最好的每斤1.2元。结果，不仅深圳的果农把荔枝卖过来，东莞、惠州、从化等地的果农也闻讯而至。深圳一下子就收了500吨，是历年来最多的一次。当年荔枝出口赚了十几万美元外汇，是深圳荔枝外贸头一次赚那么多钱。

不过，这第二次放开物价的尝试给李定招来了一顶大"帽子"："当时事态很严重，省里发文、登报，批评我擅自提高收购价格，明确指出要制止这种行为，我当时压力真的很大。""省物价局专门派工作组来调查，说要撤我的职，但上级领导把责任揽下来了。"

有了市领导的支持，李定和同事继续高价收购荔枝。直到他打算如法炮制放开菜价的 1984 年，省里已经默认了深圳收购荔枝的做法；再过一年，省里就该号召全省学习深圳经验了。

李定并不能预知一年后的事，而且，菜价跟荔枝价格不一样，关系到每个人的一日三餐，放开后会导致什么后果无法预测，于是他每天早上 6 点多便骑自行车去市场观察行情。

一开始，菜价是 8 分钱，后涨到 8 角，眼看着就飙到了 1.2 元，菜是多了，可太贵了，人们怨声载道。

李定也觉得头皮发麻。市里也扛不住了，专门召开会议研究这个问题，涨价措施可能会被取消。而且，李定很可能要被撤职。

但就在开会的时候，传来了好消息：菜价降了！

一开始从 1.2 元降到 8 角，后来，又降到了 6 角。

那双"无形之手"在最危险的时刻发挥了神奇的调节作用。跟卖风扇、收购荔枝一样，深圳的菜价一高，东莞、惠州、从化的菜农都赶来深圳卖菜了，菜价自然就回落了。

最终，菜价降到 4 角钱左右，此后市价就平稳了。深圳菜价改革取得了初步成功！

四

一年后，深圳的价格改革深入到了粮价、油价等主要生活物资这个关键点上。

深圳放开粮价的消息是在 1984 年 9 月下旬公布的。

粮价是比菜价更为敏感的问题。放开之前，深圳经过了一次又一次的设想，做了一个又一个预案，但决策者们还是不能不有些紧张：

以往有过的抢购风潮会不会出现？出现了能不能化解？

调查人员被一个个派出去，在市场奔走、观察、记录、访问，一个个电话打回大本营汇报动态。

下面是当时市政府一位工作人员所作笔记的摘录（经整理）：

27 日：有数以百计的人在罗湖、上埗多处粮店抢购。

28 日：排长队现象发生在木头龙附近，大约有百多人。

29 日：今天排长队现象出现在蔡屋围等处，但规模较小，约几十人，而国营猪肉档上人很挤。

30 日：今天突然出现排队高峰。在罗湖、福田等处，都有百人排长队购米；在福田粮店发生口角及谩骂粮店人员"不要脸、乱收费"等事情。下午5时后，人开始减少。

10 月 1 日：今天大米涨价，无人排队。

10 月 2 日：今日平静。

10 月 3 日：今日平静。

…………

那双无形的大手，再度在深圳价格改革最危险的时候，将冲击波激起的浪花神奇地消弭于无形。从 1984 年 11 月起，粮、油、煤气等五种主要生活物资的价格全都在深圳顺利放开了，并未出现同年在其他城市因火柴价格上涨 1 分钱引起的类似抢购和纷乱。

1984 年 11 月，代表计划经济的粮票在深圳率先退出历史舞台，比全国正式取消粮票早了整整 10 年。同时也取消了布票、肉票等其他一切票证。这是从计划经济转变到市场经济过程中的"里程碑"事件，终结了计划经济体制下近 40 年的票证制度。

据统计，1984 年深圳开放价格的商品比重占社会商品零售额的

80%。那年深圳的代表到北京开会，管报到的会务组成员一看到是深圳来的，便羡慕地主动提出："你们深圳取消了粮票，不收你的粮票。"

深圳的成功给摸索中前行的中国物价改革带来了希望，提供了宝贵经验。中国的价格改革从深圳经济特区开始，逐渐在全国展开，到1992年闯关成功，这种渐进式的改革虽然有波动，有代价，但是相比波兰和俄罗斯，代价则小得多。2008年，《深圳特区报》毫不谦虚地评价：深圳经济特区成功地进行价格改革试点，对中国整体经济改革的贡献是排在第一位的。

五

深圳为什么能够比其他城市更快、更好地完成价格改革？

20世纪90年代初，深圳市委宣传部组织编写的《深圳的斯芬克思之谜》一书中认为，是因为深圳市政府决定在米、油、煤气等价格上涨价的同时让职工的工资也跟着涨，消除了涨价的压力。更重要的是，当时深圳跟国内其他城市不一样，职工大部分都在企业，而企业与政府财政之间的输血脐带是被割断了的，自负盈亏。市委领导给各企业打招呼说："没有什么好叫苦的，你们唯有一条路：回去把企业抓好些，把经济效益抓上去，多赚点钱给职工发工资！"深圳的企业的确也做到了"多赚钱"。深圳的年平均工资水平在1983年就达到了1545元，在放开主要生活物资价格的1984年更是达到2179元，比全国平均水平高出1093元。再加上农村实行包产到户后全国粮食产量大增，深圳通过各种渠道储备了充足的物资，价格改革因此十分顺利。

时间再往后推移，李定等人听经济学家们总结深圳物价改革成功

背后那只无形的大手，原来叫作经济规律。也就是说，价格应该由市场决定，而不是由行政命令决定；尊重市场经济规律，尊重市场在资源配置中的决定性作用，以市场为基础、为核心来做决策，自然就会得到市场经济规律强有力的支持。

时间进入 21 世纪，消费作为拉动生产总值增长的"三驾马车"之一的作用不断显现，2009 年对我国经济增长的贡献率达 51%，成为中国经济新动力。人们重新回头审视深圳的价格改革又会发现：哦，原来那时候改革成功，也有消费的作用在里面。

深圳的消费能力在蛇口还是一片荒滩的时候就显露出来了。早在 1980 年年初，为了将百万港元的投资款兑换得高一点，时任工程公司

内地第一家麦当劳餐厅开业

总经理王今贵去上海倒换衣物、自行车、电风扇等货物，摆到地摊上卖，没想到大家购买热情超高，后来不得不限量供应。1982 年，香港的马太夫妇投资开设内地首家外币购物中心，筹建的时候，蛇口连正式码头都没有，袁庚对马太夫妇提出的期待是：就算一天只能卖一瓶汽水，也要坚持半年看看。没想到，开业那天上午，购物的人像潮水一般涌了进来。购物中心一天之内卖光了 500 台风扇、150 台乐声牌彩电，还有冰箱等等，仓库里的大部分库存商品也被抢购一空。打烊后，七八个人数钱数到手软，全天的营业额达到 50 万元，正好是全部投资额。五天后，马太夫妇便完全收回投资成本……有这样的消费能力，自然能够反过来促进物资源源不断地生产和供应。

随着时间的推移，人们或许还能从各种新理论中找到当年深圳价格改革率先成功的不同因素。2018 年，纪录片《国宝档案》在《大潮起珠江——粮票的故事》中回顾了价格改革前千千万万深圳普通建设者面临的困境：第一个月的粮票可以随身带来，第二个月家里寄来，到第三个月往往就青黄不接了……更麻烦的是，很多来深圳的人，还是瞒着自己原来的单位，偷偷跑到深圳创业淘金来的。时间一长，原单位就会找到当地粮食局，把他们的粮票、肉票统统取消。然而，即便面临生存危机，也并不能预知后来的改变，这些最初的建设者还是顽强地留在了这片吸引他们的热土上。他们的勇敢无畏，跟冒着撤职坐牢风险也要坚持放开物价的深圳决策者们交相辉映。一切的天时地利，加上这样的"人和"，才是成功的关键。

来了就是深圳人：
全国最大移民城市的起头

一

1987 年，深圳南油集团下属公司一名干部在生意中被人坑了，导致公司 200 多万元货款收不回——那年深圳职工月均工资才 223 元，内地很多城镇职工月均工资才 100 多元。南油集团将这名犯下大错的干部炒了"鱿鱼"。

这名时年 44 岁的干部顿时失去经济来源，与此同时妻子也与他离了婚。

上有老下有小，还要兼顾 6 个弟弟妹妹的生活，这名被开除的干部只好和父母租住在一间小房里，把阳台当厨房。为了省钱，他的母亲会在菜市场收档时捡一些别人扔掉的菜叶，买点便宜的死鱼，以维持最基本的生活。他很忧愁："我们这种人在社会上，既不懂技术，

又不懂商业交易，生存很困难，很边缘化的。"

但是，深圳并没有抛弃这名边缘化的干部。

深圳市人才服务公司了解这个情况后，立马将他的档案放在了公司。

"深圳市人才服务公司"虽然叫公司，却是由深圳市人事局于1984年5月成立的人才服务中心，是如今深圳市人才交流服务中心的前身。

深圳市人才服务公司将被开除的干部的档案接收过来意味着什么呢？

那时候，人们是这么形容档案的重要性的：人是形，档案行政关系是魂。形随魂走。

对于体制内的干部来说，干部身份是跟档案牢牢绑在一起的，涉及工资待遇、职称、分房、退休等一系列切身利益。一旦丢失档案行政关系，就如人丢了魂，相当于失去一切。所幸，1987年深圳价格改革已经成功，彻底将吃饭问题跟粮票、肉票等脱钩，否则，被开除就不只是边缘化了，而是真的连饭都吃不上，彻底成了"孤魂野鬼"。

从这个意义上来说，深圳市人才服务公司接收一名被开除、失去了主管单位、游离于体制外的干部的档案，无异于留住了他的"魂"。

事实上，从建立经济特区开始，深圳就存在大量游离于体制外的、身份"不正常"的人。

1980年9月，深圳龙岗工业区一间鞋厂要提拔一位新厂长。这位准新厂长在填写升职的简历表时碰到了麻烦。

简历一开始并不难填写：1961年至1967年，读小学；1967年至1968年，读中学。但到了1968年至今——这位准新厂长被难住了，自己到底是什么身份呢？

按照当时的规范，正常从业人员身份分三种：农民、工人、干部。鞋厂厂长，算领导干部吧？可是，按当时的规定，只有在党政机关和国有或集体企事业单位中担任一定领导工作或管理工作的公职人员才称为"干部"，必须通过人事组织部门办理吸收、录用干部手续。这位准新厂长的户口、粮食关系还在农村，名字还工工整整地记在生产队的花名册里，按理来说应该是地地道道的农民。

当时，农民、工人、干部三种身份是不能跨越的，调整需要通过一定的途径，比如想要由农民变成干部，可通过中考和高考来完成。而这位名叫张桂梅的准新厂长才 19 岁，中学只读了一年，连中考都没参加过，自然不可能跨过农民和干部之间那道鸿沟，甚至连工人她都算不上。

按照当时的规定，工人归劳动局管理，需通过向劳动部门申请办理招工（就业）手续后才能具备工人身份。张桂梅所在鞋厂既不是国有企业，也不是集体企业，而是由龙岗工业区和香港老板合资兴办，雇用她并未通过劳动部门办理招工手续，所以她也不能算工人。

张桂梅在鞋厂做着工人、拿着工人的工资，被香港老板和龙岗工业区负责人共同选中，提拔做鞋厂的厂长，成为企业的管理者——她的身份既不符合农民、工人和干部的任何一种，却又兼具农民、工人和干部三种。

无论是"三不像"的张桂梅，还是犯错被开除的干部，这些游离于体制外的"麻烦"人物，深圳都没有嫌麻烦、投之以白眼，而是宽容接纳。

那名犯错被开除的干部就是华为创始人任正非，他在被开除后创立了华为，带领华为成为全球领先的信息与通信基础设施和智能终端

提供商。

张桂梅当上厂长后，1983年，她管理的皮鞋厂由一间变成了四间，每一间厂她又选了一个副厂长：一厂的20岁，二厂的22岁，三厂的25岁，四厂的也只有22岁，都是年轻的打工妹……

二

深圳自建立经济特区以来快速扩张发展，对人才的需求巨大。

一方面是党政机关和国有企事业单位对干部的需求。特区建立之初，干部加起来不到6000人，技术人员全市只有两名：一名拖拉机维修员，一名兽医。另一方面，很多外商投资企业、"三来一补"企业除了劳动力，也急需大量管理、技术方面的人才。

前一方面对人才的需求，在深圳还是一片荒芜、条件艰苦的情况下较难解决，但深圳向中央申报并获得了中央组织部支持后，面向全国出击招聘，每到一处都在报纸、电台及各个单位设点做足宣传，开出较高的工资条件，很快就挖到了人才的"第一桶金"。

后一方面的人才需求，就不太好解决了。无论外资、合资合作企业，还是正在兴起的民营企业、个体户，都不属于体制内任何部门或单位，无权接收档案、组织关系；偏偏他们大量需要的管理、技术方面的人才，至少要有中专或大专以上学历——也就是属于国家统招统分的干部。人去了，档案不能去，"形"必须和"魂"分离，有几个干部够胆前往需要他们的企业？

人才问题成为卡住深圳发展的瓶颈。

1983年年底，深圳市委、市政府给市人事局布置了人事制度改革的任务，以便广泛引进人才，于是深圳市人才服务公司成立了。

深圳市人才服务公司摸着石头过河，一方面学习外国及香港地区的先进经验，香港当时几家大猎头公司他们都去考察过；另一方面加强跟内地兄弟单位的联系，特别是跟北京人才中心的联系，边实践，边摸索，边完善，很快就制定出公司章程，又建议主管部门制定有关指引、规章，形成了创新性的办法：把干部的档案、人事关系及党组织关系放在人才服务公司，再把他们派向外资等企业。如此一来，有学识、有胆量、有想法的人才就从"干部身份"和"档案"的捆绑中被初步解放出来。

干部开始"进得来、留得住、出得去"，就首先在薪资水平诱人的外资企业打开了一个口子。到 1987 年左右，收入高出平均水平若干倍、打扮时髦精致的外企办公室"白领"取代"吃国家粮"的干部，成为人们最向往的职业之一。

1986 年，深圳又开先河，在罗湖区和平路举办首届"集市型"人才交流大会。二三十家用人单位首次采用摆摊式的形式设立摊位，1000 多名人才参加，首次实现"供需见面，双向选择"。

"供需见面，双向选择"这个如今被普遍使用的招聘原则，在当时是了不起的创新。

过去，干部被分配到一个单位后，即使发挥不了才干也不能挪窝；单位也理所当然觉得这个干部是自己的，他要是敢背着单位自己去找别的工作，简直就是"犯天条"。双向选择的人才交流大会将人才使用由"包办买卖婚姻"变成"自由恋爱婚姻"，以实践冲破体制束缚，具有巨大的革新意义。

从那以后，不但大学生、硕士、博士纷纷往深圳跑，"停薪留职"这一颇具时代特色的现象也开始在内地各机关单位普遍出现，技术员、

工程师、厂长、教师，甚至县长、省里的部长，都放下原有的工作，从五湖四海，浩浩荡荡奔向广东，奔向深圳。

据估计，1987年，平均每天有12万人左右从内地进入深圳经济特区，其中至少10%怀有求职目的。如此算来，当年来深圳的求职者人数要超过400万。

国内奇缺的翻译人才，在深圳一个广告就可以招揽到一大批。大学生、硕士研究生已经难以像特区建立初期那样受到青睐。从1989年到1991年，深圳吸收了全国3%的博士毕业生。

就连华为这类在当时看不到太大前途的初创民营企业，也有干部、大学毕业生愿意去了。为了给华为提供人才，深圳市人才服务公司甚至把综合部的部长都给了他们，其后来成为华为的高管。

深圳市人事局退休干部曾运深说："华为初创，要是没人去，那任正非就没人可用；如果干部去了有后顾之忧，那也留不住人才。"不仅华为如此，所有深圳企业都是如此。

三

相对于干部、大中专毕业生等人才，普通劳动者涌入深圳更为简单。

深圳经济特区建立之初，国内其他地方正在人口问题的困境中煎熬。自从农村实行家庭联产承包责任制后，农村生产力得到解放，同时也挤压出了过剩劳动力——耕地有限，人均不足1.5亩，有人估计当时全国农村闲置的劳动力超过1亿；而在城市，每年有1500万青年迈入待业行列。劳动力就业难题成为一个顽疾。

1981年，广东省政府从深圳的改革中获取灵感，规定"特区企业

雇用职工……可由劳动服务公司介绍或由企业自行招聘"[1]。1982年，竹园宾馆率先打破"铁饭碗"，实行劳动合同制；友谊餐厅（现香格里拉大酒店）率先试行工资制度改革。深圳的用工制度从此突破了原有体制下工人工资、待遇都要经劳动局按计划分配的束缚，打开了劳务市场的大门。

1983年到1987年4年间，深圳市工业总产值由7.2亿元上升到57.6亿元，增加7倍，外商投资企业由240家发展到1100多家，仅工业的增长便要求每年供给5万新劳动力。

"下深圳"成了成千上万人心头躁动的热望。"打工仔""打工妹"开始在深圳大量出现。

到1989年年底，包括"三来一补"企业和建筑、服务性行业中的职工在内，深圳已经有了一支50万人的合同制工人大军。[2]

1991年，深圳又开全国先河，再次对人才引进制度进行改革，首创人才智力市场。

深圳市人事局原局长蔡云九接受《南方日报》采访时回忆，最初的人才市场设在华强南一座两层楼、面积200平方米左右的房子里。成立当天，"楼梯上，楼底下，楼顶上，围了一两千人来看"。

人才市场新形成计划调配和人才市场调节相结合的制度，即"调配给户口，但在市场上要先工作"。这样企业既可随时在人才市场上找到合适的员工，通过每年考核员工技能，将调动指标发放给真正有能力、有水平、能够创造价值的人才，又可让"漂"在深圳或用非所

---

[1] 陈秉安、胡戈、梁兆松，《深圳的斯芬克思之谜》，海天出版社，1991：85。
[2] 陈秉安、胡戈、梁兆松，《深圳的斯芬克思之谜》，海天出版社，1991：152。

工人正在高空工作

学的人找到工作。

当年9月，这个人才市场便因为无法满足庞大的求职需求而搬到华强北的纺织大厦，面积扩大到3000平方米。"这个地方很快又火起来了"。

几年后，人才市场再度迁址，并于1997年在宝安北路成立了人才大市场。

"这时人才大市场已变成三层楼，两万多平方米，每天都有上万人前来。一年光门票和企业入场费的钱就有七八千万元。""政策和人才是深圳经济特区发展最关键的两个因素。"蔡云九回忆30年来深圳在人事改革上的突破与贡献时如是说。

四

外来人口涌入深圳，堪称中国人口史上，也许是世界人口史上，短时间内数量最大的一次移民行动。

从1980年到2010年，仅仅30年时间，深圳就成为世界上最大的移民城市。美国纽约是国际性移民城市，人口800万，移民率为45%。深圳则是最大的中国移民城市，2016年年末，全市共有1300

多万人，登记在册的非户籍人口有 1277 万，移民率 96% 以上。全国所有省市籍贯的人都能在深圳找到自己的老乡；深圳也是继北京后第二个集齐 56 个民族人口的城市。

各民族、各省份的人齐聚一堂，为深圳的发展做出莫大贡献。深圳的人口密度也是全国第一，约占全国万分之二的土地上生活着全国百分之一的人口，人口密度是全国人口密度的 46 倍，实际人口密度仅低于澳门的 18600 人每平方公里，这自然也给深圳的管理和服务带来莫大压力。

早些年闯深圳的人后来忆苦思甜，经常会讲述他们初来乍到睡草地、靠公厕用水保持清洁的故事。这类经历对个人来说是老来谈资，但对城市管理者来说却意味着数量庞大的居无定所的外来人员。一旦这些人发生经济纠纷或治安纠纷，在内地找家庭、找用人单位、找街道组织协查管理的传统手段全都失效。而且，无法了解人口底数，相关部门在制定水、电、气等资源的分配，教育和医疗资源的配置计划，甚至是解决交通道路拥堵这类问题时都将面临很大困难。

深圳市政府早在特区建立的时候就召集公安、劳动、计生等各部门人员成立市外来人口管理办公室，研究外来人口问题。1985 年，深圳出台了《深圳经济特区暂住人口管理暂行规定》，在全国率先出台暂住证制度。

尽管在后来的发展中暂住证制度带来种种弊端，但在最初设立时，其整合了政府各部门间多项服务管理政策。通过每年暂住证的办理情况掌握深圳的人口底数和流动人口的居住处所，大大提升了政府决策和管理的效率，特区治安情况大为好转。

进入 2000 年之后，由于长期以来的户籍政策，尤其是暂住证制

度使得外来建设者对深圳的认同感和归属感不强，深圳于 2006 年开始酝酿，并于 2007 年在全国首批试点居住证制度。

居住证的目的在于淡化户籍观念，全面缩小外来人员与户籍人员享受待遇的差距，张开怀抱包容为城市发展做出贡献的外来人口。

深圳的居住证在全国首创一证多用、功能可拓展等，一张卡囊括劳动社保、计生、教育、公共交通等政府行政管理和公共服务的内容。比如说，有居住证以后，外来人员子女在深圳接受义务教育时，小学生每人每学年比以前少缴 728 元，中学生每人每学年少缴 1042 元，和深圳户籍学生是同等待遇，真正实现"来了就是深圳人"。

居住证制度在深圳等城市试点成功后，2015 年 10 月 21 日，国务院常务会议通过了《居住证暂行条例》，在全国建立居住证制度。

2011 年，深圳又开始实行积分入户政策，此后每年都有 20 多万人转为深圳户籍，其中三分之一是由原来的流动人口转为深户。到 2013 年又取消学历对积分入户的限制，就算是没有学历的人，只要分数足够，也可以入户深圳。

深圳对外来人口的接纳和保护远不止于此。

1992 年，全国人大授予深圳市人大特区立法权后，深圳市政府便立即起草了《深圳经济特区劳务工条例》。该条例是国内第一部专门保护非本地户籍劳动者的法规，十分务实，对停工医疗期、经济补偿金、休息休假、加班工资等权益的保护都有较强的操作性、实用性，为国家开展农民工权益保护立法工作积累了宝贵经验，为国家后来制定《劳动法》提供了重要借鉴和参考。

同年，深圳又出台了最低工资标准，在中国内地率先探索最低工资制度，捍卫劳动者的尊严，对深圳劳动力市场乃至全国劳动力市场

均具有重要历史意义。国家随后也相应出台了这方面的政策，1993年劳动部颁布《企业最低工资规定》，1994年公布的《中华人民共和国劳动法》第四十八条明确规定：国家实行最低工资保障制度。

1996年，针对经常出现的企业倒闭、破产，企业经营者因此拖欠员工工资，甚至干脆隐匿逃逸等现象，深圳又颁布了全国第一部地方性工资保障法规——《深圳经济特区企业欠薪保障条例》，通过对全市企业每年征收少量的欠薪保障费（最低月工资标准的70%，1997年为294元），依法设立欠薪保障基金，有效维护了员工合法权益和社会稳定。截至2014年上半年，垫付逃逸隐匿企业经营者欠薪814宗，涉及员工8.8万人，垫付金额达2.36亿元。

2007年，深圳市慈善会启动了"劳务工关爱基金"。这是全国第一个关爱劳务工基金，专门向外来劳务工提供发生突发性危难时的紧急救助基金，到2014年已经达到每月平均100多万元的救助量。

尽管很多人说深圳这座移民城市是沙漠化的，是冷漠的，但无论是最初接纳游离于体制外的各类人，还是后来实施一项项解放人才、保护劳务工的办法和措施，深圳都走在全国前列。

五

时间回到深圳经济特区建立之初，那是招商引资最为艰难的时候：布吉镇镇长给香港老板打过洗脸水、推过汽车；袁庚在蛇口面对穷山恶水，整整一年，发展部的人把客人带来参观，请他们吃15块钱一份的盒饭，他们说好啊好啊要投资，一回到香港便如泥牛入海；舆论又十分不利。袁庚已做好回秦城监狱坐牢的准备。

即便如此，1983年5月，较早进入蛇口、雇用1200多名工人、

占工业区总人数三分之一的香港凯达玩具厂为了迎接六一儿童节的销售旺季，拼命强迫工人超时加班赶制玩具，还将利用晚上非上班时间去参加工业区"团代会"的团员代表郑艳萍开除。香港厂长以为袁庚不会为了一个女工而得罪财大气粗的香港公司，袁庚却奋笔在报告上批示："加班应是自愿原则，要找资方严肃讲清楚，不准他们胡来。"

据此批示精神，在上级有关部门的具体指导下，一份更为全面、翔实的材料迅速整理出来。有关部门向凯达玩具厂发出通知：如不改正错误，就诉诸法律。

厂方明白诉诸法律的后果，终于答应给郑艳萍复工，补发停工期间的工资，并表示：工人加班自愿，每天加班时间控制在两小时以内。

从那时开始，深圳便开始酝酿劳动保险制度、制定规范的劳动用工制度。而从那时一直到现在，无论是作为经济特区还是先行示范区，深圳始终都没有忘记"社会主义"四个字：代表最广大人民的根本利益，反映最广大人民的价值诉求，引导最广大人民为实现美好社会理想而奋斗。

创造财富奇迹：
从农村股份改造到第一只股票

一

深圳河靠近罗湖口岸的边境线两岸有两个村。深圳这边的叫罗芳村，香港新界那边的，也叫罗芳村。

香港那边原本并没有罗芳村，只是从深圳罗芳村逃过去的人多了，那边的村子便也起了罗芳村的名字。

1978 年，深圳罗芳村的人均年收入是 134 元，香港罗芳村的人均年收入是 13000 元，两者相差高达 100 倍。

经济特区建立前，深圳罗芳村逃去香港的有 540 人，青壮年走得所剩无几，丢下 350 亩土地给老弱妇孺。80 年代初，深圳市首任市长贾华不得不率领一队人马帮罗芳村收割稻谷，累得汗流浃背、腰酸背痛，还被铁丝网那边罗芳村的年轻人大声嘲笑："慢慢挨吧——慢

慢挨吧！"

1978年7月，深圳最闷热的时候，刚刚南下主政广东的习仲勋踩着坎坷的沙石泥土路，来到罗芳过境耕作口的铁丝网下面。

由于历史原因，铁丝网那边香港境内的部分土地属深圳罗芳村。逃港形势严峻，一个生产队只许十几二十个精挑细选的人员早上七点半过境耕作，晚上五点多入境回家。本来境内卖几毛钱一斤的蔬菜在香港可以卖到20多港元，但种蔬菜需在日出之前和日落之后挑水淋菜，按边防规定出入便没法种好，再加上为了完成粮食收购计划，境外土地不得不栽种经济效益低下的粮食，因此农民积极性不高，渐渐地，那边大片土地都抛荒了。

习仲勋询问完情况后，陪同视察的宝安县委书记方苞说："其实让边境群众富起来并不难，香港市场鲜活产品卖价高，可以学习香港农民的办法，在香港境内我方土地上种蔬菜、养鱼、养鸡，边境农民收入就能增加几倍、几十倍。我们种水稻，一亩地收入只有几十元。政策搞得太死，农民就没有办法多赚钱。"

从那以后，罗芳村村民被鼓励开展小额边境贸易。到1989年，罗芳村人均年收入达到8096元，比1978年暴涨60倍，号称当时"最富裕的村庄"。[①]

罗芳村各家各户建起了小别墅，买了拖拉机、小汽车——不用再挨苦日子了。

唯一有可能挨苦日子的，是村里唯一的五保户，一位年纪老迈的尼姑，无儿无女，亦无体力、门路挣钱。不过，罗芳村建成135000

---

① 陈秉安、胡戈、梁兆松，《深圳的斯芬克思之谜》，海天出版社，1991：187—188。

平方米的厂房吸引港商办手袋厂、手表厂，每年收入的数百万元资金没有再分配下去，而是由村委统一用于村政建设和村民集体福利，不但建桥修路，把罗芳村建设得漂漂亮亮，让铁丝网那边的罗芳村相形见绌，而且把老尼姑好好照顾起来，每月还发给她几百元人民币、港币。老尼姑高兴的时候就去深圳市内走走，去香港看看，日子过得赛过活神仙。

二

习仲勋白天视察罗芳村等地，晚上便来到宝安县委党校跟200多名基层大队书记一起讨论问题——本书开头提到的文天祥后人、宝安县凤凰大队支书文富祥对习仲勋大胆直言，正是在那个时候。

那次考察后不久，中央宣布改革开放，深圳建立经济特区，宝安县建制被撤销；1981年10月，宝安县建制又恢复了，辖经济特区外原宝安县区域，包含文富祥所在的凤凰大队。

根据规划，新的宝安县城要迁到新安镇重建。

那时宝安县财政年收入仅1000万元，对重建一个县城而言是杯水车薪。

深圳离香港很近，宝安县的领导们知道在香港可以通过发行股票来筹集资金。可一河之隔，"股票"这个东西就是资本主义的妖魔鬼怪，谁也不敢提不敢说。

1982年11月，根据自身情况，宝安县人民政府成立宝安县联合投资公司。这是国内第一家经地方政府批准向社会招股集资的股份制公司，创办时只有县财政拨的200万元资金，打算向社会公开招股。

公司成立没几个月，1983年2月，胡耀邦来深圳视察特区建设，

了解到特区建设普遍面临资金难题时，提议可以尝试发行股票，当年陕甘宁边区困难的时候也碰到过这样的情况，就想办法发一个凭证，也就是救国公债券，用来募集资金。

这个消息传到经济特区外的宝安县，县政府立即决定，一步到位，直接发行股票！

1983年7月，经宝安县政府批准，宝安县联合投资公司在《深圳特区报》醒目位置刊登了《招股公告》："欢迎省内外国营集体单位、农村社队和个人（包括华侨、港澳同胞）投资入股，每股人民币10元。实行入股自愿，退股自由，保本付息，盈利分红。"

新中国第一只股票"深宝安"诞生了！

股票票面上的主打画面是张开翅膀、伸开利爪、在空中翱翔的大鹏鸟，首期筹集资金1300多万元。

不过，尽管是划时代的一件大事，但由于大众并不了解股票，只会联想到旧社会和资本主义国家由股票导致的破产、跳楼等恐怖新闻，迎接这第一只股票的并不是光芒四射的闪亮登场，而是在尘土飞扬、坑坑洼洼、高低不平的深圳"大工地"上，由宝安县联合投资公司的员工步行或骑自行车到处兜售。

1983年发行的深宝安股票

相比而言，第一批主动认购股票的人，堪称充满冒险和牺牲精神的勇士。

据记载，投资公司成立后，县委三名正、副书记分别认购股份1000元，其他干部入股总金额超2万元。其中特别引人注目的是，福永公社凤凰大队一名干部和一名社员分别认购股份1万元！

"万元户"是当时顶尖富豪的代称。有人以工资水平换算，认为那时的1万元约等于现在的288万元。

宝安县联合投资公司正式公开发行股票短短4个月便获纯利15.7万余元，其中5万元拿出来在当年年底进行了首次股票分红。

从分红记录可以看到，福永公社其中一名慷慨无畏拿出1万元巨款支持股票的人正是文富祥：福永区凤凰乡文富祥购买1000股，分得红利100元，股息48元。到1984年年底，文富祥的1000股股票分到了红利和股息共1896元——当年深圳职工月均工资是182元，股票带给他几乎相当于全年工资收入的额外财富。

用股票筹集到的资金，宝安县联合投资公司在宝安县城、龙华镇、沙井镇等地修建出6个工业区，总面积72万平方米，公司资产总额从最初的200万元狂飙到2.9983亿元。

1991年，宝安县联合投资公司改制为深圳宝安实业有限公司，同年6月25日在深交所挂牌上市，总股本2.64亿元，是当时全国最大的上市公司。

文富祥当初一腔孤勇掷出万金购买的股票后来带给他的财富如何，可用同样购入深宝安股票的大坑村作为参照。

大坑村的股票买得比文富祥等人晚，在1984年、1985年宝安县联合投资公司正式公开招股后分两次买入，价格是1元1股，总计

130 万股。

1991 年，在深交所上市前，深宝安股票进行了一次大规模分红，每 1 股送 9 股，大坑村的 130 万股变成 1300 万股，每股的成本从 1 元摊低到 0.1 元。

作为深圳股市"航空母舰"的深宝安股票上市亮相后，价格定位是 3 元多，比 0.1 元暴涨 30 多倍，大坑村村民和村委会手中的 130 万元顿时翻了 30 多倍，一夜暴富！

而这只是股市即将崩盘时的价格，救市成功后，深宝安在 18 个月内从 3 元多涨到了 33.95 元。即便放到现在，130 万的 300 多倍依然是个天文数字！

至于文富祥等人所持有的 10 元 1 股的原始股，据当时的宝安县县长李广镇回忆，在深宝安上市前 1 股变成了 12 股。就算没有其他摊低成本的操作，仅凭拥有的 12000 股，在上世纪 90 年代，这位文天祥的后人便拥有了 40 多万元的巨额财富。

三

跟大坑村相比，万丰村是个"内陆村庄"，穷得出了名，既不近山也不靠香港，左不挨广深公路，右不傍沙河珠江，1982 年人均年收入不到 350 元，当地人笑称是深圳的"第三世界"。

而潘天培一家是这个"第三世界"里的"第三世界"，六口人挤在 30 平方米的旧房里，生活困难。

1988 年，潘天培一家被"强迫借贷"5000 元巨款。这笔巨款他们家连一分钱都没拿到手，只是签了个字、办了个手续，又被放贷者拿了回去。

潘天培一家却欢天喜地。

"强迫"借钱给他们的是万丰实业集团——万丰村的集体股份制企业。

事情要从五年前说起。1983 年，万丰村党支部书记与港商达成口头合作协议，港商愿意投资，前提是万丰村须在半年内盖好 2 万平方米的厂房、能安置 1600 人的员工宿舍并做到路通、水通、电通、电话通。

村里前期投资了 250 万元后，后续资金出现短缺。

恰好此时宝安县联合投资公司发行股票成功，极大启发和鼓舞了万丰村村委，村委领导班子创新性地决定把股份制引入村集体经济，让村民共同投资入股建厂。

最初，只有 5 个村委干部带头冒险投资 5000 元，吸引了 54 名村民"斗胆"效法出资认股，共筹到 24.3 万元。村集体以土地和水电设施等作价入股，占 30% 股权，出资村民占 70% 股权，成立了深圳农村第一家股份制公司——万丰股份公司，开了农村"按股份分红"的先河。

股份公司兴建的彩星玩具厂如期在 1984 年 9 月建成投产。第二年，第一批 59 名股东全部分到了 20% 的红利。其他村民恍然大悟，纷纷跟进，10 人、8 人地合伙把资金合在一处来找村委会，要求照此模式再办几个厂。

不到 3 年时间，万丰村通过村民集资加上集体股份共筹资金 4000 万元，陆续兴办 17 家村企业，并组建了"万丰实业集团公司"，岁岁办新厂，年年分红利。

一部分村民先富起来后，万丰实业集团拿出 400 万元，贷款给潘天培这种还没有集体股份的村民入股，实现人人都是股东、都可分享

分红、共同富裕的目标。

潘天培一家靠着被"强迫借贷"来的股份分到红利后，又把赚到的钱参股到一些村企业。仅仅两年后，他家便有了 12 万元股本，一年的红利至少也有 2 万多元，从"第三世界"变为中等富裕户。

万丰村最富的村民有 30 万元万丰村股票，按时价计算，约值 180 万元。[①]

到 1990 年，宝安县 178 个行政村 1121 个自然村中，试行农村股份制的已经有 280 个自然村；深圳经济特区范围内的 71 个行政村 155 个自然村中，探索推行农村股份制经济模式的有 146 个自然村。

到 1992 年，深圳罗湖、福田、南山三区原有的农村集体经济全部完成了股份制改造；宝安县后来分成龙岗区和宝安区，在深圳市的统一部署下，2004 年开始推进农村城市化，由村改制为社区，全部完成股份制改造。

据 2000 年前后的大坑村治保主任讲述，大坑村一度靠着"深宝安"每年的分红派息和银行利息，给每个中学生每月补贴 350 元、小学生每月补贴 250 元——该年度全国城镇单位在岗职工月平均工资为 780.9 元。

而像福田区，有股民一万多人，村民一万多人，集体收益总收入每年少的有几千万元，多的有好几个亿。股份公司股民平均每年分红少的有一万多元，多的有六七万元。

[①] 陈秉安、胡戈、梁兆松，《深圳的斯芬克思之谜》，海天出版社，1991：194。

四

1987 年，48 岁的深圳沙头角水产公司员工陈观玉患上胃出血，被医生诊断为胃癌。她一个月工资才 48 元，单位很关心她，给她 30 元补助让她去治病。她在香港的妹妹弟弟也来看她，先后给了她几千块钱，让她去买补品。

陈观玉治病期间，有一天单位领导找到她，希望她为深圳发展银行的股票发行做点宣传。

陈观玉很懵：什么股票啊？

领导解释说：股票嘛，本金不给，支援国家建设。

这几句话解释得云里雾里，不但不能激发购买欲，反而起到劝退的效果。

其实，这真实、鲜明地反映出当时大家对股票这个新生事物普遍存在怀疑、不愿意买的态度。

更何况，深圳发展银行是在 6 家老信用社基础上开始筹建的，那些信用社长期亏损，坏账多，客户少，网点偏，在此基础上建立的股份制商业银行跟四大国有银行相比，不但没有普通人心中的"国字号"作为背书，股本金也仅有 1000 万元。

"你们那帮人行吗？……如果企业倒闭，股票可就成了一张废纸"，类似担忧不绝于耳，因而在 1987 年 12 月 28 日成立后，深圳发展银行推出的股票根本没有人主动购买。

为了帮助企业解决问题，市委领导要求共产党员和干部带头认购。沙头角因为跟香港来往密切，不少农民略知道一点股票知识，买得比较多。单位领导知道陈观玉很会做群众思想工作，便想让她帮忙宣传一下。

没想到，陈观玉不但动员大家买股票支援国家建设，还带头将妹妹弟弟给的几千块治病钱都拿去买了"深发展"股票，总共花了2万块钱。

有人笑话她："你自己生病还要单位补助你30块钱，你还支援什么国家建设？"

陈观玉说："我是个共产党员，我知道自己不行了，不会长寿的，就让我为特区人民做最后一件善事吧。"

陈观玉1939年出生在新加坡，家境困窘，6岁开始要饭。1949年中华人民共和国成立后，一家人迁到深圳沙头角，在改革开放前一直很穷，搬过10多次家，住的房子也只有20多平方米。1962年婚后不久，陈观玉因为一次小产得了癫痫病，发作起来神志不清，曾栽倒在河沟里、水井边、马路上，是部队的战士一次次把她从鬼门关拉回来。当时爱人不在身边，她卧病在床无人照料，又是战士们给她送来水饺、大米和羊血，帮她渡过难关。她对党和政府、人民解放军的感情非常深，积极入党，工作认真，热情帮助他人，多次被评为全国三八红旗手，省市拥军模范等。

2万元钱对陈观玉来说不是小数目，但她抱着为国家建设做贡献的心理，钱花出去便再也不过问此事，直到三年后接到通知，说是股票涨了，让她去拿钱。

捐了的钱哪还有要回来的道理，陈观玉说："我不要。"

通知她的陈所长、张书记说："你们祖宗三代很穷，这机会难逢，你一定要去拿回来。"

陈观玉做梦也没想到，这一拿回来，就是45万元巨款！

尽管深圳发展银行1987年推出的股票最终只售出49.9%，但

1988年深圳经济特区证券公司成立时，深发展还是成为中国第一只在证券商柜台挂牌的股票。

1990年12月，深圳证券交易所开始试营业，深发展和深万科、深金田、深安达、深原野等5只股票于深交所试营业前就在深圳经济特区证券公司公开柜台上市交易，史称"深市老五股"。

1991年4月3日，深发展向社会公众公开发行股票并正式在深交所上市交易，代码000001，从此以其独特的地位成为深圳证券市场的龙头。

"深市看发展，沪市看长虹"，深发展也以其出色的成长性，为长期持有它的股东带来了丰厚的回报，包括陈观玉在内的很多当时为帮助深发展慷慨解囊的干部和群众都意外暴富了。

陈观玉拿回45万元巨款的当天，全家开了家庭会议，商定"把这笔钱用于帮助有困难的人"。

陈观玉小时候讨饭时，有一次遇到几个别人家的孩子，他们让她站在讨饭的竹篮边不能动。他们往她身上扔地瓜，扔到篮子里的就算她的。

当时她感到特别屈辱，想着："等我长大后如果有了钱，一定不会欺负穷人，而是要帮助他们。"

就像绝大多数人一样，陈观玉长大后并没有什么钱，直到40多岁时才在政府的鼓励下从银行贷款、找亲戚朋友借钱建了一座两层半的小楼自住。

尽管没钱的时候陈观玉也积极照顾孤寡老人、拥军助人，但是，她病重之际想为特区人民做"最后一件善事"而购买的深发展股票，竟然让她实现了曾经的梦想。她按照从报纸上收集来的求助信息，列

出了一长串名单，然后把钱或 2000 元或 3000 元地一份份分好，装进信封，一下子捐出去 30 多万元。

后来陈观玉又把自住的楼租出去，再攒了租金继续捐出去……根据妹妹帮她统计的，30 多年来陈观玉捐出去的钱将近 200 万元。

五

据不完全统计，截至 2014 年年底，深圳市约有股份合作公司 1200 多家，股东近 40 万人，总资产超 1500 亿元，掌握集体土地 392 平方公里，成为深圳经济社会不可或缺的重要部分，在为原村民解决就业、增加收入、缴纳社保以及承担社会公共事务、缓解基层矛盾等方面做出重大贡献。如今它们随着时代的进步，积极改造创新，迎接产业升级。

为深圳发展银行第一次挂牌上市的全国第一家证券公司深圳经济特区证券公司经历了高速发展的辉煌，更名为巨田证券，却于 2006 年因占用客户保证金等原因被招商证券托管，黯然退出历史舞台。深圳发展银行经历重组、再次改革，被中国平安收购，更名为"平安银行"。

深圳的资本、财富市场，就在大浪淘沙中不断壮大。1990 年 12 月 1 日，在还未领"出生证"的前提下就开门会集生意的深圳证券交易所，只用五年时间就追平了西方发达国家证券市场近百年的发展历程，率先实现无纸化、交易电脑化，降低了发行成本和交易成本，更解决了存在许久的黑市买卖问题；又首创证券卫星通信系统，解决了股市行情远距离通信问题，延展了深交所的辐射范围；实现运作无大堂化，解决了效率低下、人为操纵等问题，为中国证券市场的发展探索出一条规范、安全、高效和低成本的道路。

2020 年，许多创造、见证深圳财富奇迹的人早已离世；陈观玉81 岁了，距离她以为自己要不行了、决定为经济特区最后做一次贡献毅然把治病钱掏出来购买股票，又过去了 33 年。深圳证券交易所创始人之一禹国刚，将近 40 岁时卖掉了让邻居羡慕的 14 英寸黑白电视机及一部三洋收录机，拿了 600 多元钱从陕西南下闯深圳，因为爱读"闲书"，被国家选拔去日本学习证券知识，成为中国第一代"证券人"。晚年他回忆在时代的际遇里，有幸参与并见证中国资本市场从无到有、从小到大、从区域到全国发展的历程，感慨道："伟大梦想不是等得来、喊得来的，而是拼出来、干出来的。"

时刻
十一

小小律所备受关注：
法治建设先锋与试点城市的魄力

一

1983 年，因为位于现上海宾馆对面的一个油站，美国美孚石油香港公司跟深圳石油公司发生了纠纷。中国国际贸易仲裁委员会在深圳设立有分会，于是此案便在深圳开庭。

开庭那天下着小雨。美孚石油香港公司的老板亲自来到深圳，依照香港习惯庄重准备，前往出庭。

深圳这边的代理律师是深圳对外律师事务所的徐建。这家律师事务所于 1983 年 10 月刚刚成立，徐建也跟律师事务所一样年轻。他带着香港老板一路踏着黄泥来到深圳蛟湖村一座农民房前。

尽管农民房上面挂着中国国际贸易仲裁委员会的牌子，香港老板还是愣住了，半天才回过神，问徐建："这是仲裁院吗？"

徐建回答说是。

"这里的仲裁有效力吗？"

徐建肯定地回答说有，法院会按仲裁结果强制执行，请放心。

香港老板哪里放得下心来！进了农民房大门，正中堂屋摆着一张八仙桌，三位老人坐在八仙桌旁——活脱脱中国古代传奇里闲话唠家常的场面，谁敢相信他们是来自北京和深圳的国际贸易仲裁员呢！

香港老板不安地坐定以后，仲裁的过程更是让他心里七上八下：没有固定程序，双方各自谈了诉求，各自拿出证明，仲裁庭便开始进行调解。

结果倒是出人意料地满意：深圳石油公司承认过错；在徐建的沟通下，美孚石油香港公司老板最终同意以人民币50万元的价格，将油站卖给深圳石油公司，纠纷得以顺利解决。

这是中国司法史上颇具深圳特色的一幕：年轻、底子薄、不成熟，但是大胆、有效，可直接与国际接轨。

类似的一幕幕不断在深圳上演。

1984年，中国南山开发股份有限公司（以下简称南山开发公司）与新加坡海洋联合服务私人有限公司合资开发赤湾300米油码头。谈判进行了两轮后，双方意见基本达成一致，合同由新加坡方面起草，约定四天后签字。

由于投资金额高达2000万美元，在签合同之前，南山开发公司决定找律师审查一下。

刚好，中国第一家律师事务所（比深圳对外律师事务所早成立几个月）——深圳市蛇口律师事务所就在南山。南山开发公司的工作人员便带着合同，在靠海边的一栋陈旧黄色房子里，找到了律师事务所

负责人姚峰。

跟想象中高尚、严谨的律师事务所不一样，这个律所面积才百多平方米。楼下一间办公室、一间接待室，楼上一间打字兼资料室，一间厨房兼休息室，设备十分简陋。而且，据说开张大半年才接了一单香港客户出租公寓的业务。

不过，律师的专业能力令人折服。姚峰律师看完合同便说不能签，对方律师很精明，许多条款倾向性太强，我方不但缺乏主动权，一旦发生法律纠纷还会非常被动，而且更可能伤害国家主权。

姚峰律师建议重新草拟合同、延期签字，南山开发公司同意了。

合同、章程拟好后，双方代表及随从人员近10人，包括新加坡方带来的律师和会计师，在蛇口工业区会议室洽谈审查。

新加坡方的律师对新合同和章程提出两点质疑：一是新加坡企业来华投资为什么要依据中国法律解决，而不是新加坡的法律或者国际法？二是为什么一旦发生纠纷，要选择在瑞典斯德哥尔摩仲裁机构仲裁？

深圳方的律师从容解释：第一个问题涉及国家主权原则，也涉及国际私法和国际惯例。客观事实是合资的公司或企业所在地在中国深圳赤湾，按照国际法规定，不动产物业受不动产所在地国家管辖。至于第二个问题，当然国际上有不少仲裁机构，但我们对瑞典斯德哥尔摩仲裁机构比较了解，其仲裁程序规则比较民主、合理，仲裁客观公正，所以选择这个机构。

新加坡方的律师听后无话可说。

之后，合同和章程的审议不到两个小时就全部通过。双方举行了隆重的签约仪式，与会的省市各级领导有100多人。2000万美元的

合同，一经签字就生效了，直到 1993 年姚峰律师退休都未引起任何纠纷，双方合作十分顺畅。

二

赤湾 300 米油码头项目的完成给蛇口律师事务所带来了一笔"巨款"——4000 元的律师见证费。1984 年 4 月，经报批后律所购买了一辆面包车、一部 386 电脑，请电脑专业人员编程序，用电脑管理业务。当时，这在全国是非常罕见的。

事实上，中国律师制度于 1979 年开始恢复，基本照搬苏联法律顾问处的模式，律师有编制，吃国家粮，属司法局管理。1983 年，蛇口律师事务所诞生后，深圳市法律顾问处才随之更名为深圳市律师事务所，以后才普及全国。

中国第一家律师事务所之所以会在深圳诞生，跟经济特区建立后外商投资增加，投资协议书和章程、房产买卖、银行按揭等手续办理需要法律保障的现实息息相关。但在当时，相关的法律法规几乎是一片空白，律师的业务也局限于诉讼等传统领域。

深圳的法律工作者们需要莫大的创新勇气和能力，才能在全国律师改革上起先锋作用、试点作用。

以"见证"这个业务来说，直到 1984 年中国都只有公证，没有私证，做见证必须找公证员。哪怕律师亲自全程参与合同的制定，哪怕公证员再不熟悉业务，也只能费时费力由公证员来见证。

1984 年，深圳对外律师事务所代理了金额高达 8000 万港元的新都酒店融资案。双方谈判 3 天后基本达成一致，起草了合同。

港方律师、香港全国人大代表廖耀珠提议，由她和深圳对外律师

事务所的徐建分别作为双方的代表见证签字属实。

徐建听后第一个想法是：只有公证员才能作见证。

廖律师却说，他们亲手起草合同，最了解合同的意思："中国法律是没有见证，但是你做了不就有了吗？"

"你做了不就有了吗？"这句话犹如醍醐灌顶，惊醒了徐建。

"这句话提醒了我，我想起'杀出一条血路'的创新精神。深圳就是要为全国的法律改革提供经验，如果有了律师见证，正好完善了中国的证明制度。"

于是徐建和廖律师各自为委托人做了见证。

事后这一做法得到了领导的肯定。

徐建根据这一案例写了《论律师见证》一文，随后律师见证业务在全国推广开来。

1995 年，深圳经济特区立法制定《深圳经济特区律师条例》时，第一次写入了律师见证业务。《中华人民共和国律师法》修改时，也将律师见证业务写入其中。

三

1992 年夏天，沪深股市连续上涨，引发"股疯"。8 月 10 日，深圳发售新股认购抽签表，被许多人看作是千载难逢的一夜暴富的机会。

新股认购抽签头一夜，深圳街头一片狂热气氛。申购股票认购表的队伍排成长龙，据统计参与排队的人数多达上百万。由于一张身份证只能申购 10 张认购表，早在几天前，就有数以百万计的居民身份证从全国各地寄到深圳，成捆成箱，堆积如山。

第二天早晨，由于很多人没能如愿领到认购表，有消息说，部分

认购表被各部门内部层层截留，群众的不满情绪迅速升级。当晚，有群众涌上街头，拉起横幅，抗议徇私舞弊行为，人群聚集，事态迅速恶化，消息上达决策层。这就是中国证券史上令人震惊的深圳"8·10"事件。

证券交易大厅

在研究者看来，1992年的深圳"8·10"事件，最重要的结果是促使决策层加紧改革步伐，下决心建立有效的证券监管体系。

深圳各界反应迅速，法律工作者尤为快速。事件发生的第10天，深圳市司法局律师公证管理处处长郭星亚和律师处的科员童新便找到深圳市体改办的领导，希望政策能够支持律师进入证券市场。

她们最先见到的是深圳市体改办的一个科长，并没有得到很正规的接待。郭星亚记得，这位科长办公室的沙发非常软，她们坐下去，半个人都没了。

"公司股票上市，你们律师能做什么？"这位科长略有不屑地说。

郭星亚说："公司申请上市，理应由律师出具法律意见，对公司的资格与合法性进行说明。公司的历史沿革问题，资本的原始积累是

否合法，股权设置是否具有真实性，目前的债权债务情况如何，有没有未完结的行政官司，公司现有资产及物产状况是否合法，正在履行的标的额巨大的贸易合同是否存在问题……这么多法律问题，哪一项律师不可以参与？哪一项律师不可以做？"

这位有法学背景的科长被说动了，马上带她们找到他的上级——深圳市体改办的一位处长。

处长问："你们律师参与进来，和银行、会计师、公证机关（为上市公司作见证）有什么区别啊？"

"审查上市公司，银行、会计师、公证机关的作用是定量，而律师则是定性。律师参与进来，就不会再发生'8·10'事件。你们不信，咱们去香港看看。"

9月23日，"8·10"事件后的第45天，深圳市体改办和深圳市司法局联合发布《关于律师参与股份制改革若干问题的通知》，要求国有企业申请上市，必须出具法律意见书。

自此，法律意见书成为公司上市申请必备的第14份材料。律师作为市场经济中"经济警察"的身份得到了认可。

股票市场业务的开拓，是中国律师开展非诉讼业务的里程碑。

四

事实上，深圳的律师体制改革一直走在全国前列。1984年年底，深圳市司法局就准备进行体制改革，询问对外律师事务所能否进行承包制，自己给自己发工资。

对外律师事务所的徐建想要承包未果，于是大胆组建深圳市经济贸易律师事务所，并立下军令状自负盈亏。

"我们当时干劲特别足，研究案子都是到半夜一两点钟，8个月就赚了40多万元，买了第一台汽车，每个人还能分到几万元，第一次实现律师不吃皇粮，自负盈亏，效益大幅提高。"

有了探索律师制度改革的经验及出色表现，徐建被推荐出任深圳市司法局副局长，成为当时深圳最年轻的局级干部。他提出，按照香港的做法，把律师从国家工作者转变为社会工作者，建立个人、合伙制和外资律师事务所。

该建议得到深圳市政府的支持。

于是，深圳出现了全国首家合伙制律师事务所——段武刘律师事务所。该所以徐建的人大校友段毅、刘雪坛和武伟文命名，不占用国家编制，自收自支、自负盈亏、自担风险，允许聘用授薪律师。该律所的成立在业界引起了强烈震动，而且产生了广泛的社会影响。

1988年，深圳又成立了全国首家个人律师事务所——李全禄律师事务所，为全国律师制度改革闯出了一条路子。

不过，真正震动深圳司法界的律师制度改革，发生在1992年到1993年间。

因为1997年对香港恢复行使主权，两地法律服务要进行对接，1992年，郭星亚受命主持深圳市律师体制改革，拉开了中国律师制度改革的序幕。

经过充分调研，1992年年底，郭星亚制定了改革方案。

改革的方向是：首先，律师不能列入国家编制；其次，律师不再领取财政拨款的工资；最后，参照国际上的合伙律师事务所来建所。

这条改革之路并不好走，阻力不少。

一是来自司法部门的阻力。律师很能赚钱，没有人会高尚到把"摇

钱树"平白划分出去；而且，有些原则性强的领导认为，律师队伍"不管就会出乱子"。

1993年春节，郭星亚一行拿着新鲜出炉的改革方案到北京司法部，碰了壁。郭星亚并未气馁。"全世界的律师都没有乱，为什么我们就会乱呢？"

三个月后，她接到司法部的电话，让她再次递交改革方案。这一次，改革方案被接纳，并在全国司法工作会议上被提为"重中之重的改革方案"。

改革另一方的阻力来自律师本身。

"不是国家公务员，铁饭碗被打破了，原来从司法局退休后可以拿的退休金，还有办公用房、住房等是不是要全部还给司法局呢？"很多律师顾虑重重。当时的律师动员会议上，甚至有律师质问郭星亚："你和我们一起走吗？你下不下海？"

郭星亚当场给出肯定答案，并且交出了司法局分配的房子、电话和一部蓝鸟轿车："三个月后，我会开宝马、住别墅！"

此时郭星亚已经50岁了。她放弃工龄、福利住房、医疗保险、退休工资等让人艳羡的一切，和全部律师一起"下海"了。

1993年，由郭星亚和其他3名律师创办的中国首个合伙制律师事务所——深圳星辰律师事务所（现为广东星辰律师事务所）成立了。从此，深圳律师在非诉讼法律事务上做出各种大胆的探索，开拓出一条律师为市场经济建设服务的新路子，把非诉讼业务从萌生推向了顶端。

除了律师参与股票发行与上市外，还有许多业务都是由深圳的律师率先开创的：

1.房地产按揭。深圳的律师注意到，香港的房产交易都是通过律

师进行的，而且还可以通过银行按揭。郭星亚等人跟中国银行反复讨论，最后设计出一个合同，就是银行跟律师签的合同；又设计了律师跟当事人之间的合同以及当事人与银行之间的合同，这样就开拓了房地产按揭业务。

2. 建筑工程招投标业务本来属于建设局的行政行为，自从深圳有律师参与把关后，司法部就以深圳案例为蓝本到建设部去讨论，建设部和司法部开展相关学习班和资格考试，工程招投标的法律业务从此打开。

3. 律师为企业破产事宜服务的业务也是深圳的律师推动的，后来国家制定破产法也到深圳来征求意见。

从深圳成立第一家律师事务所时只有 4 位律师，到 1992 年深圳已经有 300 多位律师。2016 年 11 月 24 日，深圳迎来第 10000 名执业律师，从此迈入了万人律师时代。

如今，深圳执业律师共有 1 万多名，其中本科以上学历占总人数 98% 以上，平均年龄 39 岁。按照深圳 2000 万常住人口计算，平均 1 名律师服务 2000 人。

步入古稀之年依然活跃在律师工作一线的郭星亚认为，根据世界各国的经验，一个强国必须是法制健全的国家，国家的利益在哪里，军队就应该坚守在哪里，律师就应该服务到哪里。

深圳律师行业顺应时代的发展，随着"一带一路"的倡议和前海深港现代服务业合作示范区的建设开展了新的探索。

和 30 多年前一样，深圳的法治建设依然起着先锋、试点的作用，面对以前没有的、前人未曾涉足的领域，"你做了不就有了"的精神内核，依然在发挥着作用。

时刻
十二

法治之重：
敢开口要立法权的"野心"

一

深圳福田保税区，东接福田口岸，南邻香港，西抵红树林保护区，北靠福田中心区，地理位置优越。

就算是再没有生意头脑的人，得知这块土地上将要建设参照国际自由贸易区模式运作的特殊关税区，也会忍不住怦然心动，恨不能想办法占得一星半点，抢得发财致富的先机。

然而，1991年5月28日，福田保税区经国务院批准设立后，尽管港商、外商纷至沓来，签订的合同有一大摞，但是签订的合同里，他们都颇有保留，无一不在最后附加一条："本合同在福田保税区条例出台实施后生效。"

也就是说，保税区条例不实施，所有投资合同都是废纸一张。

什么叫"保税区条例"？

用福田保税区建立前知名外商们考察时说得最多的一句话来概括，那就是："保税区有没有法？"

曾任深圳市法制局局长的张灵汉总结那个年代的法治状况时是这么说的：计划经济年代，一切都由国家统一包办，民间社会几乎没有什么纠纷，也不需要法律来救济，所以立法上也很不完善。执法层面上只有刑法和治安管理处罚条例，基本上就是关于治安的、镇压反革命的法律。这种情况一直持续到改革开放后。民法这一块更几乎是空白，只有婚姻法等零星的单行本。当时很多操作都靠"红头文件"。但红头文件说白了，只是个内部的东西，按现在的说法就是"暗箱操作"。

张灵汉还在条法处工作的时候，接待过一个美日等国一行几十人的访深律师代表团。在交流中，当他们得知深圳的法律服务机构只有一家，且律师是国家工作人员身份时，都非常惊讶。

他们当时就提了几个问题：外商在深圳万一跟企业或者当地政府发生纠纷怎么办？不同的利益争端都去找同一家律所的律师来服务，这样会不会串通？律师的身份是国家工作人员，他们肯定是优先为国家服务，不会考虑到当事人的利益的。

他们的话很有道理。

其实，中央很早就看到了这个问题。1980年，中央颁布建立经济特区的政策时，就提出了把改革开放政策法制化的要求，通过立法对外公布和保障实施。因为只有法律才能让外商相信，人家才敢来投资。

蛇口律师事务所成立，律师顾问处改名为律师事务所正是在这个背景下发生的。

深圳最初的立法工作主要靠省里。1981年，全国人大通过了一个

决议，授予广东省人大立法权，由他们为深圳经济特区制定各项单行经济法规。从1981年到1986年，省里为深圳经济特区制定的法规有19项。可是对于日新月异的深圳而言，每天遇到的各种新问题又何止19个？

立法的节奏跟不上开放的步伐。再加上珠三角开放，各个地方都要立法，省人大实在忙不过来了，于是，深圳产生了申请特区立法权的想法。

二

1987年夏天，广东省经济法研究中心在深圳召开经济特区立法研讨会。在这次会议上，当时还只是个小城市的深圳首次提出了希望获得立法权的想法。

话音未落，会上就炸开了锅。

一个小小的城市居然敢要立法权，有人直接批评这是"违宪"！

谁能想到呢，深圳不但敢炸会议的锅，而且早在会议召开之前就进行了详细的谋划，组织人力去香港以及国外等地考察学习国际经济法的立法经验，拟定了一个《借鉴移植香港和国外经济立法经验，加快深圳立法的工作方案》。

深圳不但敢要立法权，而且还计划好了，要在5年内制定135项经济法规，让特区所有工作基本上做到有法可依，依法办事。

1988年，深圳市主要领导向国务院呈递了请求授予深圳市立法权的报告。而此时，深圳连人大都还没有成立。这就相当于没有"户口"居然就敢开口要"粮票"，自然引起巨大的争议，议案未能提交全国人民代表大会表决。

深圳并没有灰心丧气，而是在会议一结束之后马上筹备组建人大，

先"上户口"，不屈不挠继续谋求立法权这张"粮票"。与此同时，深圳市委分4批邀请100多名全国人大常委会委员到深圳，做他们的"思想工作"。他们中多数是老干部，请他们到深圳实地考察，来一批就给他们汇报一批，摆事实讲道理，争取他们的理解和支持。

做完这些准备工作，1991年年底，深圳再次以书面形式向全国人大汇报希望通过授予立法权的议案。

这一次，议案顺利提交，并被安排在1992年七届三次全国人大第一次常委会讨论。

但是讨论后能不能顺利通过，谁也不知道。

因为，这年年初，全国人大常委会副委员长兼法制工作委员会主任王汉斌为此事带队到深圳做最后一次调研时，小范围内气氛依然很紧张。广东省人大的一位同志直接打断了深圳市的汇报，认为深圳提出的立法计划省人大完全能做到，"深圳要立法权，要法是假，要权是真"！

那都是平时很熟的人，因为反对深圳立法权弄到面红脖子粗，跟吵架一个样，可见这件事争议有多大。

1992年7月1日下午3时7分30秒，一个历史性的时刻。第七届全国人大常委会第二十六次会议表决关于授予深圳经济特区立法权的议案，表决结果是："出席117人，赞成107票，反对0票，弃权9票，未按表决器1人。通过！"

消息传回深圳，整座城市沸腾了！

历时五年，深圳终于曲折地获得了立法权！

三

国家最高权力机关把立法权授予深圳这样一个"小城市"，这在

全国还是第一次！全国人大主管立法工作的领导这样解释授予深圳立法权的初衷：我们国家太大，需要有立法方面的"试验田"。深圳船小好调头，国家想做一时又不好做的，可以在深圳特区先行先试，成功了可以在全国推广，不妥了及时改正就是了。

取得特区立法权后，当年深圳就向海内外招聘了100名立法干部，在立法的"试验田"里"披荆斩棘"，勇闯"禁区""难区"，从此深圳在改革开放的道路上快马加鞭，疾步前行。

1993年4月，也就是取得特区立法权的第二年，深圳市第一届人大五次会议通过了两项重要法规——《深圳经济特区股份有限公司条例》和《深圳经济特区有限责任公司条例》，这是我国第一批公司法，成为深圳建立和完善市场经济体制的开路先锋，也为国家制定公司法提供了立法试验。

继"两个公司条例"之后，市人大及其常委会又先后制定了国有独资公司、国有资产管理、商事、企业清算、企业破产等条例，使得特区规范市场主体的法规基本完备，大量企业如雨后春笋般成长起来，推动了深圳经济社会的发展。

在此基础上，深圳市人大常委会紧紧围绕要素市场配套、规范中介机构、促进新兴产业等展开立法。土地使用权出让、房地产登记、建设工程施工招投标、劳动合同、价格管理等一系列特区法规相继"出炉"。

据不完全统计，深圳至今先后通过法规及有关法规的决定445项。目前现行有效法规167项，其中特区法规128项，较大的市法规39项——超过三分之一是在国家和地方立法没有先例的情况下先行先试的。这些法规，不仅护航深圳的发展，更为后来国家立法提供参考蓝本。

尽管深圳争取立法权的初衷是为了经济，但是跟每个人日常生活

息息相关的房地产登记、劳动合同、价格管理等方方面面，深圳都有一系列特区法规先行先试，给全国提供范本。

现在居民小区习以为常的"物业管理"这一概念，是由深圳在1994年通过的《深圳经济特区住宅区物业管理条例》第一次以立法的形式确立的；《深圳经济特区财产拍卖条例》是全国拍卖行业第一法；《深圳经济特区职业技能鉴定条例》是全国职业技能鉴定第一法；《深圳经济特区企业技术秘密保护条例》是国内首部保护企业技术秘密的法规；深圳在全国率先颁布电梯管理地方法规；也是全国第一个为个人信用立法的城市。

不仅如此，深圳的立法还深入了许多隐秘的"死角"。

中水，是指生活污水经处理后，达到规定的水质标准，可在一定范围内重复使用的非饮用水［相对于自来水（上水）和污水（下水）而言的］。对于中水的使用深圳都率先立法进行了规定。2005年通过的《深圳市节约用水条例》，让深圳成为中国第一个通过立法的形式强制推行利用中水的城市。

进入21世纪，环境污染问题日益严重。2011年，深燃石油气有限公司将经营瓶装气零售的石岩供应站点建在了石岩水库内。石岩水库是深圳市饮用水水源一级保护区，此举直接影响居民的饮用水安全。宝安区环保局屡次说服教育并依法对其进行行政处罚并责令其立即停止经营行为，石岩供应站仍拒不停业及搬迁。

当时国家层面的相关法律法规还没跟上。像这类瓶装气供应站危害居民饮用水安全的事件，由于单个居民无法举证它对自己到底造成多大的损失，因此很难作为原告将其告上法庭。这类诉讼当时多半是居民败诉，或者直接被法院拒之门外。

但深圳不一样。早在 2006 年深圳便通过了《深圳经济特区建设项目环境保护条例》，这是全国第一个民事公益诉讼地方立法。

按照条例，宝安区人民检察院作为起诉方，直接诉请法院判令石岩供应站以迁离或者关闭的方式停止侵害、排除妨害、消除危险。法院受理案件后，经过庭前调解，之前顽梗的供应站不得不搬离了水源地。

2013 年，当不少见义勇为者救人后反被救助者告上法庭，被迫承担赔偿责任，英雄流血又流泪的案件屡见不鲜，严重冲击社会道德规范之际，被称为"好人法"的《深圳经济特区救助人权益保护规定》出台，成为全国首个保护救助人的专门立法，为"活雷锋"撑起一把保护伞。

20 世纪 90 年代，有一些社会团体机构和人员打着法律援助的旗号开展活动，有的甚至坐地收案、非法执业，还有的借机勒索、坑害当事人。1998 年，深圳颁布了我国第一个关于法律援助的地方政府规章《深圳经济特区法律援助办法》。该办法摒弃了深圳市的资源只能为深圳市居民服务的狭隘观念，将当时人口占比超过 65% 的广大外来务工人员纳入法律援助范围，从无到有，从小到大，市、区均成立了法律援助机构，配备了专职律师及工作人员，对实现司法公正具有重大意义，并创造了多个"全国第一"，比如宝安区法律援助中心就是全国第一家县区级法律援助机构。

2019 年 8 月 18 日，《中共中央国务院关于支持深圳建设中国特色社会主义先行示范区的意见》发布，在对深圳的战略定位中明确提到要打造法治城市示范。《意见》赋予深圳新的法治使命，鼓励深圳继续创新，做好先行先试的职责，希望以深圳法治建设的路径及成就，作为全面依法治国的标杆或样本，以一城引领全国！

法治之善：
用立法来移风易俗

一

2005 年 8 月的一个晚上，湖北天门发生了一桩交通事故。事故导致 18 岁女高中生金省颅脑重度损伤，只能靠呼吸机维持基本生理机能。

金省多才多艺，从小聪明乖巧，学习成绩在年级名列前茅，她妈妈实在不忍心女儿就这么白白地走了。医生说金省所有器官都是完好的，只有头部受了重伤。金省妈妈听说过国外器官捐献的爱心故事，就想把女儿的器官捐出来救别人，也好留个念想，这样她心里会觉得女儿没有离开这个世界。

金省妈妈打了很多地方红十字会的电话联系女儿器官捐献事宜，但由于当时中国只有少数眼角膜和遗体捐赠，"器官无偿捐赠"还没有先例，她一次又一次地被拒绝了。

陷入极度悲伤和苦闷的金省妈妈在又一次失望后，眼前忽然浮现过去在深圳打工时看到的一幕，是一个公益广告，好像跟器官捐献有关。

也许深圳可以？

心中陡然燃起希望之火，金省妈妈找到深圳红十字会的电话打了过去："求求你，帮帮我。"

非常不巧，深圳红十字会当时仅有五名工作人员，那几天全都外出调研去了。会长考虑到办公室不能没人，就请了一位志愿者帮忙接听几天电话。

接到金省妈妈求助电话的正是那位名叫高敏的志愿者。

作为志愿者，高敏的权限很小，最多就是记一下市民需求、登记一下小额捐款等。捐款额度稍大她都没法处理，必须等财务回来，因为要验钞。

但是这些"不巧"和种种权限限制，并没有阻挡接下来的故事。

听完金省妈妈的哭诉后，高敏立即找到她认识的医生，再通过医生找医生，最后找到了华中科技大学同济医学院器官移植研究所的陈忠华教授，把资料传真给金省妈妈。金省妈妈填好资料后再传真回深圳。高敏整理以后反馈给陈教授，陈教授就带领团队赶到金省所在的医院，全面评估。

金省没有了呼吸后，按照器官捐献的标准流程，完成了捐献的全过程。她的肾脏救了上海的两个小男孩，肝脏救了武汉的一个男孩，眼角膜让四个眼疾患者重见光明——一个生命结束了，但这个生命不仅救了三个人的生命，还帮助四个人重见光明，金省妈妈的心愿实现了！

这是我国首例无偿多器官捐献案例。

之前其他机构不敢做、做不成的事，为何区区一名深圳红十字会

的志愿者高敏却能促成？难道她有什么后台？

高敏最大的"后台"，是深圳于 2003 年出台的《深圳经济特区人体器官捐献移植条例》。

二

《深圳经济特区人体器官捐献移植条例》是我国第一部关于人体器官移植的法规。它的诞生源起于 1999 年一桩轰动一时的新闻事件。当时，深圳大学一位名叫向春梅的教师发现自己患上了晚期直肠癌，便让丈夫帮着写下了这样一份申请书："作为一名得到国家培养的人民教师和共产党员，我愿意在死后献出我的一切有用器官。"后来，向春梅的眼角膜移植给了两个等候多年的病人，令他们重见光明。

向春梅的故事深深感动了深圳人。向春梅捐出角膜的当年，深圳市人大常委会委员吴江影牵头提出了一个要求为角膜捐献立法的议案。

然而，当时社会传统伦理思想根深蒂固，中国人对遗体的完整性非常在乎。整整 4 年，深圳立法者们的讨论集中在两个观点的交锋上：是等传统观念有所改变后再立法，还是通过立法来改变世俗的观念？

最终，他们选择通过立法来移风易俗。而且，非常干脆地一步到位，不局限于角膜捐献，而是扩大到人体器官捐献的范围。

2003 年 8 月，《深圳经济特区人体器官捐献移植条例》获通过，被誉为一部改变世俗观念的条例，填补了我国立法空白，在全国引起轰动。

深圳市人大常委会工作人员回忆：条例审议时，中央电视台的直播车就停在市人大常委会办公楼前，对条例的审议过程进行了现场直播，这在深圳立法史上是非常罕见的。

这也就不难理解，作为打工者在深圳短暂居留的金省妈妈为何能记住关于器官捐献的公益宣传，从而找准求助的方向。而作为红十字会志愿者的高敏，在接到金省妈妈的求助电话后，也马上想到了这部法规。

《深圳经济特区人体器官捐献移植条例》（以下简称《条例》）在深圳争取到特区立法权后第七年便开始酝酿立法，探索性地解决了人体器官捐献移植的几大争议焦点，体现了自愿无偿、知情同意的原则，严禁强迫和买卖的行为。

尽管在金省妈妈打来求助电话时，《条例》颁布两年来还没有真正的用武之地，但其条文明晰，对涉及器官捐献移植的种种复杂问题都作出了明确的界定，明确了器官移植中各主体的法律地位，对人体器官的摘取与植入、管理与监督、法律责任等多方面进行了规定，规范了人体器官捐献移植行为。与此同时，《条例》还保障了人体器官捐献者和接受人体器官移植者的合法权益。如《条例》规定：由市红十字会负责受理人体器官捐献的申请，建立人体器官信息库。患者申请移植人体器官，需向医院进行申请；医院对患者的资料进行登记后报送市红十字会；实施人体器官移植手术的医院和医师应该具有市卫生行政部门认定的资格，并按核定的类别进行移植。

有切实的法律作为依据，即使只是像高敏这样的普通志愿者，也可大胆依法办事，没什么可顾虑、犹疑的。

《条例》填补了我国器官捐献立法的空白，让器官捐献从此步入法治化轨道，强有力地推动了器官捐献工作的开展，对全国人大2007年3月通过《人体器官移植条例》也起到了重要的借鉴作用。

深圳的器官捐献工作大跨步发展，仅仅四年便跃居全国领先地位。

到 2007 年，深圳全市已有 5000 多人自愿登记捐献器官，且已经成功实施角膜捐献 170 多例，实施多器官捐献 17 例，11 人身后捐献了遗体。深圳还接受了上海、湖北、湖南、内蒙古、山西、贵州、吉林等地的异地角膜捐献，有力地推动了当地器官捐献事业。

截至 2017 年 1 月，深圳市红十字会共成功帮助 845 人身后捐献眼角膜，300 人捐献遗体，234 人捐献多个器官，是全国多器官捐献最多的城市。

深圳郊区的吉田墓园里，最高处的山坡上有一株大榕树，叫"光明树"，树下是眼角膜和器官捐献者长眠的地方。

一位大连的女大学生患不治之症后，一遍遍地打电话给深圳市红十字会要捐献器官。她妈妈遵照她的心愿，在她生命垂危之际及时联系了深圳市红十字会。当她心脏停跳时，医生过去摘取了她的眼角膜，让一个小伙子重见光明。

女大学生的遗体火化以后，骨灰就葬在光明树下。那个重见光明的小伙子只要有时间，都会买一束鲜花到光明树下，给那位素不相识的姐姐献上花。

当初为了经济发展而争取到的立法权，不仅令深圳这座城市变得更繁荣，以此为基础制定的各项法规法条，更是令深圳这座城市充满了善和美。

时刻
十四

打造"黄金人"的远见卓识：
一座核电站黄金般的"逆袭"

一

　　前面谈到深圳第一只股票时，分别在 1984 年和 1985 年花 130 万元购入"深宝安"的大坑村令人印象深刻。正是以这 130 万元为起点，大坑村的财富经过六七年时间狂飙到 130 万元的 300 多倍，令全体村民至今仍然可以靠股票衣食无忧。

　　大家一定很好奇，上世纪 80 年代初，一个地处边缘郊县的、只有百十号村民、人均收入几十元的小村庄，何以能大手笔拿出 130 万元投资股票？

　　一切，源于大亚湾核电站。

　　深圳经济特区建立前后，香港已是亚洲"四小龙"之一，其用电量节节攀升；广东省包括深圳市在内，随着大小企业的迅速增加，电

力需求同样急剧上升。

可惜，两地虽交通便利、经贸发达，但自然资源却比较贫乏，很难建设大功率的水力发电站。若依靠火力发电，仅维系一座1000万人口的城市正常运转，每年就需耗煤370万吨——算下来，平均每天火力发电厂的炉子要吞掉200多节车皮的煤炭，同时每年排放数以百万吨计的废渣和废气，无论从环保、经济还是运输能力等角度来考虑，都难以承受。

缺电成了掐住广东和香港发展的命门。许多企业订单大，工人多，老板高高兴兴打开流水线，却发现一周只能"开三停四"，比三天打鱼两天晒网更要命。

1978年，广东省委书记、常务副省长王全国随谷牧副总理出访西欧，萌生了在广东建设核电站的想法；同年12月4日，中法两国政府即将签订一项为期七年的关于发展经济关系和合作的长期协定，邓小平在回答法国记者的问题时表示，中国决定向法国购买两座核电站设备。

于是，中国第一座核电站落户广东顺理成章。

不过梦想很丰满，现实很骨感。建一座核电站至少需要几十亿美元。一无资金，二无技术，三无设备，四无人才，更无经验，如何能平地变出一座核电站来？

1979年5月，美国国际核能公司总经理林杰克访问广州，带来一个石破天惊的提议——香港电价贵，广东可以先跟外资借钱建核电站，再把部分电量卖给香港，卖得的外汇用来偿还贷款不就行了？

这一年，广东省电力总公司开始与香港中华电力有限公司接触，探讨两地合营核电站的想法；第二年，两家公司联合编写出了在广东

合营核电站的可行性报告。

大坑村所在的深圳东部大亚湾畔，一边峰峦如聚，一边碧波万顷，距深圳市直线距离约 45 公里，离香港约 50 公里，完美符合国际上对核电站距主要供电城市距离的规定，是最合适不过的核电站建设选址。1983 年，大坑村为大亚湾核电站的修建让路，迁到当时称为王母墟的大坑新村，获得了几百万元移民安置费和土地补偿费。这就是后来那笔 130 万元股票投资金额的由来。

有意思的是，130 万这个数字，跟大坑村迁移后建设的大亚湾核电站也有着千丝万缕的神秘联系。

二

大亚湾核电站的总投资金额高达 40 亿美元，最为困扰的资金问题靠"借贷建设、售电还钱"这种"借钱买鸡，养鸡生蛋，卖蛋还钱"的零资本裂变模式顺利完成，后续的技术、设备、人才困扰接踵而至。

1987 年大亚湾核电站正式开工建设时，不仅大宗的材料、钢筋水泥全都要进口，就连一块地板砖、一部电话、一个时钟也要进口，进口比例达 99%，国产化率只有 1%，更不要说核电站的建设和运行，用的全是法国人的技术，处处离不开外国专家。而且，核电站的安全运营风险跟水电站、火电站不可同日而语，人员素质对核安全至关重要。为了核电站能够长期安全运行，中国核电生产运行人才培养迫在眉睫。

可是放眼全国，运营管理百万千瓦级压水堆核电站的专业人才半个都没有。后来的中广核董事长贺禹当时还在北京热电厂工作，当他得知大亚湾核电站是百万千瓦的机组时，感到不可思议，因为他们全

大亚湾核电站

厂才 30 万千瓦，国内最大的机组是 10 万千瓦，小的才 1 万千瓦，还有许多几千千瓦的机组。

没办法，大亚湾核电站决定，从全国选派优秀人才赴法国和英国进行系统培训。

这是一个非常"奢侈"的决定。因为培训一个核电技术人才的费用高达 130 万法郎！当时法郎兑人民币的汇率约为 1:1，130 万法郎约等于 130 万元人民币。按照当时的金价，130 万元人民币可以购买 50 公斤黄金，约等于一个成年人的体重。也就是说，要用一个黄金人的价格，才能培训出一名核电技术人才。而需要培训的"黄金人"，多达 110 多名！

如前所说，大坑村的 130 万元涨了 300 多倍，足以让全村好几代人过上富足的生活；大亚湾核电站打造这批"黄金人"，花掉的金额

是130万元的110多倍，高达1.4亿元，却只能送他们去培训一到两年，简直"奢侈"到极致。

因此，这批"黄金人"的选拔和培训十分严格。

"黄金人"从全国选拔，共分三批，第一批、第二批以法语培训，第三批以英语培训。

贺禹被选为培训学员时已经31岁，一到深圳便过起了近乎残酷的培训生活。由于没有任何法语基础，学习异常艰苦，他回忆道："室友告诉我，说梦话都说法语，说得比白天还好。"此后他又被分到北京国际关系学院等进行为期一年的法语封闭培训，回到深圳后又接受了半年的专业法语培训。贺禹至今还记忆犹新，他们当时集中在刚建好的深圳南园小学上课，"我们是学校第一批学生。深圳的夏天湿热难耐，一群大老爷们儿住在宿舍里，资料摆满了屋子"。

1989年年初，在淘汰了三分之一的学员后，最终110多名人才脱颖而出。但这不是奋斗的结束，而是开始。

这批"黄金人"必须先考取法国核电站颁发的资格证书，才有资格到大亚湾核电站上岗。培训采用"影子培训"的方式，按岗位安排，一个徒弟跟一个外国师父，师父走到哪里，徒弟就跟到哪里；要用外语记笔记、写学习报告，每两周考核一次。只要有两次考核成绩为"D"，就会被淘汰！

1990年4月，第三批共29名培训人员经香港赴法国，他们穿着大体相同的服装，扛着大体相同的行李箱，土得掉渣。这29人被分成了两部分，分乘两个航班的飞机出发。这样，即便万一哪架飞机不幸掉下去，也能至少为大亚湾核电站保存一半的"兵力"……

三

和以上所有的谨慎周密和殚精竭虑相比，唯独在花钱这件事上，大亚湾核电站从未表现出半丝犹豫，一掷亿金，豪气干云。

最初聚到大亚湾核电站的那批人，全都有那么一股豪气。

主持大亚湾核电站工作的广东核电合营公司董事长王全国，正是1978年萌生建设核电站念头的广东省委书记、常务副省长王全国。1981年，在中央十一部委审查会上，王全国公开"请战"：省委书记不做了，专心筹建核电站！

1984年年底，王全国毅然辞去湖北省委书记一职，来深圳主持核电站工作。当时他已经65岁了，他的愿望简单又纯粹："我在生命的最后一站，就想搞一项具体工作。"

1994年，历尽艰辛，当大亚湾核电站终于建成投产时，王全国立刻请求辞去董事长职务，并且不要任何名誉职位。

核电站用黄金身价打造出的"黄金人"们，同样如此努力又潇洒。初到法国，看到普通人都住着独栋的房子，每家都有汽车，"黄金人"们尽管住着简陋的招待所，房间里连一张桌子都没有，却并不自卑，反而更充满使命感，每天挤在嘈杂的旅馆大堂（实际上应该是"小堂"）的一张桌子上，认认真真用法文写报告。

那时他们每个月的收入只够打几分钟长途电话，为了跟法国师父搞好关系，他们开动脑筋，入乡随俗邀请聚会，到超市以便宜价格买来鸡蛋，加点中国酱油、中国茶叶，做成"五香茶叶蛋"，让法国朋友们连连称赞；还学会了自制豆沙汤圆，让法国朋友喜不自禁又满怀疑惑："这个汤圆连一条缝都没有，豆沙是怎么放进去的？"中国人员回答："这个技术我们中国人几百年前就教会了马可·波罗，可惜

他在回欧洲的路上全忘记了！因此，你们的比萨、三明治、汉堡包，所有的馅料都只能在外面！而今天，我们到法国来学习核电技术，我们会吸取马可·波罗的教训。回去以后，我们绝不会把你们教给我们的技术忘记的。"所有的中法朋友拍掌大笑！

四

经过一年多艰苦紧张又大开眼界、如饥似渴的培训，110多名"黄金人"全部拿到了法国颁发的运行人员合格证书，学成归国。

当时的大亚湾核电站，法国人是主导，中国人是"小学生"，工作语言是英语。

"刚回来开会时，我们是列席会议，一个月后就正式参加会议，再一个月后就主持会议，经过几件复杂的机组事件的处理后，我们得到了法方人员的高度认可，逐渐从后台走向前台。"

事实证明，用黄金打造的"黄金人"，的确发挥了黄金般的作用。

1997年7月1日，法国人将大亚湾核电站的钥匙交到了中方厂长手里，中国人提前两年实现了核电"自主运营"，产出的电力70%供应香港，30%供应内地，只用了15年，就按时还清全部外债本金和利息共计53亿美元，每年实现利润高达50亿元人民币，双方股东都获得了丰厚的利润回报。而且核电站一直安全高效运行，为粤港地区的繁荣发展带来源源不断的清洁电力。

与此同时，大亚湾核电站还实现了种种黄金般的"逆袭"。

经过30多年的发展，大亚湾核电站实现了"自主设计、自主制造、自主建设、自主运营"，让我国核电设备国产化率从当年的1%突飞猛进到岭澳核电站二期国产化率达64%，再到"华龙一号"示范工程

防城港二期的 86.7%，实现了核电装备产业的逆袭，使核电成为与高铁齐名的国家名片。

这张国家名片得到了"超级推销员"的强力推销——习近平、李克强等国家领导人在多次出访中都积极推销国之重器"华龙一号"。

2015 年 10 月 21 日，在习近平主席和时任英国首相卡梅伦的见证下，中国广核集团与法国电力集团在伦敦签订了英国核电项目投资协议，中国自主核电技术"华龙一号"落地英国，这是中国核电技术首次进入西方发达国家。

"出口一座'华龙一号'核电站相当于出口 200 架中型商业客机，这对带动我国装备制造业 5400 家企业走出去，提升'中国制造'和'中国智造'的影响力都极为重要。"

2018 年，英国和中国签约，将英国大学生送往中国，请中国为英国培养新一代的核电工程师。过去如影随形跟在法国师父屁股后面转的"小学生"，经过 40 年的发展，已令大亚湾核电站成为核电裂变式发展的人才摇篮，不但实现了当初对法国朋友承诺的"绝不会把你们教给我们的技术忘记的"，而且将种种技术发扬光大，为国内各大核电基地输送技术骨干超过 2000 名，并为其他核电基地培养运行、维修、工程技术等领域关键技术岗位人才超过 4000 名，可以跟过去的师父并肩而行，自豪地宣称："核燃料操作员训练中心全世界仅有两个，一个在法国，一个在中国的大亚湾。"

五

尽管大亚湾核电站从无到有，从资金、设备、人才各方面一次次"逆袭"的故事令人读之激动，事实上，跟经济特区同时成长的大亚湾核

电站，在发展过程中也面临过严重危机，差点夭折。

那是广东核电合营有限公司正式成立仅一年多，大亚湾核电站前期建设工作刚开始不久，1986 年 4 月 26 日凌晨，苏联切尔诺贝利核电站发生了严重事故。这是人类历史上最严重的核事故。

事故给刚刚起步的大亚湾核电站笼罩上了浓浓的阴影。

"恐核"情绪漫延到香港，由民间团体组成的"争取停建大亚湾核电厂联席会议"发表了据称有 102 万人签名的公开信，强烈要求停建大亚湾核电厂，声势浩大。

紧急时刻，广东核电合营有限公司董事长王全国连发两封电报到中央阐明情况。

邓小平经过深思熟虑后指出：中央领导对建大亚湾核电站没有改变，也不会改变，大亚湾核电站只能前进不能后退。

大亚湾核电站的建设终于得以继续进行。

从一掷亿金的潇洒果敢到不做省委书记专心搞核电的豪气干云，大亚湾核电站的气质来源于最初的设计师。

1982 年，国家正式批准大亚湾核电站项目，邓小平及其他党和国家领导人对此十分关注，提出了许多宝贵的意见和建议，在当时国内机组最大发电功率只有 10 万千瓦的情况下，让大亚湾核电站一步到位，规模直接定为百万千瓦级。

1984 年 1 月，邓小平视察深圳时指出：深圳要办好两件事，一是建设核电站，二是办好深圳大学。

1985 年 1 月 19 日，邓小平在会见大亚湾核电站港方合作单位香港中华电力有限公司董事长嘉道理勋爵时说：你的公司和广东核电投资公司的合作项目，是中外合资最大的一个项目。这个项目的意义，

不仅是最大的一个项目，而且对香港的繁荣和稳定，以及增加香港人的信心起着重要的作用。

中国广东核电集团公司原董事长昝云龙曾感慨地对记者说："我们能够站在巨人肩膀上跳高，得益于小平同志的长远眼光！"

2020年8月7日上午，大亚湾核电基地附近湛蓝清澈的海水下，14个被捡来的断枝珊瑚由珊瑚保育公益组织志愿者放入水下苗圃。这些断枝珊瑚经过生长，将在未来变成独立的珊瑚。

珊瑚礁被称为海底的热带雨林。全球珊瑚礁覆盖面积不足海底面积的千分之二，却能为百分之三十的海洋生物提供繁衍生息的生活环境。为万世长远深思熟虑、为最广大人民群众利益种下的小苗，总能长出格外挺拔繁茂的大树。

时刻
十五

东方风来满眼春：
一次"后无来者"的惊世报道

一

1992 年元旦，广东省委副秘书长陈开枝正在佛山市南海镇调研，省委书记谢非打来电话，说了一句看似寻常的话："我们盼望已久的老人家要来了，请你赶快回来研究一下总体安排和接待警卫工作。"

这么简单的一句话，却让陈开枝立刻放下手头所有事务，跟南海镇的领导辞别。

对方诧异："有什么急事？吃了中午饭再走嘛！"

陈开枝回答："我现在真的不能告诉你们有什么急事。也许很快可以告诉你们，也许永远不能告诉你们。"

这件"也许很快可以告诉你们，也许永远不能告诉你们"的急事，来自中央办公厅给广东省委的短短两行绝密电报：小平同志要到南方

休息，请做好安全接待工作。

此时邓小平88岁高龄，早已正式退休。知晓消息的不少人都认为，邓小平这次来南方，正如字面意思，是来休息的，但陈开枝不这样认为。

"老人家多年已有一个习惯，就是到上海休息，上海早做好他休息的整套准备，一切摆设都按照他平常的生活习惯。他到广东不是来休息的，也不只是为了看看南方改革开放的成就。"

陈开枝预感到：小平同志来广东将是"一个大动作"！"又一次历史性的事件即将在我们身边发生！"

几天前，国际上刚刚发生了一个历史性事件：1991年12月26日，苏联正式解体。

不仅如此，过去三年间，类似的历史性事件一桩接一桩，国际形势剧烈震荡。

从1989年9月波兰出现40多年来东欧第一个由非共产党人领导的政府，到1990年11月保加利亚共产党退出政府，东欧六国的共产党政权相继易手只用了短短一年多的时间；从那时到横跨欧亚两洲的苏联解体，时间跨度同样也只是短短一年多。

西方国家在得意之余，加紧对剩下的社会主义国家进行渗透，形势变得十分复杂。

一方面，西方对中国实行制裁、封锁和孤立政策，外商投资止步观望，有些外商抽调资金转移到东南亚等地；外贸出口下降，旅游业萎缩，广州几家五星级宾馆肉眼可见地门可罗雀起来。

另一方面，国内"左"的思想东山再起，宣传舆论中"反和平演变"的声浪调高，有很多现在看来"这还用说"的问题，在当时的形势下争论得相当激烈。比如说厂长负责制是否削弱了党的领导？私营经济

是否动摇了社会主义？家庭联产承包责任制是不是单干风？改革开放到底姓"社"还是姓"资"？证券、股市这些东西究竟好不好，社会主义能不能用？……这些问题被一些"左"派理论说得很玄奥，很吓唬人。广东省，尤其是深圳作为改革开放的前沿阵地首当其冲。有人说深圳是资本主义复辟，"除了红旗是红的，其他都是黑的"。那阵子深圳有些干部甚至害怕到内地出差，因为有的机关或者招待所人员怕受到"资本主义污染"，对深圳来的人"另眼看待"，一些单位甚至会故意诸般刁难。

"可以这样说，在1992年年初之前的一段时间里，在小平视察南方的时候，整个中国无论在政治方面，还是在经济方面，都处于一种低谷的状态，笼罩着一种沉闷、压抑、疑虑、无所适从的气氛，这是很不正常而令人担忧的。"陈开枝后来如是回忆道。

邓小平选择此时南下广东，绝对会是历史关键时刻的一个大动作。

不过，虽然和陈开枝有同样想法的人不少，但邓小平南下之前立下"不开会、不陪餐、不题词，不见记者、不照相、不报道"的规矩，却又印证了"小平同志当时已退下来了，是以一个普通党员身份来广东的，甚至可以说，他那时是个老百姓了"的说法，连广东省委想对这次活动录音拍片，都是极力争取才好不容易得到的机会。

二

1992年1月17日，苏联解体后仅20天，邓小平启程南下。

在武汉短暂停留几个小时后，1月19日上午9时，邓小平乘坐的列车到达深圳。

"不报道、不接见、不题词"的指示持续生效。近两个月后，3

月 12 日《深圳特区报》发表半个版的邓小平同志视察深圳的照片，500 字的图片说明都被删掉，仅保留了"1 月 19 日邓小平在深圳"的字样。不论是当时的广东省委书记谢非，还是深圳市委书记李灏，为了能宣传报道邓小平重要谈话精神，都进行了请示，但得到的都是"不开这个口子""不破这个例"的回答。

人民日报社、新华社、光明日报社等中央新闻单位很早就在深圳成立办事机构，有专门常驻记者。这次因为没有接到通知，只有新华社有记者跟随，其他中央新闻单位都没有派出记者参加采访。

省里和市里的领导却从未通知省市的宣传部门和新闻单位：不要搞，不能搞。时任深圳市委宣传部副部长吴松营是组织指定的全程记录者，他说："我们做具体工作的干部都心照不宣：直接的上司不反对，就等于支持。"

深圳市委书记李灏曾经说过这样一句话：任何一个改革，开始的时候都往往会被当作"离经叛道"。《深圳特区报》作为深圳市的党报，1983 年便敢于顶着巨大非议为"深宝安"股票刊登招股广告，这一次，在吴松营的积极争取下，《深圳特区报》和深圳电视台得到了跟随邓小平采访的机会。

《深圳特区报》记者陈锡添被召到市委办公厅接受采访任务时，得到的指示中依然特别强调："此事绝密，不得外传。"而且，采访中不准录音。

深圳的新闻工作者并未因此放松自己的工作。听了邓小平"闲谈"的内容后，陈锡添更是意识到其中暗含万千气象："这些话破解了当时在人们头脑中的许许多多的难题。我内心觉得，我坚决要报道。我觉得小平不是度假，他不吐不快，在任何一个场合都要讲话，一谈都

是重要的内容。"

为了更准确、更清晰地听到小平同志说的每一句话，陈锡添等人总是想办法"抢占"有利地形，有时甚至成了小平同志的"贴身保镖"，从头到尾都不敢有半点松懈。不准录音，陈锡添便在本子上记下提纲；有时小平同志边走边聊，他就拿张香烟大小的纸片，把最重要的话记下。因为靠得近，"小平同志的孙子跑过去，邓楠叫他吻一吻爷爷，他吻一下小平，这样的细节我都能写出来"。

1月20日，邓小平到国贸大厦顶部旋转餐厅，说完"会太多，文章太长，不行"之后，老人家指着窗外的一片高楼大厦说，深圳发展这么快，是靠实干干出来的，不是靠讲话讲出来的，不是靠写文章写出来的。1月22日，邓小平到仙湖植物园与杨尚昆等人会面，杨尚昆的儿子杨绍明身背三部相机走过来，得知杨绍明是全国摄影协会副主席，邓小平幽默地说："你们杨家有两个主席！"惹得全场大笑。这类细节，陈锡添等人都一一记下。

在每个活动间隙，陈锡添等人还去找陪同的领导核实、了解实情，晚上回去做整理，常常工作到凌晨两三点。而对于行程中重要的采访细节，他们也要反复进行核实。

比如在先科激光公司，看到邓小平跟该公司董事长，也就是叶挺将军家老四叶华明亲切寒暄，陈锡添晚些时候便去查实：叶挺将军于1946年不幸飞机失事遇难后，叶华明于当年5月离开延安直到1953年都生活在聂荣臻元帅家里。小平同志同聂帅常有往来，所以那时他们见过。

再比如，在植物园观看据说距今有一亿五千万年的恐龙时代树种——桫椤时，小平同志说："还有一种古代树种，叫水杉，现在全

国都有了。有一棵很大的，在三峡附近。"陈锡添去查了那棵水杉，记下资料：1946 年由薛纪茹先生发现，他采集了标本；1948 年由胡先骕、郑万钧先生定名为水杉，公开发表，轰动了当时国际植物界。人们称此树种为活化石。这棵树胸径 2.4 米，高 35 米，在三峡附近湖北省利川市谋道这个地方。

另外有一些细节，在当时的社会气氛下也很有意思。比如说有一种很奇特的兰花叫"跳舞兰"，植物园负责人给小平同志介绍时说："这兰花样子像个姑娘。这是头、身子、裙、腿。它在跳迪斯科哩。"小平同志是笑着回答的："是，很像个姑娘在跳舞。"

陈锡添忠实地履行着一个记者的职责，每日"屏住呼吸，快笔疾书，用纸片记下一句半句"。晚上绞尽脑汁回忆细节，把零星的记录勾连成完整的段落。

三

邓小平到达深圳的第三天，广东省和深圳市的新闻单位遵守严格保密规定，但几家外国通讯社却同时报道了邓小平在深圳的消息。路透社说邓小平"两天前抵达深圳"；法新社说邓小平正在深圳视察；美联社补充说："这是约一年来邓小平首次公开露面。在视察过程中，他一点也不显得累。"这些消息全部发自香港。

1 月 23 日，邓小平离开深圳，他站在码头上和大家握手道别，转身离去，又突然转过头来对深圳市委书记李灏嘱咐说："你们要搞快一点。"那口吻就像老人嘱咐孩子。

看着老人家的背影渐行渐远，陈锡添冲动地去请示市委宣传部发消息，指令却依然是"暂不报道"。

与此同时，香港的《大公报》《文汇报》《明报》《东方日报》《信报》《新报》，新加坡《联合早报》，日本共同社，英国 BBC 的报道已经铺天盖地。

2 月 4 日，大年初一，上海《解放日报》的社论写道："十一届三中全会以来的路线要讲一百年。"吴松营和陈锡添等人一看就知道，这分明就是邓小平的口气。一想到邓小平在视察深圳时说了许多非常重要的话，这些话高瞻远瞩，指导性、针对性都非常强，如果能让全国人民都知道他的讲话内容，在实践中落实的话，中国将会出现一个新的局面。深圳的媒体暗暗着急。

1992 年春节前夕，时任深圳市委副书记厉有为、副市长林祖基等市领导到《深圳特区报》拜年、慰问职工时提出一个问题：既然不让报道小平同志的谈话，那能不能用评论的形式把小平同志谈话的精神传达出去？

这实际上是向报社作了一个指示，下了一项任务。

春节假期过后，深圳市委常委、宣传部部长杨广慧和副部长吴松营立刻组织了一个包括陈锡添等人在内的写作组，开始撰写评论。评论的标题几乎都是用的小平同志的原话，几乎每句话、每个词、每个细节都经过大家的反复推敲。

在之后的 14 天里，《深圳特区报》连续发表八篇评论，《要搞快一点》《扭住中心不放》《要敢闯》《多干实事》等，一律冠以"猴年新春"的副题，署名为"本报编辑部"。

八篇评论发表后引起极大的反响。《人民日报》全文转载了第一篇，还详细摘要转发了另外三篇；内地许多报刊及香港《文汇报》《大公报》纷纷转发；一些国家（地区）驻香港新闻机构、通讯社也纷纷转

载"八评";日本共同社、英国 BBC 广播公司、新加坡《联合早报》等媒体都向报社索要"八评"传真稿。

陈锡添回忆，这组新春系列评论刚刚发出第一篇，时任国务院副总理邹家华的办公室工作人员就打来电话，让报社把将要发表的其余评论的初稿传给邹家华看。

跟 1991 年 1 月邓小平视察上海后，《解放日报》以笔名"皇甫平"发表的那组评论不同，"皇甫平"的评论"如果我们仍然囿于'姓社姓资'的诘难，那就只能坐失良机"虽然在全国引起巨大反响，但很快就被北京有些媒体刊文针锋相对地予以批驳。而《深圳特区报》这组评论发表后，得到的都是正面反应。

2 月 28 日，《深圳特区报》发表"八评"的第 8 天，中央将邓小平在南方四个城市的谈话内容整理成册，要求各级党委立即传达到全体党员。

四

那年 3 月的第二个星期，等待已久的陈锡添终于被《深圳特区报》社长叫去，让他找个安静的地方撰写邓小平视察深圳的通讯。

陈锡添立即住进一家宾馆的套间，一边回忆两个月前的情景，一边想如何写才能通过审查。没想到，此时《南方日报》抢先发表了《邓小平同志在先科人中间》的报道。那是南方的报纸第一次报道邓小平视察深圳的消息。

深圳一向敢为天下先，这会儿被别人抢了先，陈锡添一急，胡乱扒了几口饭，便急不可耐地铺下稿纸，挥笔写下"东方风来满眼春——邓小平同志在深圳纪实"这个标题。由于材料早已烂熟于心，加之心潮

澎湃，整个过程犹如行云流水，两天半时间，陈锡添便完成了11000余字的长篇报道。

社长急不可耐地转瞬间看完，两个人带上稿子就去找宣传部部长杨广慧。听完两人上气不接下气的讲述，杨部长说："发吧。稿子我不看了，你们自己把关。但要注意，要把小平同志写成人，不要写成'神'。"

一句"发吧"，一字千钧。

陈锡添感叹，这篇文章能够面世，首先要归功于深圳市委，这表明了深圳市委对改革开放的深刻认识，以及敢闯敢试、敢于担当的精神。

第二天，3月26日，文章发表。

"南国春早。一月的鹏城，花木葱茏，春意荡漾。跨进新年，深圳正以勃勃英姿，在改革开放的道路上阔步前进。就在这个时候，我国改革开放的总设计师、各族人民敬爱的邓小平同志到深圳来了！"

"要坚持党的十一届三中全会以来的路线方针政策，关键是坚持'一个中心、两个基本点'。不坚持社会主义，不改革开放，不发展经济，不改善人民生活，只能是死路一条。基本路线要管一百年，动摇不得。"

"有的人认为，多一分外资，就多一分资本主义；三资企业多了，就是资本主义的东西多了，就是发展了资本主义。这些人连基本常识都没有。"

"社会主义的本质，是解放生产力，发展生产力，消灭剥削，消除两极分化，最终达到共同富裕。证券、股市，这些东西究竟好不好，有没有危险，是不是资本主义独有的东西，社会主义能不能用？允许看，但要坚决地试。"

"走社会主义道路，就要逐步实现共同富裕。共同富裕的构想是这样提出来的：一部分地区有条件先发展起来，一部分地区发展慢点，

先发展起来的地区带动后发展的地区，最终达到共同富裕。"

"改革开放胆子要大一些，敢于试验，不能像小脚女人一样。看准了的，就大胆地试，大胆地闯。"

邓小平视察深圳和谈话的场景、细节就这样一一展现到全国人民面前。

当天下午，《羊城晚报》便详细摘要转载了这篇纪实。3月28日，上海《文汇报》、北京《中华工商时报》全文转载。

但是，一连好几天，都听不到全国范围内对这篇长篇通讯的反应。

吴松营说：那是一种反常的"平静"，使我这个提供记录稿的当事人和主管新闻出版工作的市委宣传部副部长心中捏了一把汗，甚至做好了被处分的准备了。

五

美联社、路透社、共同社等外国通讯社十分敏感地捕捉到了3月30日中国舆论的重大变化。这一天，《光明日报》《北京日报》全文转载了《东方风来满眼春——邓小平同志在深圳纪实》；中央电视台也正式通知深圳电视台传送邓小平视察深圳的镜头。

当晚，新华社向全国和海内外播发了这篇11000余字的纪实；中央电视台、中央人民广播电台也在当晚全文播发。

3月31日，《人民日报》在头版头条的位置转载了这篇通讯，同时刊登邓小平视察深圳的照片。

那天，全国几乎所有省、区、市的主要报纸的头版都是《东方风来满眼春——邓小平同志在深圳纪实》。各省、区、市电视台、电台也纷纷转播。

4月1日，即将访日的中共中央总书记江泽民会见日本驻华记者，被问及对《东方风来满眼春——邓小平同志在深圳纪实》的评价时，十分肯定地回答："邓小平同志视察南方时的重要讲话，早已在全党和全国传达。现在发表邓小平同志视察深圳的报道，可以使全国人民更好地了解他的讲话精神，以便全面地贯彻落实。"

"平静"终于过去，"东方风来满眼春"扑面而来。

邓小平南方谈话精神，被评价为拨正了中国前进的航向，打破了束缚在人们头上"姓社姓资"的枷锁。

陈开枝说："小平同志视察南方，等于是一个已经退役的老船长，当看着船的方向摇摆不定时，又一次跳上船头，把扭曲的方向摆正了。""没有小平同志的南方谈话，党的十四大怎么开？没有小平同志的南方谈话，1992年以来中国的社会发展如此之快，谁能想象？可以说，在小平同志视察南方之后，我才对'扭转乾坤'四个字有了更深刻的理解。"

同年10月，中国共产党第十四次全国代表大会召开，大会报告明确提出了建立社会主义市场经济体制的目标。

1993年，"国家实行社会主义市场经济"被正式写入宪法。深圳所探索的市场经济观念，终于以制度化的方式奠定了这个国家前进的路径。

吴松营和陈锡添因为《东方风来满眼春——邓小平同志在深圳纪实》获得当年"中国好新闻"一等奖。1992年5月，《深圳特区报》即将迎来创刊10周年之际，江泽民专门为报社题词："改革开放的窗口"，杨尚昆、李鹏等党和国家领导人也都题词鼓励。

但，这毕竟是一个特例。《东方风来满眼春——邓小平同志在深

圳纪实》发表后的第二个月，中共中央宣传部向全国各新闻单位发了一个通知，强调"今后中央领导同志在各地的活动，统一由新华社发稿"。

可以说，深圳这个特例，虽未必是"前不见古人"，却很可能是"后不见来者"。而深圳的新闻工作者之所以能抓住这个"空前绝后"的机会，正如邓小平所总结的深圳特质和改革开放精神一样：深圳的重要经验就是敢闯。没有一点闯的精神，没有一点"冒"的精神，没有一股气呀、劲呀，就走不出一条好路，走不出一条新路，就干不出新的事业。不冒风险，办什么事情都有百分之百的把握，万无一失，谁敢说这样的话？一开始就自以为是，认为百分之百正确，没那回事，我就从来没有那么认为。

滩涂上变魔术：
先进的观念比物质更重要

一

　　深圳是海洋城市。特区建设刚开始那些年，许多初到深圳的人一下火车或飞机就能闻到海风的味道。不少建筑工地也有特别"福利"：下了班，工人们一出工地就可以跳进大海，尽情洗去一身的汗水和疲劳。这其中就包括如今地处繁华闹市中心的华侨城片区。

　　深圳的海域被大鹏半岛、香港九龙半岛、蛇口半岛分成大亚湾、大鹏湾、深圳湾以及珠江口四个大海湾，俗称"三湾一口"。30 多年前，华侨城锦绣中华和世界之窗景区的部分工地正是位于深圳湾的一片荒凉滩涂。

　　工地的其他部分也没好到哪里去，杂草丛生，是过去偷渡的最佳之地，也是边防巡逻最严密之处，买火柴都要到几公里以外的地方；

交通也极为不便，如今被誉为深圳名片的深南大道，直到 1989 年，其通往华侨城的两公里多长的路段两旁还是土墙高耸，俨然乡村土路。

深圳华侨城经济发展有限总公司在 1985 年国务院侨办接管深圳沙河华侨农场后成立。

众所周知，1985 年对深圳而言并不太美好，当时深圳正处于"调整"期，国家拔掉输血的针头，投资降温，外商观望，基建被大规模压缩。

华侨城看上去有点"生不逢时"。

对此，华侨城显得不慌不忙。塞翁失马，焉知非福。基建热度下降，成本也跟着下降，相应的人才和人力资源也变得充裕，利用得当的话，正是发展良机。

不过，华侨城也未免太不慌不忙了，深圳湾华侨城项目获批半年，迟迟不见动静。

那可是深圳创下三天一层楼的"深圳速度"正风靡全国的年代。上级领导急了，责问华侨城建设指挥部主任马志民："为什么不动？华侨城在搞什么？"

马志民反问道："一片 4.8 平方公里的滩涂，稀洼洼的，开发怎么搞？"

华侨城待开发的土地不仅先天条件差，面临的竞争也很激烈：东边有国家各大部委下属的电子集团、北方集团等，西边有蛇口工业区、南油集团等，都比华侨城起步早、条件好。

华侨城方面由此得出"想要吸引投资，就必须实施差异化发展"的结论，很有说服力。

可是，他们提出的差异化发展方案，却异想天开得令人大跌眼镜：我们不搞工业，搞旅游！

二

这个规划首先让华侨城建设指挥部内部炸开了锅。

有人说，南油、蛇口这些开发区都在疯狂吸引投资，大建工厂，成效卓著，不搞工业那就是逆潮流而动！逆潮流而动能有什么好下场？

也有人认真分析搞旅游的前景：旅游资源要么是祖宗给的文化古迹，要么是大自然给的名山大川，这两样深圳都没有！在一片光秃秃的滩涂上搞旅游，不如直接把钱丢进大海算了。

改革开放之后，深圳的快速发展吸引了不少外国游客，相应地，深圳也建了不少旅游景点，号称"五湖四海"，可惜实在缺乏特色，被游客评价为"有旅无游"。因此也有人对华侨城搞旅游持审慎乐观态度，认为搞一些新鲜刺激的游乐场，应该是有前途的。

可是，马志民等人想要搞的旅游项目实在太另类了：主题公园"小人国"。

所谓小人国，是马志民带领小组前往欧洲考察时，受到荷兰"微缩城市建设成就"项目启发而设想的微缩景观项目，初步构思是在一个园区里，将长城、云冈石窟、布达拉宫等中国名胜古迹用微缩的方式展现出来，荟萃中华文明的精华，浓缩祖国大好河山，让游客能"一日看尽千年华夏"。

这种主题公园不要说在当时的中国，就是在全世界都极为少见，既无可借鉴的成功经验，投资还不小，风险也高，华侨城指挥部绝大部分人投了反对票。

不过，时任国务院侨办主任廖晖在最终决策时却给予了这个异想天开的计划以支持。

于是，中国第一个主题公园在一片猜疑和反对声中开工了。

接下来，人们看到了更多的"匪夷所思"。

首先，华侨城开出 11 万美元年薪，聘请新加坡规划师孟大强做设计规划。孟大强是新加坡泰斗级规划师，在德国、英国、西班牙、新加坡等数十个国家都留下了城市规划成功案例，著名的圣淘沙、新加坡国立大学均出自他的手笔。可是，他一个月只到深圳工作两三天就要拿走高达 11 万美元的年薪，简直是骇人听闻的天价！要知道，1986 年深圳人均年收入才 2452 元人民币。

其次，收到华侨城的邀请后，孟大强提出一个要求："你要让我来，可以，但是你要马上停止所有开发。"华侨城竟然也顶住巨大的成本压力答应了，这才导致上级领导问责的一幕出现。

而当真正的建设开始后，种种要求也琐屑、严格到令人咋舌。

据说，当时有 2000 名国内艺术大师和技术专家参与了园区景观设计，他们来自全国 20 多个省、区、市的古建筑公司。这是因为根据要求，原型建筑用什么材料，微缩建筑也必须用什么材料。比如，建微缩长城时，他们就用与古长城相同的材料烧制了 650 万块小砖，力求与古长城原貌一致；建东坡园时，由于对用黄瓦还是灰瓦这个小细节无法确定，相关人员便耗时耗力查阅大量史料，发现黄瓦一般用于皇家园林，于是选了灰瓦；等等。

如此严格细致地修建了两年多，到 1989 年夏初，园区终于完工，名称也在广东省委书记任仲夷等人的指导下定为"锦绣中华"。万事俱备，只待试营业，华侨城却又提出一个"非分"的要求：一定要拓宽深南路段，而且，要在乡村土路般的马路两边搞出一个"城区"的面貌。

此时离试营业只剩两个多月，修路的资金投入至少也要 2000 万

元，这简直是不可能完成的任务，华侨城却坚决主张筹集资金、加班加点也要干。

这一系列的"匪夷所思"在许多人看来就是劳民伤财、不知所谓。有人讽刺说："古有秦始皇修长城，今是'马始皇'修华侨城。"

三

1989 年国庆节前夕，"锦绣中华"园区外那条土墙高耸的乡村土路居然真的在短短两个多月内摇身变成一条 70 米宽、2000 多米长的现代化城市景观道路。

70 米宽的道路在当时意味着什么呢？

1981 年，深圳相关规划部门提出要把深南大道路面修到 50 米宽，便被形容为石破天惊，难以想象、怀疑、非议之声不绝于耳："小小的深圳，有多少车啊？修来是资源浪费嘛。"华侨城在两个多月内搞定一段 2000 多米长、70 米宽的大马路，这中间经历的诸多手续、筹集的巨额资金、克服的诸多困难难以想象，简直可以用"奇迹"来形容。

这个奇迹仿佛一种美好的预兆。锦绣中华试营业第一天，没有庆典，没有宣传，但意外的是，入园人数居然超过了 3000 人。

接下来的国庆节更是见证奇迹的日子，每天都有 3 万多人涌入园中，深南大道不得不封闭半边用来停靠车辆，兴旺的景象大大超出所有人的预料。

那段时间，深圳相片冲印店 80% 的业务都来自锦绣中华的游客。

人满为患，锦绣中华不得不在电视上播放了它的第一则广告：希望深圳本地市民暂时不要参观锦绣中华。

1989 年 11 月 22 日，锦绣中华正式开业。国务院侨办、国家旅

游局邀集了 1500 多名华侨华人及港澳台同胞，中央有关部门、广东省、深圳市领导人出席，在海内外形成了轰动效应，被国家旅游局领导称为"中国旅游业发展的里程碑"。

锦绣中华也不负众望，正式开放的第一年便吸引游客超过 300 万人次，创造了 9 个月便收回全部投资的奇迹，轰动了中国旅游界。

接下来的一个又一个新的成功，让之前的一切质疑和指责全都烟消云散。

1991 年，华侨城又推出"中国民俗文化村"景区，同样大受好评；1994 年推出占地 50 万平方米、造价 3 个多亿的"世界之窗"，仅用三年时间也全部收回投资。

1998 年，华侨城建造了国内第一个参与类主题公园——"欢乐谷"，进一步升级国人的娱乐方式。与此同时又规划建设了一个高端房地产项目，提出"旅游 + 地产"概念，这个房地产项目曾连续 8 年成为深圳房产销售额冠军。

华侨城景区里的游人

2006 年，华侨城将"旅游 + 地产"发展模式拓展到北京、成都、上海、天津、昆明等地。2007 年又在深圳东部启动了一个规模更大的旅游项目"东部华侨城"。

2010 年前后，华侨城力推文化概念，建造了华夏艺术中心、何香凝美术馆、华·美术馆、OCAT 当代艺术中心馆群等公共艺术建筑。

2012 年逐步开放的"欢乐海岸"则是第四代产品，是集文化、生态、旅游、娱乐、购物、餐饮、酒店、会所等多元业态于一体的主题商业模式。

到 2017 年，华侨城从成立时总产值不到 1 亿元、总体亏损的状况，发展成以旅游文化为特色的大型综合性企业集团，成为深圳市最早实现产值过百亿元的企业集团之一，连续 5 年跻身主题公园全球四强、亚洲第一，总资产达到 3199 亿元，营业收入 801 亿元，利润总额 191 亿元……

至此，当初种种令人大跌眼镜的"异想天开"都变成了"奇思妙想"，种种"匪夷所思"都变成了"大胆创新"。人们不禁要问：到底是怎样的天纵英才和运气爆棚，才能让华侨城在先天不足、4.8 平方公里稀洼洼的滩涂上，变魔术一样造出这么宏伟精致的一片城？

四

提出并坚持建设锦绣中华的马志民说，先进的观念比物质更为重要，后来的发展也证明了这一点。

比如说，锦绣中华开业前坚持改造的深南大道华侨城段后来成为样板工程，南山区相关部门加以效法，将辖区内的主要路段按同样规划设计标准加以扩宽改造，甚至全市的深南路扩展工程也照此方式提前实施。

比如说，聘请"天价"规划师孟大强，当时华侨城许多中层以上骨干都不能理解。那时，为解决职工生活急需，公司打算在小学校门前边的坡地上先建一个临时副食市场。恰好孟大强从新加坡过来，马志民让他顺便看看几份方案。那些方案基本上是一条直街，区别只是建一层或两层、街道长短的不同。孟大强看过后，略加思索，向身边人要了张纸，画了两个同心圆，上边加了个民族风格的圆顶，形成一个圆形市场：菜市场是生活设施，又是一种文化符号，这种形式可以让人有一种没有尽头、无尽享受的感觉，还可遮风避雨，形成舒适温馨的氛围，既满足了群众生活需求，美化了城区，又限制了乱摆乱卖——孟大强的构图并不复杂，但大家一听顿觉立意新鲜、别具一格。

按照孟大强的构图建成菜市场后，不仅内部职工反应很好，社会上很多人也来购物或参观，俨然成了一个景点，《深圳特区报》还图文并茂地加以报道。那之后，华侨城人便都意识到了规划设计理念的重要性。

时间也证明，孟大强为华侨城做的规划经得起检验，强调交通、尺寸、变化三个关键词，让华侨城的建设变得有连续性，城区的发展有整体性和弹性，为后续打造民俗文化村、世界之窗，建设东方花园、何香凝美术馆等具有鲜明华侨城风格和华侨城文化特色的建筑打下了良好的基础。

至于之前在建设过程中被指责为"吹毛求疵""劳民伤财"的种种细节，则以其精益求精和用心良苦赢得了游客的心。著名作家高晓声称赞："过去我就畅想过把祖国名胜古迹一一制成模型，集中到一起，汇成大观。可惜书生无用，想了不做，自成空想。现在看到自己未花吹灰之力，别人却替我实现了理想也可算是人生的一大乐事了。"

1992 年 1 月 21 日，正在深圳视察的邓小平兴致勃勃地和家人一

起游览了锦绣中华和中国民俗文化村。看到"乐山大佛"景观时，邓小平说："这是我们四川的，我很早就去看过。"抵达"布达拉宫"景点时，邓小平特意下车观看，并说："全国其他地方我都去过，就是这个地方没有去过。"夫人卓琳随即说："恐怕以后你也去不了了。"于是，邓小平与卓琳及家人在"布达拉宫"景点前留影。

许多党和国家领导人都参观过华侨城相关景区。江泽民早在 1990 年就视察过锦绣中华，称赞锦绣中华是祖国大好河山的缩影，是爱国主义的教材。时隔 14 年，2004 年 1 月，江泽民偕夫人再次视察锦绣中华民俗村景区，仍然欣喜不已，称"这里是个聚宝盆"。

锦绣中华开业第一年吸引超 300 万人次的游客，有一组对比数字是：当时整个内地每年吸引的外国游客仅有 400 多万，与此同时，香港一个弹丸之地，每年接待的外国游客却高达 560 万。

事实上，这组数字对比正是华侨城坚持建设"锦绣中华"的重要原因。

整个内地吸引外国游客的数量居然比不上一个小小的香港，与我国幅员辽阔、历史悠久、旅游资源丰富的事实极不相称，说明世界对中国内地严重缺乏了解。深圳是对外的"窗口"，如果能在这个窗口给中国的文化、历史和旅游资源打一个活灵活现的广告，让更多人认识中国的锦绣河山，吸引更多的游客前往内地旅游。这不仅具有巨大的经济意义，而且具有重大的政治意义，有益于外国人了解中国，进一步促进改革开放——这就是当初国务院侨办和华侨城顶着质疑和反对坚持下来的初心。

所以，从来就没有什么"异想天开"，天纵英才，只不过是暂时不被人理解的长远目光，以及常人难以做到的"敢闯敢试"罢了。

春江水暖鸭先知：
民营企业第一张"准生证"的诞生

一

如果你来深圳，有空的话，不妨去南山区粤海街道转转。这里倒也没有什么特别令人神往的风景名胜，所辖面积也不大，不堵车的话，开车 10 分钟左右便可走完一圈。不过，这却是一块充满传奇色彩的土地。

这个神奇的粤海街道，面积不过 14 平方公里左右，常住人口约 20 万，不如一个普通小县城。但无论是中兴、华为，还是大疆、腾讯，无论它们后来在多少城市、多少国家扎根壮大，这些高新科技领军企业的原始注册地，都集中在这个小小的街道。

这个开车 10 分钟就能转完的街道，密密麻麻分布着近千家高新科技企业。而且，这里的高新科技企业不仅数量多，质量也惊人。到

2019 年，这里有 87 家上市公司，还有 9 家虽未上市但却是价值高到令人眼馋的"独角兽"公司。

若我们将地图拉远一些，观察粤海街道所在的南山区，会发现南山区仅民营企业的总数就接近 38 万家。广东人喜欢和气生财，逢人便称"老板""老板娘"，这个叫法在南山区一点也不浮夸，因为按常住人口算下来，该区平均每 4 个人就有一个是自己开公司做老板的。

若我们将地图再拉远一些，观察粤海街道所在的深圳市，会看到全市高新科技企业多达 1.12 万家。

有一个普通人不太能看懂但确实很牛的 PCT（国际专利合作条约）排行榜显示，深圳 PCT 国际专利申请量连续 16 年全国排名第一，占全国总量的 30.63%。跟重点国际创新城市和国家相比成绩也十分优秀，2019 年申请公开量仅次于日本东京，大幅领先硅谷、纽约和以色列。

深圳人自豪地说：我们拥有 41 名全职院士，每 1 平方公里的土地上，国家级高新技术企业达到 5.6 家。

于是更为有趣的一幕出现了：与深圳高新科技企业的兴旺蓬勃形成鲜明对比的是，直到 2019 年，深圳还没有真正意义上的名牌高校，也没有国家级科研机构。

这跟人们心目中的惯常认知差得可太远了！

大众熟知的高新科技产业区，比如美国硅谷、北京中关村，哪个周边不是名校云集，汇聚众多科研机构？北京中关村周边有中国科学院几十个研究所和北京大学、清华大学等多所著名学府；美国硅谷所在的波士顿 128 公路区，坐落着斯坦福大学、加州大学伯克利分校等多所美国著名学府。

跟它们相比，深圳的寥寥几所高校和少数研究机构，实在是不够看。

有些对深圳抱有偏见的人认为，深圳是靠国家和其他省、区、市砸钱、给政策、给人建起来的，深圳的高新科技企业，肯定也是靠国家和地方政府的行政手段和政策倾斜发展起来的。

事实令人跌破眼镜：深圳1万多家高新科技企业，95%以上都是民营企业，通俗一点来说，就是私人老板自己开的！

于是很多人不禁发出疑问：既没有优秀的高校和科研机构作为发展基础，也不依托政策手段，深圳这些民营高新科技企业到底是怎么"无中生有"的？

二

如果整理出一条时间线，我们便能清晰地看到深圳高新科技企业"无中生有"的神奇过程。

这条时间线的起点可以定在1978年。

这一年，关于数学家陈景润传奇经历的报告文学《哥德巴赫猜想》引起轰动，举国上下对科学和科学家的尊重被唤醒了。全国科学大会在北京人民大会堂举办，邓小平宣布：知识分子是工人阶级的一部分！科学技术是第一生产力！这两句话，一举解除了对科技工作者的桎梏。

在这个时间线的起点上，深圳还是一个边陲小镇，建市一事正在酝酿中。尽管由于口岸的缘故，宝安县城早就有了钢琴、西式婚礼一类时髦的玩意儿，但跟科学研究几乎绝缘。

时间线往后推一年，来到1979年。

北京的优秀科技人员早在前一年已随首个科学家访美团去了大洋彼岸考察，其中就有北京中关村电子一条街的缔造先驱、中国科学院物理所研究员陈春先。

1978 年的科学大会上，陈春先坐在万众瞩目的陈景润身边。他的名字来自苏轼名句："竹外桃花三两枝，春江水暖鸭先知。"人如其名，陈春先率先感知到了中国科技产业发展的春江水暖。1978 年到 1981 年间数次访美的经历，使他被硅谷深深吸引，萌生了将北京中关村建设成为中国硅谷的念头。

1979 年的深圳，刚刚建市，尚未成为经济特区。全市算得上科技人员的，仅有两个人：一个是拖拉机维修工，另一个是兽医。

我们沿时间线走到 1980 年。

在北京，陈春先带领中国科学院物理所一批同仁成立"北京等离子体学会先进技术发展服务部"（以下简称服务部），成为中华人民共和国首个民办科研机构。

在深圳，那年 8 月终于建立经济特区。黑猫白猫，能抓到老鼠的就是好猫。高新科技这块，对当时的深圳而言并不能算能抓老鼠的好猫，自然不是发展的重点。

1980 年之后四年，北京的高新科技企业蓬勃发展。由于服务到位，陈春先的服务部很快赚到了 3 万元，这 3 万元发给服务部的工作人员作为津贴，相当于给每个人涨了两级工资。他又办培训班，向待业青年传授电子技术，成为日后"电子一条街"的"黄埔军校"。

1983 年 4 月，陈春先创立"华夏新技术开发研究所"及下辖的"华夏电器公司"，成为中国第一家"技工贸"企业。

1984 年，四通、信通、京海、科海等企业相继成立，被称为"两通两海"，中关村电子一条街初具规模，新技术公司在中关村如雨后春笋般涌现。

同时期的深圳，高新科技企业有什么进展呢？

那时的深圳正忙得"灰头土脸",大搞基建、盖楼,创造深圳速度;民营企业也发展得热火朝天,但都集中在补偿贸易、"三来一补"等性质的企业上。港商从香港搬过来 193 台过时的旧设备,就可以号称价值 153 万港元,拼凑出一间皮鞋厂大赚其钱①;深圳本地人则忙着在各处村镇包括坟山堆里建厂房,拉外商投资。

直到 1984 年,中国科学院和深圳市决定合办深圳科技工业园,时任深圳市委书记兼市长梁湘才带领一干人马去美国硅谷参观取经。

深圳科技工业园虽是中国第一个科技工业园区,但 1985 年 4 月双方才正式签署协议,真正投入使用至少是 1986 年以后的事。

神奇的是,深圳这个在高科技产业方面赶不上趟儿的城市,在仅仅两年多以后,便爆发式地增加了 300 多家民间科技企业,其中便包括中兴、华为、创维等。

这中间被施了什么魔法?

三

事实上,中国民营科技企业的开头,并没有时间线上看起来那么简单。

陈春先和同仁们开办服务部,是在一个俗称"鸡窝"的、到处积灰的平房仓库里办起来的。可就算这个积了灰的"鸡窝",也属中国科学院物理所所有。在这里办起来的服务部,自然也归物理所管理。

陈春先发给服务部工作人员的津贴,很快像烫手山芋一样被还了回来,因为服务部被物理所所长公开点名批评:"陈春先办服务部说

---

① 陈秉安、胡戈、梁兆松,《深圳的斯芬克思之谜》,海天出版社,1991:143。

什么移植硅谷经验，扩散新技术，实际上跟卖菜、卖肉的'二道贩子'差不多，是不务正业，歪门邪道，腐蚀干部。希望这些人悬崖勒马，把问题交代清楚。"

那时有个口袋罪叫"投机倒把"，俗称"投机倒把是个筐，什么罪都可往里装"，许多率先尝试个体经营的人都被装进这个"口袋"里定罪。比如温州早期私营经济的领头人"八大王"，做的生意如今看来十分普通，就是收破烂、卖矿灯、卖线圈、卖五金等，却都在1982年年初被冠上"投机倒把"的罪名，或被抓去坐牢，或亡命天涯沦为逃犯，成为轰动全国的"八大王事件"。

有些参加服务部活动的人一看形势不妙，放下拿到的几十元上百元津贴扭头就走，有些还忐忑不安地问陈春先："这种非法所得，算不算贪污？会不会治罪？"

随之而来的查账、封账，令服务部的正常工作陷入了僵局，举步维艰。

人在矮檐下，不得不低头。

那能不能换个屋檐？

没可能。

个人开公司，必须想办法挂靠到国有企业名下。先不说挂靠的难度，就算成功挂靠上了，也相当于给自己找了个"婆婆"，免不了像陈春先的服务部那样受"婆婆"的刁难。

直到1983年，中央领导同志看到新华社记者撰写的内参，时任国务院副总理方毅批示："陈春先同志的做法是完全对头的，应予鼓励。"还打电话给中科院要求停止对陈春先的立案审查，陈春先和服务部的探索道路才算是得到了肯定。

四

1984 年前后，陈春先、创维创始人黄维等人将目光投向了改革开放的前沿阵地——深圳。不过，就算胆大如他们大概也没有想到，深圳所提供的，远远超乎预期。

让我们依然回到时间线上，来看看深圳这个惊人的决策。

如前所述，1984 年，中国科学院打算与深圳合办深圳科技工业园。1985 年 4 月正式签署协议。

1986 年 12 月，中共中央和国家科委的领导到深圳考察，提出希望深圳能对"两放"（放活科技单位、放活科技人员）问题做一些探索。

转眼到了 1987 年。2 月 2 日，农历正月初五，广东省委、广东省人民政府颁发《关于当前科技体制改革若干政策的暂行规定》，离相关领导上一年 12 月对"两放"工作提出希望还不到两个月时间，堪称神速。

更令人瞠目结舌的是：仅仅两天后，农历正月初七，2 月 4 日，在深圳，《深圳市人民政府关于鼓励科技人员兴办民间科技企业的暂行规定》正式出台。

那天是立春。那个暂行规定，就是传说中的"18 号文件"。

五天后，"18 号文件"在《深圳特区报》刊出，立刻吸引大批科技工作者来函来访。其后五个多月，在深圳市科技发展中心技术引进处工作的鄞汉藩和他的同事们接待了来访者 252 批约 600 人，受理了 100 个民间科技企业的申报。

1988 年，"18 号文件"出台短短一年时间，深圳雨后春笋般共批准兴办民营科技企业 104 家，正式注册的达到 83 家。

此时，距离我们前面定出的时间线的起点——从 0 开始的 1978 年，刚好 10 年。

到 1992 年年底，深圳登记注册的民间科技企业达到 388 家。

更加可喜的是，在邓小平南方谈话后，全国都来深圳参观学习，关于民间科技企业的规定影响到全国，各地陆续制定了相关规定，民营科技企业开始在全国各地遍地开花。

有人说这份文件太神奇了，出台于立春，果真带来了民营科技企业的春天。

那么，这份文件到底有何神奇之处？

华为研究专家周锡冰曾查阅过纸张早已泛黄的"18 号文件"原文，说似乎能透过这份文件看到当年冰封解冻时的惊心动魄。

平心而论，"18 号文件"看起来其实跟其他政府文件并没有太大不同。普通人读起来会觉得干巴巴的，遣词造句跟普通公文一样严谨严格，充满强制意味。比如对个人注册科技企业提出的要求：股东须在两名以上，注册资本须在 1 万元人民币以上；再比如对股东的规定：除了资金，商标、专利、技术等无形资产同样可以入股办企业，而且不受雇工人数的限制。

这份干巴严肃的文件，却轻巧地在制度上撕开了一道口子，为民间科技人员创办公司打开了大门，大大降低了门槛。

在"18 号文件"出台前，鄞汉藩曾经爱莫能助地接待过前来咨询的任正非。当时任正非手里有两个人，还有好不容易凑到的 2 万块钱。就当时平均月工资 200 多块的个人而言，凑到 2 万块钱实属巨款，可惜，按照当时的规定，他们根本够不到成立公司的边。

而在"18 号文件"出台后，鄞汉藩终于可以亲手将批文送到任正非手里。办理相应手续后，他又按照《规定》和相关部门制定的细则，为华为公司办理了第一笔 20 万美元的外汇贷款手续，为这艘日后乘

风破浪、扬帆远航的大船送上了第一阵东风。

就像任正非在接受媒体采访时曾多次感慨的那样："没有'18 号文件'，我们不会创建华为。""18 号文件"堪称中国首份民营科技企业的"准生证"，明晰了自 1956 年公私合营以来的民营企业的产权问题，让华为、金蝶、创维等众多民营科技企业顺利成立，拉开了中国科技企业追赶欧美等跨国企业，与之争相斗艳的大幕。

为何"18 号文件"没有早一天也没有晚一天，刚好赶在省文件出台两天后的立春出台？仅仅两天的时间差，竟然能寓大胆于严谨、藏生机于肃穆，精准解除桎梏民营科技企业发展的关键点？难道，是国家层面的早早指示和安排？

事实上，尽管 1984 年之前深圳没有科学研究的基础，但深圳科技工业园建设开始后，深圳市政府便密切关注民营科技企业的需求。1986 年年初，时任副市长朱悦宁从蛇口工业区借调干部到工业园，深入调查研究到底有哪些问题在阻碍民营科技企业的发展。

1986 年 12 月，在中共中央和国家科委的领导来深圳考察之前，深圳相关干部已经认真调研了半年时间。

1987 年 2 月 2 日省里的规定出台之前，"18 号文件"已经起草了将近四个月，深圳市政府多次召开座谈会听取意见，并进行了反复修改。

这就是为何它能在省里的规定出台仅两天之后便迅速跟上的原因。

至于为何不提前一天也不推后一天，刚刚好在立春那天正式出台，且后来竟真的带来深圳民营科技企业的春天，这到底是人为还是天选？据说，当春回大地，北方冬天封冻的湖面会在某一天突然冰消雪融。温暖的水流和寒冰之间的碰撞，会自然而然带出令人震撼的种种壮美奇景。世上种种巧合，大概也莫过如是吧。

时刻
十八

你乐，我乐，大家乐："文化沙漠"里绽放的花儿

一

与科技、经济方面的成果相比，深圳在文化方面的表现显然没那么亮眼，甚至于许多人一提起来脱口而出的就是四个字：文化沙漠！

"文化沙漠"这四个字外人说得多，深圳人自己说得更多。

早在 1986 年，涌入深圳的外来打工者已近百万之巨，深圳却没有足够近百万人业余时间消遣的文化娱乐活动。以本应最热闹好玩的青少年活动中心为例，不要说北京、上海等大城市，哪怕是十八线小城至少也会有个少年宫，布置一些表演、游乐设施。深圳虽然也有少年宫，但却相当荒凉，办公室是铁皮搭建的，好不容易新建一个溜冰场，周围只能用篱笆、竹子围起来。

生活的枯燥贫乏，让深圳的"文化沙漠"形象深入人心。

为了给"文化沙漠"浇灌一点雨水，1986 年 5 月，少年宫附近的红荔路和红岭路交会处出现了一个名叫"大家乐"的露天舞台。

舞台建设的初衷自然是为了丰富青年工人的业余生活。深圳市青少年活动中心仿照香港餐饮业的那个"大家乐"，打算搞一个群众艺术表演的"大家乐"，邀请各机关单位、基层团委的工作者，为周围的青年工人举办一些文艺演出。

那时深圳还很穷，特区一年财政收入区区几个亿，勉强维持基本的财政收支，到处都是需要花钱的"刀刃"。财政局从牙缝里挤出 1 万块钱，给这个看起来并非建设深圳必备的大家乐舞台做启动资金。

拿着这笔不多的钱，深圳市青少年活动中心上上下下绞尽脑汁，

大家乐舞台

用砖头垒起来一个长 14 米、宽 8 米的舞台。台上用角铁焊了个架子，用来悬挂灯具和条幅。后台砌起一面长 14 米、高近 1.5 米的波浪式砖墙。活动中心的美术老师亲自上阵，绘上载歌载舞活泼的青少年群像，看起来倒也像模像样。舞台后面有上百棵柠檬桉树——本是荒郊野岭的象征，却也可成为舞台天然的后景天幕。

饶是如此，启动资金还是用罄了。最终修出来的舞台，台面一半是水泥，另一半仍是沙土地——"沙漠感"实在是太强了。

更能显出这个舞台草台班子气质的是音响。倒也不是说音响设备差，关键在于：根本就没有音响！

解决的方法是，青少年活动中心康乐部的部长捣鼓了几块电路零配件，自制调音设备；又弄了几块木板，自行组装音箱。在一旁协助他的工作人员，有些是刚从乡下来深圳打工的年轻人，从未和电路音响打过交道，听到木板拼成的音箱中传出声音，觉得十分新鲜。

就这样，自己动手丰衣足食，活动中心组装出两台全音音响，舞台上方挂几盏电灯，悬挂上"大家乐"标徽，两边挂上"开辟群众文化广场舞台，鼓励青年参与文化建设"的条幅，再往半是沙土地的舞台台面上铺一块地毯，舞台就有了，只等表演者上场了。

二

1986 年 6 月，大家乐舞台广发表演邀请：欢迎全市基层团组织和青年朋友前来大家乐舞台大显身手！

经过一番筹备，7 月 8 日晚，第一场"大家乐"表演晚会正式开始。

舞台的灯光和音乐早早就吸引了从流水线上下来的青年工人们。200 多个座位座无虚席，后面还站了上千号人，热闹非凡。

然而，就在开场前一个小时，青少年活动中心收到通知：预约演出的队伍没有汽车，来不了了！当头一盆冷水，急坏了所有人。好的开始是成功的一半，坏的开头，那就是失败的一半！

众人一筹莫展之际，活动中心主任云蔚成看着台上挂着的"群众艺术表演晚会大家乐"标徽，脑子里冒出一个大胆的、可以说相当异想天开的念头：台下1000多号年轻人，肯定有能歌善舞的！不如让观众自己报名，登台，跟活动中心的人一起表演！

这个想法如果放到其他城市，只会让观众喝倒彩、起哄、怒骂，不欢而散。但因为是在深圳，一座与众不同的年轻城市，事情沿着不可思议的轨道发展了下去。

尽管今天已经无从查找那天晚上大家乐舞台下的观众，无从调查他们的年龄、籍贯、兴趣爱好等信息，但我们能知道的是，当时距离深圳率先取消粮票才两年，离全国取消粮票还有七年，深圳的干部去外地出差经常遭遇没带饭票连个馒头都买不到的窘境。敢于在这个时期勇闯深圳的外来打工者，必然都具有胆大、能吃苦、热爱冒险、有想法等特点。而且，由于捧的不是铁饭碗，竞争压力大，同时又可凭能力获得更高收入，来深圳的打工者都在不断努力学习各种技能。据统计，上世纪90年代初，自觉参加过夜校、夜大、培训班就业培训的外来打工者约有100万人次。

这其中便有一位从上海来的高二辍学生戴军。

戴军的家境本来不错，父亲在上海钢厂工作，母亲在小学任教。不料17岁那年，他父亲脑溢血不幸去世，又恰逢哥哥考上重点大学。为帮母亲挣钱养家，戴军含泪辍学，离开上海到深圳打工。

在深圳，戴军先是在一家印刷厂当印刷工人，白天上班，晚上上

夜校。他先后做了20多种工作，还学会了裁缝，并且得到兼职做海豚驯养员的机会，在舞台上为大众表演。

戴军的经历，可谓是当时来深青年工人们的典型。他们的日子过得忙碌辛苦，也不知道这些经历对自己的人生到底意味着什么，只是对未来充满憧憬。下班后坐在路边摊，一人一瓶啤酒就着花生，他们经常畅想将来挣了钱如何风光回乡。

当然，如果能去香港就更好了。

三

那时候深圳的年轻打工者们，经常会骑自行车到山顶上，往香港那边看。

一河之隔的香港正处于经济腾飞的黄金年代，无论是流行音乐、影视还是服装、时尚产业都走在世界潮流前线，与深圳形成鲜明对比。

当深圳还只是一座人口仅两万的小镇时，深圳市第一任市委书记张勋甫前来考察，就看到小贩们高声叫卖不知怎么从香港弄过来的T恤衫和牛仔裤。

哪怕是尚未对外开放的"文革"时期，香港跟深圳的交流也渗透在生活的方方面面。上世纪70年代，逃港的人风光返乡时带来时髦的卡带式录音机，还有香港当红歌星的录音磁带。人们一下子被新鲜、灵动的词曲掳获。

深圳竹园宾馆的员工江礼记得第一次见到黑胶唱片是在朋友家里，唱片的封面是一个化了妆的漂亮女子，写着"天王巨星汪明荃"七个字。

1978年，深圳一些村庄的祠堂里已经有了电视机，用天线接收信号，能收看一些香港电视剧。粤剧团成员梁荣娟深深地被电视剧女主

角的打扮所吸引：头上顶着卷卷的烫发，穿着百褶裙，配上小皮带，一扎就显出纤纤细腰，太美了。

80年代初，江礼工作的竹园宾馆靠着老板刘天就给的一台电子琴和其他乐器，开起了第一家歌舞厅。梁荣娟被邀请驻唱，唱缠绵悱恻的《旧梦不须记》《漫步人生路》《百花亭之泪》，还有邓丽君的《再见！我的爱人》等。

驻唱让竹园宾馆生意爆火，许多香港来的投资者喜欢到这里谈生意。于是歌舞厅一个接一个地开了起来。

那是深圳歌舞厅的黄金岁月。当时有一句话："全国看深圳，深圳看罗湖。"罗湖区一度有700家歌舞厅，每天几万人去消费，歌舞厅夜场日均营业收入在500万元以上。来歌舞厅的人骑着自行车来，排着队进去，回去就跟朋友炫耀"我昨天去听了流行歌"。

在歌舞厅唱流行歌自然收入不菲。只要唱上一场，至少收入50元，高的可以收入200多元，抵得上普通人工作一个月。受欢迎的歌手可以跑场子，每场100元，一晚可以跑四场，每月驻唱收入高达1万元，可在深圳付一套房的首付。

机会多，收入高，自然吸引全国各地怀揣音乐梦想的人过来深圳寻梦。

出生在工程师家庭的20岁女工陈明，原本就职于洛阳第一拖拉机厂。第一拖拉机厂是国有特大型龙头企业，是相当不错的单位，但热爱唱歌的陈明还是决定打破铁饭碗，南下深圳做歌手。

不过当时是粤语歌的天下，陈明三个月之后就偷偷跑回洛阳，不敢回自己家，而是躲在同学家苦练粤语歌，学会了一些粤语歌后再次南下深圳闯荡。

湖北武汉一位颇有点音乐天赋的复印机厂工人黄格选，16岁那年考入武汉儿童艺术剧院中专班，18岁那年从剧院中专班毕业后，同样选择来到深圳……

当近百万这样有胆量、有梦想，不愿做生活旁观者的年轻人汇聚在这个城市，一切便皆有可能。

于是，1986年7月8日那个晚上，主持人表面镇定实则心底打鼓地站上简陋的大家乐舞台，鼓动台下观众报名自演同乐的时候，迎接他的不是怀疑和嘘声，而是50多位观众络绎不绝、兴致勃勃想要上台表演的热情。

中心主任云蔚成第一个上台高歌一曲后，观众们自发的表演再穿插中心文艺老师的演出，气氛出人意料地火爆，几乎没有冷场。3个小时过去了，还有30多名观众尚未得到表演机会，意犹未尽。

出人意料的良好开端让这个一半是沙土地的舞台从此成为全国最独特的表演场：观众就是演员，你乐、我乐、大家乐。

四

"大家乐"活动最初每周举办一次。每到演出日，夜色降临，露天舞台就被从四面八方赶来的人围得水泄不通，舞台后面的小山坡上也站满了人，有人实在挤不进去，干脆爬到树上去看。

不到一个月，大家就强烈要求多开场次。于是，"大家乐"活动改成每周周三、周六，一星期举办两次。

很快这也不够了，登记表演的观众有时要等一个星期才能轮到上台演出。

不到一年，"大家乐"的演出就增加到每周三次；再后来，干脆

每天晚上都有。

由于要上台表演的人实在太多，最后只能收钱限制人数，由最开始唱一首歌五毛钱，到后来是一块钱，再到五块钱。

在大家乐舞台火爆的基础上，1988年，深圳开始举办"荔枝杯"青年歌手大赛，大赛分成民族、美声、通俗等组别，通过海选、初赛、复赛、半决赛、决赛，选出冠亚季军——正是现在各类选秀活动的鼻祖。

青年工人戴军偶然间得知有这么一个舞台，便试着报名参加，没想到居然轻松获得了大赛一等奖。

这个奖项给围着工厂流水线打转的戴军带来了改变人生的入场券。他得到了去酒吧、夜总会当驻唱歌手的机会。驯过海豚的兼职经历令他对舞台毫不陌生，做过裁缝的手艺又让他能够自制各种演出服。他把自己装扮成费翔、黎明等当红歌手的模样，在舞台上一亮相就吸引观众的目光，轻松将表演气氛推向高潮。

不到一年，戴军就成了深圳小有名气的"夜总会歌手"，并和陈明等酒吧驻唱歌手成为朋友。他们在观众挑剔的目光中得到大大的锻炼和进步；他们一起去广州人民路买布匹和亮片、珠子缝制演出服，一起参加各种更高级别的歌唱比赛，并一次次斩获冠军。

在酒吧做替补歌手的黄格选也参加了大家乐舞台的选拔比赛，同样拿到优异成绩，成为独当一面的酒吧驻唱歌手。

1994年是中国流行乐坛神奇的一年，过去以"四大天王"为代表的港台歌手独霸天下的格局，被内地涌现的大批独具一格、各领风骚的流行歌手打破。南方歌手以杨钰莹、毛宁、甘萍、陈明和李春波等人为代表，北方则是陈红、陈琳、潘劲东、谢东、孙悦等。他们被冠以同一个名字："94新生代"。

"94 新生代"的优秀原创流行歌曲井喷，其中便有戴军的《阿莲》、黄格选的《春水流》、陈明的《寂寞让我如此美丽》。而同样从大家乐舞台"荔枝杯"走出来的李春波则贡献了《小芳》《一封家书》，销量过百万，力压港台歌手。

此时，留守少女陈思思还是一名高中生，每年暑假她都会来深圳陪创业的妈妈。大学快要毕业那年的暑假，她登上了"荔枝杯"大家乐舞台，得到她歌唱家生涯起点的"最具潜质奖"；出生于海南的陈楚生还在念初中，再过 10 年左右，他也将来到深圳；出生于湖南长沙的周笔畅则刚刚随父母工作调动来到深圳念小学……

一切都以那神奇逆转的大家乐舞台的第一晚的演出为起点。

不仅仅是年轻人在这里找到属于自己的舞台。1989 年，年近 40 的湖南师大艺术系教师王佑贵同样带着冒险精神闯荡深圳。历经初时的种种窘迫之后，王佑贵被聘为深圳企业家艺术团总监，月薪高达 5000 元，两年后他便买下了一台钢琴。在这台钢琴旁，王佑贵写出了《长大后我就成了你》《春天的故事》《万家灯火》《我属于中国》等一大批享誉全国的优秀作品。而包括《春天的故事》在内，《又见西柏坡》《一封家书》《花季雨季》等脍炙人口的优秀原创音乐作品，也都是从大家乐舞台首发或传唱出去的。

26 年间，大家乐舞台共举办 9000 多场活动，38 万人次登台表演，来自全国各地包括港澳台的近 1000 万群众参与其中。陈思思、戴军、黄格选、隋宁、张秋秋、丛飞等都是先在"荔枝杯"中拿奖，后又参加更高级别的比赛。一个原本为流水线工人自娱自乐服务的舞台，在短短 20 余年里，创新大胆地孕育出影响全国的歌手、歌曲和文艺形式，这就是深圳独特的文化基因，"深圳式"的突破和坚持。

随着社会的发展，网络的兴起，大众娱乐方式发生了巨变，大家乐舞台渐渐淡出了公众的视野。但深圳独特的文化基因依然在以与众不同的方式继续开花结果。

一个标题拍出 17 万元：
深圳传奇里属于文化的一片海

一

前文我们提到，大家乐舞台于 1986 年正式在红荔路与红岭路交会处开放表演。

红荔路，是一条见证深圳传奇蜕变的路。

在这条当时不算太长的路上，街道两侧分布着深圳的政、经、文、教核心资源，除了大家乐舞台，还有深圳图书馆、华强北电子市场等，每一处背后都有许多影响全国的故事。

比如深圳图书馆。

就在大家乐舞台将差点熄火的第一场演出逆转为大受欢迎的群众共演舞台的同一年，深圳图书馆（老馆）在红荔路另一侧开馆了。

深圳图书馆是全国最早向市民开放的公共图书馆，从开馆第一天

起便门庭若市：人们排队一个通宵，就为了能够办个借书证，更有男人不辞辛苦前来替女友排队；许多人大清早到图书馆等着开门，就为了能够占个位置。今天的人看到这幅景象，除了感叹深圳人读书、学习热情高，并不能看出太特别的地方，但当时的人们心里门儿清。1988年，《人民日报》并排刊登了两张照片：一张是国内某著名图书馆门前冷落的场景，另一张则是深圳图书馆门前排着长队领借书证的场景，两个场景形成鲜明对比。

当时，随着越来越多的人下海经商，知识分子待遇越来越比不上没读过书的个体户，读书无用论开始盛行，人们都说："搞原子弹的比不上卖茶叶蛋的，拿手术刀的比不上拿剃头刀的。"

从共青团中央调过来的王京生刚到深圳时，感觉满大街全是做生意的人，因为常有人拦住他热情地问："先生，聚丙乙烯要吗？"

当时，王京生调到深圳，是为了主持《深圳青年》杂志的创办工作。为了探索办刊思路，他多次前往深圳图书馆拜访，并与馆长成为好友。多次目睹深圳图书馆的火爆，大大刷新了深圳在王京生心中的印象，让他相信，这里才不是什么"文化沙漠"！

王京生没有想到的是，深圳不仅不是文化沙漠，还在其后的岁月里，不断给文化造出一片又一片大海。

二

众所周知，1992年对深圳具有特殊意义。就像歌曲《春天的故事》唱的那样：1992年，那是一个春天。《深圳特区报》大胆率先刊发小平视察南方的报道《东方风来满眼春》，轰动全国。深圳其他文化单位在此鼓舞下，也纷纷打算做出一些改革创新的举措。

1993 年，王京生手下一名普通记者王星提出一个在当时看来异想天开的创意：在深圳搞一次全国性的文稿竞价活动。

他的希望是：通过这次文稿拍卖，一槌洞开文人千年来"言义不言利"的老旧思维，"建立起一个市场，一个公平地体现出知识分子价值的市场"，从而"让文人凭着自己的智慧富起来，让智慧仗着文人的经济腰杆，流通起来"！

王星兴奋地梳理出竞价活动可能带来的一系列商业机会：拍卖成交的佣金，企业对活动的赞助，延伸开发常规的文稿交易佣金，无形资产的收益……

十几年后，当中国人已适应了各式"营销"手段，王星的想法绝对可以赢得"有创意"的喝彩，但在当时却是惊世骇俗的。当时，经济改革在一步步深入，文人、知识分子的价值却无从体现，因为文化领域还在计划体制之下。更何况，将文学与商业如此紧密地结合，几千年来并无先例，不要说在当时，就是现在也有很多人无法接受。

所幸，这是在深圳。

王京生看到这个策划案所蕴含的历史性意义，同意以杂志社的名义向深圳市团委、市新闻出版局和市委宣传部打报告。

报告得到深圳市委副书记林祖基的批示：这也是一项改革。

于是文稿竞价活动的商业框架迅速拟定：第一，它是一次全国性的以社会效益为主的非营利性拍卖活动；第二，太平洋保险深圳公司为参拍文稿提供保险，即使流拍，也能保证作者得到基本稿费收益；第三，拍卖公司免费主持拍卖，免除佣金。

定下框架后即面临最难的关卡：项目的审批立项。

由下而上层层报批，越级批准的可能性几乎没有。对此，深圳采

文稿竞价拍卖会场

取了灵活变通的方式：政府支持，民间运作。

活动首先取得一批文坛泰斗和著名作家的兴趣和关注，邀请到冰心出任总顾问，作家王蒙、艾青、张锲、徐迟、叶永烈、冯骥才、刘心武、张贤亮、张抗抗、梁晓声等出任理事，规格之高实属罕见。作家沙叶新、黄蓓佳、苏童等也对活动表达了认同和支持。

竞价活动上拍卖什么便不成问题了。

另一个关键是买家。

深圳机场候机楼有限公司总经理李远钦决定参加竞拍。因为自从文稿竞价的活动公告刊出后，很快就有海内外近百家媒体报名采访。花上区区十几万元，引起的轰动效果比做一个整版的广告值多了！

竞价会前，深圳机场候机楼有限公司出资 8.8 万元，率先购买了王东华的社会学专著《新大学人》和史铁生的短篇小说《别人》，给活动吃了定心丸。这个成交的消息在海内外上千家报刊及电台电视台

发出，李远钦和深圳机场候机楼有限公司果然一夜成名，无论电视上还是报纸上，到处都是深圳机场候机楼有限公司和李远钦的大名。

更多的新闻噱头还在不断涌现，向企业家组织说明会，向港澳人士进行活动推介……

一系列的新闻推动之后，霍达以自标价100万元的《秦皇父子》参与竞价，不久，上海作家叶永烈又标出千字3000元的高价参与活动。

活动尚未正式开始，早已掀起一波又一波新闻报道高潮。

由于风头太盛引发极大非议，导致李国文、张洁、从维熙、叶楠、刘心武、梁晓声"六作家退出"的风波，又被上海《文学报》刊发题为《漫天要价，轻率"叫卖"，引起文坛内外不满，深圳文稿拍卖起风波》的文章批评，1993年10月28日开始的文稿竞价会被迫低调，场地从原定的深圳会堂改到市图书馆多功能厅，参加人数从原计划的1700人缩减为不到300人。然而，活动取得的成果依然十分惊人。

文稿竞价会收到全国及海外华人作家800多部作品，最终参加竞价的有11部，全部成交，成交率为100%。按作者自标保留价计算，成交递增率为2倍多，成交额达249.6万元。加上另有其他作品成交，竞价会总成交额突破500万元！

霍达如愿以百万高价卖出《秦皇父子》，买走这本书的深圳市三洲实业公司则如愿将签约仪式变为公司的大型推介会，大打了一次广告。争夺最激烈的当数北京作家倪振良采写的全景式再现深圳经济特区15年辉煌创业史的长篇纪实文学《深圳传奇》，起叫价为4.5万元。深圳龙华物业发展公司和深圳天虹商场一直激烈竞价，最后以88万元的高价由后者收入囊中。

最不可思议的当属电影明星刘晓庆的自传，一个字还没写，仅凭

标题就卖出了 17 万元。更不可思议的是，当天下午就有人打通拍到标题的那位老板的大哥大，提出付 50 万元现金购买这个标题，一手交钱一手交"货"；紧接着，80 万元，100 万元……不断地有人与他联络，他被誉为拥有一只"深圳最大的股票"。最终，刘晓庆这个"从电影明星到亿万富姐"的标题被以 108 万元的天价买走，短短一个月增值 91 万元。

最令人唏嘘的莫过于顾城的小说《英儿》。文稿竞价会召开的 20 天前，顾城在新西兰激流岛自缢身亡。深圳索华伦实业公司总经理李春燕女士出资 3.3 万元购买了《英儿》一书，迅速成为热点。就在大家都认为李春燕要大发"死人财"之际，她却毅然将著作权无偿给了作家出版社……

1993 年，从年初到年底，深圳的文稿竞价活动出尽风头，台前幕后的故事屡屡成为热点，引来全世界的目光，书写了 1993 年的"深圳传奇"。

三

有趣的是，文稿竞价活动前一年，1992 年的"深圳传奇"是几十万人上街排队买股票的"股票热"。

两年内两次截然不同的"深圳传奇"，验证了深圳这座城市给王京生的印象：爱钱，也爱文化。也够得上他那句评价：这里绝不会是文化沙漠。

似乎为了更深入验证这一点，三年后，第七届全国书市在深圳举办，再度震撼全国。

那次书市盛况空前，开幕当天买书的人蜂拥而至，新华书店相关

负责人的皮鞋都被挤掉了一只；人们就像逛超市一样，推着老式购物车一堆堆往里搬书；收银员忙到没空喝水吃饭……

10 天内，图书销售额高达 2177 万元，创造了包括订货总额在内的多项全国纪录。

书市后第二年，深圳政协会议上有人提交了建立"深圳读书节"的提案。这个提案倒不是深圳首创，1996 年北京就有人提出应在全国设立读书节。不过由于设置这种节日是大事，需要经过全国人大讨论，所以最后不了了之。

深圳面临的问题同样如此。尽管提案得到的回复是"很有价值"，但搁置了一年再无下文。

爱书的深圳人并不因此气馁，深圳人敢闯敢试的风格也总是在面临拦路虎的时候展现得淋漓尽致。

此时王京生已经担任深圳市文化局副局长，他给提案人刘楚材支了一招演"双簧"：再提一次，把文化局作为受理单位。刘楚材依计而行。

1998 年 3 月，提案被转至深圳市文化局，自然第一时间得到了回复。至于"读书节"作为节日需要的繁杂审议过程，被聪明地替换掉一个词便彻底解决了：不叫"读书节"，叫"读书月"。

很快，2000 年 11 月"深圳读书月"便启动了第一次活动。

《光明日报》驻深圳记者站站长易运文报道这次活动时，特意留了个心眼儿，避免在标题里出现"首届"。这是出于一个见多识广的记者的防患于未然："万一第二届没有了不是糟糕了？"

要知道，国内很多活动都是风风火火开张，无声无息夭折。"深圳读书月"活动的开张连风风火火都算不上。由于没有任何经验可借鉴，

启动仪式上，为了引起市民关注，主办方请了边防支队的威风锣鼓队前来打造声势，惹得大家都笑了，说读书怎么和敲锣打鼓弄到了一起！[1]

不过，深圳的读书月活动不但没有夭折，第二年还增加了一个读书论坛——尽管看起来更加举步维艰。

为了给读书论坛"化缘"，组委会成员奔波于各个企业、单位。委员之一胡野秋回忆："对方表面上都笑脸相迎，可说到最后，态度都是'大力支持，一分不给'。""你对企业说要办个演唱会，估计不愁赞助。但办个读书论坛，企业就都打退堂鼓了。"

好在，论坛得到了深圳市宣传文化事业专项发展基金拨出的20万元专款的支持。

为了节约有限的资金，组委会去找当时深圳大剧院的总经理，把场地租用费硬生生从6万元磨到对方松口给打对折，只要3万元；就这样他们还不放弃，在3万元的基础上再砍一半。经理被磨得举手投降，最终场地租用费打了"骨折"——1.5万元。

现实如此骨感，深圳的"野心"却很丰满：要请各路文化名家来读书论坛与深圳市民对话，而且这种对话权利绝不能仅限于精英。他们的梦想是：每年11月，在深圳各区的书城、图书馆，甚至工厂、社区，普通市民和外来务工人员都能享受到大师带来的精神盛宴。

兜里仅揣着20万元经费的那年，读书论坛就瞄准了武侠小说泰斗金庸，向他发出邀请。

连续发出邀请的第三年，读书月活动进行了创新，进行了社会化

---

[1] 中国人民政治协商会议广东省深圳市委员会，《敢闯敢试：改革开放以来深圳创造的全国"率先"》，海天出版社，2018：791。

运作，政府由"办文化"为主向"管文化"为主转变，活动承办方由图书馆变为新华书店（现深圳出版集团）。

"图书馆借书的人再多，员工的收入也不会增加，他们干吗费那么大劲？但企业不一样，来的人多了，书的销量就上去了，企业的效益和员工的奖金都是跟读者直接关联的。"

曾经发生过无数次的、让《光明日报》驻站站长担心的"万一第二届没有了不是糟糕了"的情况，并没有在深圳发生。社会化运作，充分运用市场力量让深圳不但能给文化造一片海，还能源源不断地有新鲜活水涌入，让这片海越来越水量丰沛、能量充足。

在连续被邀请的第五年，金庸终于来到读书论坛。

金庸谈及他来读书论坛的理由时说："深圳虽然是一个新的城市，但是书籍的销售量却非常大，深圳书城的图书销售量是全国第二位，仅次于北京。书籍销售量就表明，这里的市民喜欢书，愿意买书……"

不仅如此，金庸到深圳当天，王京生设宴接风。席间，金庸偶然提及《孙子兵法》中的一句话，不料王京生马上把上下文倒背如流。金庸非常惊讶，当场痛快答应担任读书月的特别顾问。

深圳人对书籍和文化的喜爱所带来的意外和感动不断发生，类似的一幕幕不断出现，国学大师饶宗颐，作家莫言、王蒙、周国平、白岩松等 100 余位文化名家轮番参与到这一年一度的深圳文化狂欢活动中来。

截至 2021 年，深圳读书月累计举办各类阅读文化活动 8083 项，捐赠爱心图书价值 2500 余万元；100 余位名家大师开坛设讲，打造了"深圳读书论坛""经典诗文朗诵会""年度十大好书""年度十大童书"等数十个具有全国影响力的阅读品牌；吸引约 1.5 亿人次以书会友……

深圳从"文化沙漠"上造出来的生机勃勃的"文化之海"的海域也越来越大。

2004年，深圳诞生了中国唯一的国家级、国际化的文博会。首届文博会重现了11年前文稿拍卖会的辉煌，一幅众多名家联手制作的《和平颂》拍出了5000万元的天价。如今，一届文博会的交易额已经达到近千亿元。

2006年，深圳图书馆老馆开馆20年之际，深圳又在城市中心区建起了一座现代化新馆。新馆总建筑面积近5万平方米，概算投资7.7亿元。

如今，深圳拥有959座公共图书馆（室）与170家书城书吧，其中5座是超万平方米的大型书城。平均每天有约51场阅读文化活动在城市各处上演；深圳人均年阅读纸质图书7.23本、电子图书11.21本，远超全国平均水平……文化产业已经成为深圳的第四大支柱产业。

2013年，联合国教科文组织总干事伊琳娜·博科娃充满敬意地将"全球全民阅读典范城市"证书交到时任深圳市市长许勤的手中。这是联合国教科文组织授予全球城市关于全民阅读的最高荣誉。另外一个并不显露于人前却同样极其荣耀的事实是：在这样一个商业氛围浓厚得远超上世纪80年代的城市里，有超过98.4%的居民认可阅读对人生的重要性。

"搞原子弹的比不上卖茶叶蛋的，拿手术刀的比不上拿剃头刀的"的慨叹和悲哀，再也不复存在。

在这里变身"中国梵高"：
中国油画第一村的传奇

一

前面说的大家乐舞台等一系列深圳文化的硕果，都发轫于红岭路。深圳那时虽只是个小城市，红岭路到底位于市中心，齐聚全市的文教资源。距离红岭路 10 公里远的大芬村则完全是另一番情形。

大芬村所属的布吉镇属于特区外——深圳的"特区外"约等于其他城市的城乡接合部。布吉已在城乡接合部，大芬更在布吉边缘。

在熟知大芬村历史的口述者口中，大芬村的名字并不那么芬芳，反而是一个有"味道"的谐音，来源于满村鸡鸭牛猪留下的遍地粪便。上世纪 90 年代初，大芬村的经济实力排布吉镇倒数第一，人均月收入只有 300 元左右。

可以想象 30 多年前那样一个偏僻小村庄的情形：小河环绕，遍

地芦苇；鸡鸭悠然自得；村民过着自给自足的生活，偶有一两家小杂货店售卖日用品。

毕竟靠近香港，跟闭塞乡村略有不同的是，大芬村外有一条沙石公路，叫布沙路。这条简陋的公路拉近了大芬村跟香港的距离，从大芬村打车去罗湖口岸需一个小时左右，虽跟市中心不能比，但也不算远，开往香港的货柜车经常从这里经过。

从车上望去，大芬村跟深圳其他村庄并没有什么不同：房屋低矮，河边杂草丛生；也有老板租房开厂，偶尔能看到明显不是本地农民的年轻人走动——直到1993年洪水后的那天。

1993年，农历癸酉年，雨水丰沛。9月底，深圳遭遇百年未遇的大暴雨。洪水导致许多村庄被淹没，当时最繁华的东门商业街附近积水很深，人们随手一摸就能抓到活蹦乱跳的鱼……

那场洪水导致全市13万人受灾、14人死亡，直接经济损失7.64亿元。正在深圳访问的尼泊尔国王也被洪水困住，市政府紧急出动汽艇进行解救。

待到雨歇初晴，人们急忙清理洪水肆虐后遍地狼藉的家园。居民和商户纷纷晾晒尚能使用的物品，司机们也忙着赶路，恢复物流进度。正在这时，路过大芬村的司机们被眼前的一幕惊呆了：这个不起眼的小村庄，开出了大片五颜六色的"花"。

阳光下，《蒙娜丽莎》《星空》等凝结了人类历史上著名画家灵感、情思的颜料之花，绽放在一幅幅油画画布上，成百上千地随意铺晒在大街小巷的空地上、晒台窗边的罅隙中，令大芬这个被公路灰尘湮没的小村庄，散发着熠熠生辉的艺术光芒。

一些好奇的香港人停下车来，走进小巷打听：为何数量庞大的油

画会出现在这样一个荒僻的小村里？

二

原来，在大芬村租房开厂的老板，开的不是一般的厂，而是油画厂，专门生产行画。

什么是行画？

许多家庭布置新房时喜欢买一些复制的名画或者模仿名作风格的画作当作装饰，价格不贵又有情调。这类画就是"行画"。

行画由画工临摹制作，起源于欧洲，后来订单大量转移到美国；1960年代又转移到韩国，之后转到我国香港、澳门等地。在香港，人们习惯称之为"韩画"，流传到内地后则称为"行画"。

此时，行画进入大芬村仅四年。第一个来开油画厂的并不是什么大人物，而是一个普通的中年画家兼画商，名叫黄江。

黄江来大芬村开画厂，也不过是形势所迫。

黄江年少时便是江门小有名气的画家，不过由于家庭出身不好，他敏锐地将天赋用在了求生存上，画得最多的是大街小巷墙板报上的领袖人物像和英雄人物。

改革开放后，这种敏锐的触觉令黄江嗅到了"深圳"两个字背后的机遇。1986年，他来到深圳，在罗湖黄贝岭租下房子，做起行画生意。

从行画订单转移的路线可以看出，哪里人工便宜、成本低它就迁往哪里，并不是好赚钱的暴利行当。所以，黄江来深圳之初做了好几手准备，除了行画还兼做其他外贸生意。不过后来其他生意经营不善，又恰逢行画即将从香港"产业转移"到成本更低的深圳，订单不少，黄江才将主要精力集中到行画上。他招揽了60多名画工，租了

间 600 平方米的厂房进行生产。

那家油画厂在当时算规模较大的。然而在苦心经营两年后，由于同行恶性竞争导致利润空间变窄，画工生存状况也不理想。一名画商谈及那时做画工的情形时说："在厂里画画没有归属感，真的就跟泥水匠一样……穿得又烂又脏，像个叫花子，到处都是烟头，没什么尊严可言。"

此时又偏逢房价大涨，房东要将房租从 2000 元涨到 6000 元，黄江有些承受不了，只好另觅厂房。

新厂房还要考虑二线关因素。油画厂每逢赶大货都需从外地大量聘请临时画工，每个画工每次进入特区二线关内都要花五六十元办理边防证，既费时又费钱。

种种现实条件的逼迫，使得黄江将目光投向特区外。而最终选择大芬村，具有一定的偶然性。

从硬件条件来说，大芬村及其附近村庄都符合黄江的需求。第一是交通方便。大芬村距离布吉镇很近，布吉街上有不少做行画生意的店家，买颜料、画笔很方便；距离香港也不远，打车到罗湖口岸只要一个小时，回香港拿订单、样板也方便。第二是省钱省事。画厂位于二线关外，全国各地的画师不需要办理边防证就可以过来；而且房租便宜，大芬村三栋崭新的两层半小楼，每栋面积 250 平方米，每月租金只要 1600 多元。

让黄江下定决心的，是甫一走进流水潺潺的大芬村就仿佛走进了一个宁静的港湾，他几乎立刻确认：在这里"画画不会受到外边的影响"。

艺术家的直觉往往很妙。黄江的油画厂与大芬村的结合，结出了奇妙的果子。

三

　　黄江的油画厂很快让周边村镇刮目相看。洪水前一年的4月，仅有300个村民的小村庄，陆续涌入来自全国各地高矮胖瘦、口音各异的画工约2000人，场面恢弘地铺开各自的油画布，拿起各自的画笔临摹起了同一幅油画。

　　村民们这才知道，黄江走出风沙遍地的小村庄，转身便和妻子在高楼大厦林立的香港操着英语跟外国人谈生意，成为全球零售业巨头沃尔玛的供货商，也有法国大客户经常下大订单。

　　这次，他接到一笔制作36万张25cm×23cm规格油画的大单，每张至少能赚五六元钱，36万张能赚200万元左右。若能顺利完成任务，平均每天进账几万元。

　　问题就在于如何"顺利完成任务"。订单量大，工期紧，对方只给一个半月的时间，平均每天要画近万张——普通人每天抄一万张字帖尚且不易，更何况是油画这种并不普通的货物。

　　令人惊奇的是，黄江不慌不忙、成竹在胸。他从全国各地招聚了2000名画工，如期完成任务。

　　交货那天，十几辆大货柜车浩浩荡荡开进村子里，将36万张油画打包装车运往香港，场面蔚为壮观，村民们大开眼界。

　　即使30年后的今天，我们也不得不承认这场面背后暗藏的种种不可思议之处。比如说，2000人突然涌入，哪怕只是普通游客，哪怕只是吃一顿饭，10人一桌也需要200桌才能坐得下。而这2000人在原本仅有300人的大芬村又吃又睡又工作，待了整整一个半月，食宿供应竟然没有掉链子，不可思议。再比如说，绘制36万张油画所需的画布、画笔、颜料等物资，绝非小数目，在那个偏僻的小村庄其

供应也没有掉链子，同样不可思议；36万张油画完成后，与之配套的画框安装、专业打包，调度货柜车统一发往香港，再交由海运、航空发往美国、法国等世界各地，每个环节都相当繁冗专业，黄江的操作却同样顺滑流畅到不可思议。

至于后续款项的落实等也毫无障碍，不仅黄江赚得盆满钵满，弟子们、画工们也收入颇丰。黄江的弟子们被分为"师父级""画师级""学徒级"。师父级月薪可达4000多元，普通学徒也有1000多元，远远超出1992年深圳市职工月平均工资494元。画工的高收入令周边村民羡慕不已，纷纷让自家孩子去学画画。黄江的弟子们也各自从他们老家拉来有志向的年轻人进行培训。短短几个月后，这些年轻画工就可以拿起画笔、画刀临摹世界名画。

一些美院毕业的学生和职业画家也来到大芬村。出于艺术家的本能，他们对临摹有一种抵触，但先赚钱生活，再追逐艺术梦想的"以画养画"方式不失为一种生存之道。这些人的到来，让大芬村不再只有模仿绘制的行画，也有了自己的原创油画。

以上种种不可思议意味着：30年前，大芬村这个偏僻的小村庄，无论是国际出口市场，还是油画生产、销售、运输的上下游产业链，抑或是油画生产人才的储备和后勤供应，都形成了一个完整的产业雏形！

1993年的水灾确实让画商倒了霉，他们存放的大批油画遭水浸。趁太阳出来，他们赶紧清理、晾晒尚未被泡坏的油画，不料却意外吸引了外界的关注。不少前来看热闹的香港人当场便购买油画带走。

一些人从这件事中获得灵感，承租临街铺面开起画廊、门店，一方面可以对外展示、零售油画，另一方面也可接订单——如果说一个偏僻小村庄培养出油画国际产业的雏形是依托深圳改革开放的有利政

策和地缘便利，那么深圳人不为打翻的牛奶哭泣、尽全力变灾难为机遇的作风，便是大芬村迅速成长为日后"中国油画第一村"的肥沃土壤。

四

跟所有产业一样，只要能赚钱，想分一杯羹的人就多了。到 1997 年，大芬村的画商增加了许多，黄江的弟子吴瑞球等人纷纷自立门户。最初他们得到师父的资助，分担师父忙不过来的订单，后来他们自己的画工达到好几百人，竞争于是变得激烈起来。

若任由竞争无序发展下去，也许会变成常见的商战故事：行业"内卷"，彼此压价，师徒成仇……但因为是在深圳，故事有了出乎意料的发展。

1997 年的一天，布吉镇文化站工作人员任晓峰翻阅单位订阅的《羊城晚报》，在那份广州出版的报纸上看到一篇《深圳有个画家村》的文章，发现其报道的画家村竟然就在布吉镇上。放下报纸，任晓峰立刻到大芬村实地探访。

任晓峰第一眼看到的大芬村，跟其他老村差不多，缺乏规划，乱搭建野蛮生长，阴暗狭窄的小巷中污水横流，满是垃圾。但是仔细一看，简陋的出租屋屋檐下悬挂着一些美丽的油画；几间门面陈设着临摹达·芬奇、梵高的知名油画；村民们私自围起来养鸡养鸭的栅栏后面，时时飘出油画颜料中松节油特有的气味；那些默默把自己关在出租屋里画画的画工，一年中竟然无声无息对外出口了价值 3000 万元的油画。

得知这个情况，布吉镇和龙岗区相关部门非常重视，经过多番考察，觉得大芬村的油画是一个很特殊又很有希望的文化类产业，希望

中国油画第一村

能有意识地进行规划。

他们给规划定下基调：既要做好服务，又不能越位，在科学规划的基础上引导大芬油画产业向系统化发展。

和许多不喜欢看枯燥严谨的政府公文的普通人一样，大芬村的油画从业者们尚不知一个正确的规划将带他们走向何种不同的未来。

天时，地利，人和。第二年，恰逢深圳开展精神文明创建工作，龙岗区政府、布吉镇政府和大芬村总共拿出1000多万元，首先对大芬村进行了环境改造。

政府部门工作人员苦口婆心，又发动党员带头配合，在随后的两年中拆除了村民的乱搭建和房前屋后的围墙，打通了道路，形成了一个中心广场。残破的沙土村道，被铺成了彩色砖道；污水横流的河道被改造后，沿着它形成了美观的油画一条街，那是大芬村内第一个油画专业市场。

至此，大芬村跟油画之间，不再是简单冰冷的厂房提供者跟租赁者的关系。它的大街小巷浸染上了油画艺术的几缕芳魂。

此时黄江等人回忆搬迁至此的前尘往事，终于意识到，原来大芬村跟"达·芬奇"冥冥之中竟有一种说不清道不明的前缘注定。

后来，这一年被公认为大芬村油画走上产业规模的转折点。

黄江和他的弟子们还有其他画商不再为了订单"内卷"，而是共同开拓、争取更大的外销市场。到 1999 年，欧美很多地方的油画市场上 70% 的销售量都是由大芬村"供应"的。

"这个数字在以前，谁敢想啊？"黄江感叹。

五

大芬村和油画之间说不清道不明的"前缘注定"，在之后的岁月里进一步显现。

大芬村前脚刚改造了环境，2000 年，深圳经济特区建立 20 周年之际，深圳提出"文化立市"的方针，"艺术农村"大芬村自然得到大力扶持。

深圳市政府大举投入资金修路、拆迁旧屋，又在全国公开招聘科班出身的画家，出资购画以扶持画家生存；布吉镇委、镇政府举办"布吉镇文化艺术节"，安排现场书画创作表演，给大芬村的油画做了一次大大的广告；又成立布吉镇文联——这是深圳市第一家镇级文联，为外来画家提供了交流活动的平台。

2002 年，为了助力画商进一步开拓市场，布吉镇政府组织他们赴欧洲和非洲考察。

支持行画的同时，政府也颇有远见地扶持大芬村的原创油画，将

其引入正规美术馆展出。

2004 年年初，深圳举办首届中国深圳国际文博会，大芬村成为唯一一个分会场。为此政府投入 1600 多万元，邀请专业部门对大芬村做了规划设计。从此，大芬村的电缆电线全部入地，空中、路边变得整洁异常；沿街画廊门面都进行了装修，民居的外墙也进行了装饰；肉菜市场迁出后被改建成油画展厅；村口 4 栋影响景观的居民楼被拆除，建起了油画艺术广场——大芬村的"村"不再是农村的意思，文化部将其命名为"文化产业示范基地"，成为一个"艺术与市场对接，才华与财富转换"的文化大舞台。

文博会为大芬村带来了源源不断的订单，大大提高了它在国内外的知名度，扩大了销售渠道，大芬村的发展进入快车道。据不完全统计，2003 年大芬村的油画销售额为 8000 万元，文博会后的 2004 年销售额跃升为 1.4 亿元，2005 年更是再提升至 2.79 亿元。

尽管很多人揶揄大芬村的油画是"复制"、是"造假"，却不能阻止 2005 年前后世界上 70% 的油画来自中国，而中国油画的 80% 出自大芬村的事实。大芬村仅仅用了 10 多年时间就从一个艺术零基础的偏僻小村发展成为"中国油画第一村"，深圳所谓的文化沙漠，再度开出一朵文化的奇葩。

六

2007 年，大芬村的店面从原来的一两百家发展至 1200 多家，村内画工多达 1 万人。许多画商大半年来天天加班到半夜 3 点，画一货柜一货柜地往国外运；《国家地理》等著名期刊都对大芬村进行了报道，外国画家和游客纷至沓来。

就在这繁花似锦之际，大芬村又做出惊人之举：投资1亿元修建大芬美术馆！

区区一个村庄，修建的美术馆软硬件条件竟然可以媲美国内许多大城市的美术馆，而其用处，竟然是常年免费为村里的原创画家提供展示场地、为原创画家举办展览——这些人通常是没有什么名气的画家，这不免给人财大气粗乱花钱之感。

然而，不到一年后爆发的全球金融危机，不到10年内出现的喷绘技术威胁，乃至2020年新冠肺炎疫情引发的全球经济衰退都证明，大芬村之所以能够成为"中国油画第一村"，除了艺术家的灵感和努力、商人的精明和勤奋，深圳市政府的远见卓识更是不可或缺。

2008年全球金融危机对整个行画产业的冲击是前所未有的。"我们的外销生意基本全军覆没。最惨时，一张订单都接不到……"其他画商和黄江的遭遇大同小异。大芬村一下子失去了生意来源，外国人也渐渐不来了。

类似的事情，百年前在广州曾经发生过。广州作为清朝乾隆年间唯一的对外通商口岸，为了迎合西方人想要看中国的心态，以中国风情为主的油画"外销画"一度盛行，广州十三行的画师在高峰时期达到几千人。然而随着照相技术的发明推广，外销画行业极速土崩瓦解，画师们也流离失所。

所幸，2008年的大芬村不一样。

随着中央推出"4万亿计划"刺激国内经济，在深圳市政府相关部门的帮助下，大芬村减免廉租房租金和商铺租金，组织大芬油画企业在深圳市和全国举办各种展销会、巡展等。不到一年时间，大芬村的油画产业获得新生，从过去的出口主导转向了专供国内市场，带有

浓重装饰风格的综合材料画作流行起来，年产值很快又超过 5 亿元，占据国内市场六至七成，成为上海、广州等一线城市商业油画的主要供应地。大芬村自身也获得了新生，新建的美术馆，咖啡街，街心花园的绿色阳伞、原木色桌椅，音乐喷泉，雕塑等，让它的艺术氛围越来越浓。

2010 年上海世博会，深圳选择以面积仅 400 平方米、外形看上去依旧简陋的大芬村而非摩天大楼作为深圳馆的主题。场馆外迎接宾客的巨幅画作名叫"大芬丽莎"，是由 507 位大芬村画师画出的 999 张油画单元构成独特的"拼图式"世界名画《蒙娜丽莎》。一直很关心大芬村的《羊城晚报》报道说："有的游客看完了，就向我们抱怨，说看不懂，本来以为深圳会介绍自己多么多么发达，没想到是讲一条村的故事。有的游客就非常喜欢，一位 50 岁的外籍男游客入世博园 4 次，每次都会来这里看看。"

在此之前，2006 年，摄影师余海波拍摄的系列作品《大芬油画村》获得第 49 届世界新闻摄影比赛"荷赛奖"二等奖，并被旧金山现代艺术博物馆永久收藏。从 2011 年开始，余海波和女儿开始拍摄以获奖照片主角之一，大芬村专职临摹梵高的画师赵小勇等为主角的纪录片《中国梵高》。赵小勇来自湖南邵阳农村，15 岁初中毕业后便来到深圳打工，是当时千千万万南下务工人员中的普通一员。在大众的认知中，他应该是跟艺术最无缘的那类人。然而，一次偶然的机会，赵小勇来到大芬村，深深地被油画吸引，便于 1997 年开始了他的艺术奇旅。

100 多年前的梵高，画了 1000 幅画一张也没卖掉，连自己也养不活；20 多年前的赵小勇，在大芬村用了半年左右的时间学画画，又

穷窘了一年左右，便能够用梵高的画养活自己了。再过了一年多，订单开始如潮水般向赵小勇涌来，订金有时高达6位数。赵小勇不仅靠梵高的画养活自己和一家老小，还带出了一批又一批画梵高的徒弟。外人看来神秘的《向日葵》，他20多分钟就可以完成一幅，订单多的时候，他一天可以画10幅梵高作品——仅仅三年前，他连梵高的名字都没听说过。

赵小勇的经历跟大芬村一样，神奇且带着几分解构主义的怪诞，令许多自认为真爱艺术的人啧啧称奇又难以理解。不就是制作赝品吗？这能叫艺术吗？

《中国梵高》纪录片历时六年拍摄完成，获得了北京国际电影节最佳中外合拍长片奖。影片先后在欧洲多国上映，赵小勇也火了，真正成为许多外国人口中的"中国梵高"。

"中国梵高"打动世界的，并不是他能够多么娴熟迅速地复制梵高的各种画作，而是一个睡在简陋出租屋里、看起来跟高雅艺术格格不入的画工，会跟其他画工一起为100多年前艺术天才梵高的遭遇难过；当他终于有机会去到荷兰阿姆斯特丹，见到自己临摹了无数遍的《星空》和《咖啡馆》真迹时，他会忍不住落泪，会对着梵高的真迹自言自语："不一样，还是不一样，颜色有差别。"

那次，在梵高墓前，赵小勇点燃三根香烟，用中国的方式对梵高进行了祭拜。从那以后，赵小勇开始原创，画自己的奶奶，画青山，画农舍……

许许多多的大芬村画工跟赵小勇一样，他们站在产业链最底层，却也不忘仰望星空，在求生存的同时追逐自己的艺术梦想。就在《中国梵高》获奖的那年，大芬村的产值达到了41.5亿元，形成了一条相

当完整的油画销售产业链，从油画到画框甚至挂钩都可以一站式采购，商业画的品种除了行画以外，还有各种原创的水彩、国画，更覆盖到刺绣、剪纸等。

梵高曾说：没有什么是不朽的，包括艺术本身。唯一不朽的，是艺术所传递出来的对人和世界的理解。对于大芬村油画和艺术之间的关系，这或许是另外一种冥冥中的注定。

时刻
二十一

满溢着设计与创意的土壤：
中国第一个设计之都诞生

一

1997年，河南宛西制药董事长跑到深圳，本来是准备花掉一笔钱的。

起因是这位董事长收看中央电视台《东方之子》节目，被深圳大学设计系创办人龙兆曙吸引住了。龙兆曙是湖南人，设计天才，1986年，他为中国赢得第一个亚太地区包装联合会"亚洲之星"设计奖及WPO（世界包装组织）"世界之星"设计奖。这两个奖对当时的中国意义非凡。龙兆曙去北京人民大会堂领奖，谷牧副总理热烈祝贺他为国争光。1989年，龙兆曙获得由钱学森亲笔签名和亲自颁发的"中国青年科技奖"；1991年，龙兆曙调入深圳大学建筑系任教，筹备创立艺术设计系；1992年开始，龙兆曙享受国务院政府特殊津贴……

龙兆曙的传奇经历深深打动了宛西制药董事长。当时宛西制药有

一种风靡全国的产品叫"月月舒"冲剂。他专程来到深圳,诚邀龙兆曙为这款产品设计包装。

包装设计完毕,龙兆曙又陪这位董事长一起到北京国家工商局注册"月月舒"的商标。那天,来接他们的是宛西制药北京分公司的一辆专车。车身一侧印着"月月舒"广告,另一侧则印着"六味地黄丸"。

龙兆曙敏锐地发问:"据我所知,全国有很多地方都在生产六味地黄丸,你这是给谁做广告?"

董事长说:"全国生产六味地黄丸的厂子太多了,有350家。大家都在生产,我们一年的产值只有350万元,仅够用来给职工发点补贴而已。"

龙兆曙说:"既然这样,大家都没有做推广,你为什么不做?"

于是这位董事长又委托龙兆曙为"六味地黄丸"进行包装设计。

经过多番查阅资料,龙兆曙发现,六味地黄丸源自北宋御医钱乙的配方,在中国已流传了近千年,非常了不起。龙兆曙在严谨地请教过深圳中医院院长肖劲夫等专家后,在药品的新包装上创造性地设计了"古方正药"几个字,同时在中央电视台推出了一个500万元的广告计划。

"六味地黄丸"的广告先是安排在《新闻联播》前倒数第17条的位置。5个月后,该广告跳到"标王"位置。6个月后,该产品实现销售额1800万元。3年后,全国"六味地黄丸"的销售总额达5亿元,宛西制药占了其中3亿元。

宛西制药董事长到深圳的原意是花掉一笔钱,没想到却大赚千万元乃至上亿元,这就是设计和创意的魔力。

二

在相当长的时间里，中国人不太了解包括平面设计在内的设计和创意的价值。最简单有力的证明就是，各地高校当时没有专门的"设计"专业，只有"工艺美术"或"装潢"之类的。

比龙兆曙早三年来到深圳的陈绍华对此深有体会。

1984 年，陈绍华还是老牌艺术名校西安美院工艺系的青年教师。那年，文化部和中国美协举办第六届全国美术作品展。那是"文革"后第一次全国美展，第一次设置了金、银、铜奖。消息传到西安美院，油画、国画各系摩拳擦掌，跃跃欲试，唯独工艺系系主任心情不太好。

前文谈到第一个将油画带入大芬村的画商黄江时，有这么一段话："由于家庭出身不好，他敏锐地将（绘画）天赋用在了求生存上，画得最多的是大街小巷墙板报上的领袖人物像和英雄人物"——在那时的美术界，存在这么一条隐形的"鄙视链"：画国画的瞧不起画油画的，画油画的瞧不起做工艺美术的。在墙板报上画人物像、在各类包装上画花花草草、设计字体等属工艺美术的范畴。放着画画天赋不好好发挥去做工艺美术，在外人看来就是屈才。

作为工艺美术系的青年教师，陈绍华憋了一口气，为全国美展创作了三幅作品，其中一幅《绿，来自您的手》获得了招贴画金奖，同时还获得另外两项优异奖，轰动全国，为工艺美术系大大争了一口气。

其后不久，陈绍华在张艺谋的推荐下担任陈凯歌电影《孩子王》的美术指导，在荒山野岭横空打造出一所专为电影拍摄用的学校，再度轰动全国，首次"触电"就获得了第八届中国电影金鸡奖的最佳美术奖……

然而，成绩越是亮眼，陈绍华越是感到没有出路。为培养学生的

创造力和想象力，他打破固有的教学体系，大胆进行素描教学改革，受到青年师生的热烈欢迎与支持，却遭到校方的反对与非难。那时教师很难分到房，他和家人一直在外租住农民房，后在省领导关怀下才好不容易分到了房……

陈绍华选择离开，投奔深圳。

三

跟陈绍华差不多同时期离开西安来到深圳"下海"的韩家英，一来就感受到了深圳的不同。

跟陈绍华不一样的是，韩家英来深圳前任教于西北纺织工业学院服装系，对"设计"尚未有明确概念，对设计的认知还停留在制作书籍封面、画 Logo 上。深圳的环境让他对设计产生了浓厚兴趣。"在深圳，晚上可以看到好的片子。免税店全部是进口商品，生活挺有异国情调的。我还记得超市商品的包装都设计得很漂亮，而且和现在看到的'漂亮'完全不一样。"

韩家英 1990 年进入万科，为万科 1991 年上市设计了第一本四色印刷的年报。那是他第一次接触电子分色、照排等先进的印刷技术，特别新奇。"拿到样稿修改的时候，我们兴奋得几宿睡不着。"

韩家英像海绵吸水一样疯狂汲取关于设计的养料。

深圳早在 1987 年就有了一本由广东省包装进出口公司派驻香港的设计师王序主编的《设计交流》刊物，集中介绍一系列蜚声国际的设计师、设计机构及其作品，为内地设计行业打开了一扇奇妙的窗口。

那时有趣好看的现代广告很新鲜，想看一次不容易，得通过录像带才能看到。在深圳不一样，韩家英能看到香港的节目，轮着看四个

香港电视台的影视广告、平面广告，韩家英激动得不得了。他也常看香港的报纸，不论是图片还是字体都让他觉得新奇。当时内地没有照相排版，所用字体从铅印字体转化而来，单调且丑。香港、台湾和深圳的字体设计却花样繁多。当年，能拿到香港制版印刷的只有深圳的设计公司。韩家英设计完之后，直接打电话给香港的印刷厂把版拿走制版，制出来的版比内地要好很多。

后来被公认的一点是：香港完整的印刷制作产业链，是深圳设计快速成长的重要保证。

当然，假如深圳仅仅是一座占得地域便利的城市，龙兆曙、陈绍华和韩家英这些注重创意、锐意进取的设计师就不会扎堆投奔并扎根于此。事实上，深圳在"设计"这件事上，本身就有着惊人的智慧和胆魄。

四

深圳有一条贯穿东西、被誉为"深圳客厅"的道路叫深南大道，1980 年刚建成的时候仅有 2.1 公里长、7 米宽，仅够两台车来回并行。1982 年，规划设计部门决定将其拓宽到 50 米。

一下子拓宽到原路面的 7 倍多，方案一出立即炸开了锅：小小的深圳能有几辆车？修这么宽的马路要花费多少钱？修个 15 米的就够用了！

深圳顶着诸多非议，不但守住了 50 米的宽度，还更"大胆"地在总体规划里把深南路的宽度敲定在 60 米。

到 1983 年，不但原有的 7 米宽的路拓宽到了 60 米，深南路主干道两侧还各留出了 30 米的绿化带（次干道留出 15 米绿化带），并在

大道中间设置了宽达 16 米的绿化带——以备修地铁。

对，您没看错，是 1983 年！许多中国人连地铁都没听说过的年代，深圳已经参考新加坡花园城市的模式，设想以后用从地表开挖的方式修建地铁了。

如此一来，深南路就真的成了深南大道，宽度达到了 136 米。

有人揶揄说，这个宽度快赶上长安街了！"你不配"的言外之意溢于言表。

事实却证明，这个看上去过于狂妄的规划是正确的。

1984 年，原深圳市规划国土局总规划师郁万钧刚到深圳时，看到深南路车不多路又宽，显得空空荡荡，非常担心这条路什么时候才能热闹起来。没想到，短短几年后，来深圳的作家已经用"车水马龙"来形容它了。

仅在一条深南大道的设计上深圳便展现了诸多的巧思和远见。比如说，为了保证深南大道的通畅，深圳与铁路部门协商，不惜斥巨资将广深铁路经过罗湖的 800 米路段用高架凌空架起来；又比如说，在最初规划时就给深南路保留一个"小秘密"，预留了一个"下沉方案"，在必要的时候，可以将一段深南路沉入地下，使中心城区连成一体。

深圳本身的气质如同一个巨大的磁场，吸引着全国各地的设计人才纷纷南下，龙兆曙、陈绍华、韩家英和毕业于西安美院的张达利、中央工艺美术学院的曾军、中国美院的毕学锋等人纷纷前来。

和深圳不能忍受窄小道路的束缚一样，1992 年，这帮来深不久的设计师也不能再忍受传统工艺美术和装潢概念的束缚，决心打破大众对平面设计的懵懂无知（当时人们将平面设计统称为装潢和印刷，忽略设计的意义，以为印出书和作品才"实在"），为设计正名，自己

做一场"'92 平面设计在中国"的展览。

五

"'92 平面设计在中国"展，旗号很大，其实就是一个官方戴帽、行业自发的民办展览。办展的 30 万元经费，是中国第一家合资设计公司嘉美的总经理王粤飞从股东那儿争取到的；负责公关的组委会秘书长贺懋华也是嘉美职员，曾是包装协会中国包协的负责人；《设计交流》的主编王序承担海外事务联络工作，包括聘请海外评委；陈绍华为展会创作海报时已从万科辞职，自己开了家公司——其实就是待业在家——也不是家，就是狭小的出租屋，一边吃方便面就咸菜，一边创作。

"没想过那么多。当时几个人就是有一股子激情，像延安时代的热血青年，想轰一轰国内设计界的气氛。"王粤飞说。

然而，这次看上去普通的展览，却创造了历史：第一次采用国际同类型展评活动的规范模式，聘请国内外六位较具独立性的资深专家出任评委，且聘请律师对评选过程进行全程公证。这是中国的展览第一次完全按国际化的标准行事，第一次请外国评委。这也是深圳设计师第一次和港澳台设计师同台竞技。组委会于 1991 年 10 月开始征集作品，共收到作品 5000 余件（套），其中台湾组织了 1600 件（套）作品参赛。在两岸尚未达成"九二共识"之际，这被称为月亮首先在设计界圆了。

展览的评选程序之严谨、规范，也开了中国现代设计的先河。这可以从以下数字窥见一斑：展览共选出 174 件（套）获奖作品，占所有参赛作品的 3%。其中金奖 6 个，分别是海报和招贴、包装和招纸、

书籍设计、报纸广告、商业摄影和其他，有七类作品无金奖；银奖 12 个（其中两类有 4 个并列银奖），有三类作品无银奖；铜奖 10 个，有三类作品无铜奖；优异奖 26 个，有六类作品无优异奖；入选作品 120 个，评审奖 6 个。

本次展览也首次向海内外同行展示了中国平面设计界的实力。其中陈绍华创作的海报《起步》获得银奖，其经典程度直到 16 年后在英国国立维多利亚·阿尔伯特博物院举办的"创意中国"展上还被作为展览海报、T 恤与明信片的用图。

靠着"'92 平面设计在中国"这个展览，中国设计一步跨过了国际设计舞台的门槛。展览第一次明确地使用"平面设计"这个词，标志着中国内地脱胎于工艺美术的"平面设计"概念的正式确立，具有里程碑意义，象征着深圳成为中国现代设计的策源地。此后，深圳的平面设计长期领军中国，优秀设计师众多。

深圳平面设计的优秀作品多数跟我们的生活息息相关。除了六味地黄丸，茅台于 2001 年推出的金龙盘金瓶包装、景田矿泉水特殊的瓶身和瓶盖等轻而易举撬动上千万元价值的设计和创意，都出自龙兆曙之手。陈绍华的公司在 10 多年时间里服务了数百家企业，包括深圳电视台、万科集团、长城地产、深圳中信城市广场、东方保险等。他也创作了包括北京申奥标志及首届世界智运会形象设计，第四次世界妇女大会纪念邮票，世界艾滋病日纪念邮票以及第三套生肖猴票、猪票的邮票设计等作品；更有海报设计获多项国际大奖。韩家英则被称为"商业与艺术结合得最成功"的设计师，设计出颇具影响力的《天涯》杂志封面，为康佳、创维、万科地产、怡宝纯净水、雪花啤酒等做过广告设计和产品包装等，也为爱马仕做过橱窗设计，参与故宫午

门"千里江山"展的策划与设计,为米兰世博会策划万科馆轰动创意圈……此外还有一大批优秀的深圳平面设计师如张达利、毕学锋、韩湛宁、叁品松、戴帆等,每一位都贡献了诸多优秀的创意和作品。

而深圳所开启的现代设计,远远不止平面设计一项。

六

针对不同手指设计各种各样的指甲刀,这是设计;如何通过街区设计避免城市的自行车被盗,或者如何避免共享自行车被堆积在一起,这也是设计;设计一个更符合人体工学的舒适沙发是设计,做一个能够解决互联网用户需求的 App,这也是设计。

从 1982 年深圳出现第一家带有设计性质的企业开始,到 2018 年,深圳具有设计性质的企业数量达到了 10 万多家,涵盖了平面设计、工业设计、建筑设计、动漫设计、软件设计等 10 多个领域。光是各种设计相关的行业协会名称就能让人眼花缭乱:深圳市平面设计协会、深圳市工业设计行业协会、深圳市室内设计师协会、深圳市勘察设计行业协会、深圳市影视动画行业协会、深圳市包装行业协会、深圳市服装行业协会、深圳市装饰行业协会,等等。其中平面设计、室内设计、工业设计、包装设计、服装设计、建筑设计、软件设计等门类,深圳优势明显。

室内设计方面,全国主要的"双甲"企业、一级企业都集中在深圳;全国有近一半的标志性装饰工程项目是由深圳的企业设计施工的,年设计产值约 15 亿元,年施工产值约 500 亿元。

工业设计方面,深圳聚集了全国近半数的工业设计人才,钟表、珠宝、玩具等门类实力突出,拥有设计业技术系统化、高档次汽车造

型设计、航天表设计、数码产品设计等优秀的设计人才，占据全国约49%的市场份额，年产值近6亿元。

建筑设计领域，深圳汇集了约200家国家甲级设计公司，工程设计从业人员逾万名，人均产值将近40万元，位居全国前列。据不完全统计，深圳建筑设计师参与或主持设计了中国国内一半以上的地标性建筑物……

2007年，当深圳晚于上海向联合国教科文组织申请创意城市网络"设计之都"称号时，该组织创意产业发展部的处长乔治·普萨对深圳根本不熟悉，这不稀奇。

创意城市网络是联合国教科文组织于2004年创立的，是全球创意产业领域最高级别的非政府组织。而深圳申请的"设计之都"称号又是该网络中竞争最为激烈的，在已经加入和正在申请加入该网络的城市中，有逾三分之一剑指该称号。

当时，作为一个只有不到30年历史的新兴城市，深圳的申请看上去的确过于不知天高地厚。

然而，经过短短一年多的努力和宣传，深圳的申请不但得到国家层面的支持，深圳的设计展品还受到世界各国专家的高度重视，成为热门话题。深圳代表团团长宣柱锡还破例获邀参加创意城市网络所有成员城市的闭门会议。

最后，5名匿名的国际评委都给予了深圳积极的评价，最终让深圳过五关斩六将，于2008年11月19日被联合国教科文组织认定成为中国第一个、全球第六个"设计之都"。

从最开始的不被国际熟悉，到最终征服所有专家，深圳靠的正是在设计上毋庸置疑的实力。正如联合国教科文组织在颁予深圳这个称

号时所说："这一称号的取得,得力于深圳充满活力的平面与工业设计、快速发展的数字产品与网上互动设计,以及包装设计行业采用先进技术和环境处理手段带来的创新经验和较高声望。"

七

在深圳成为"设计之都"的第 9 个年头,2017 年度德国红点设计大奖赛上,深圳一名 16 岁的高中生晏劭廷设计的作品《机巧螺旋》,从来自全球 50 多个国家和地区的 5000 多件优秀入围作品中脱颖而出,一举斩获"最佳设计奖",晏劭廷成为"红点奖"史上最年轻的获得者,轰动全球。

在天才少年的背后,是他经常看的《造物大百科》(How It's Made)节目,是他半懂不懂但系统研习过的工业设计书籍如黑川雅之的《设计与死》、原研哉的《设计中的设计》等,是父亲对他"不务正业"的宽容和理解,是身边许多喜欢设计、喜欢艺术、喜欢美学的同学的彼此激烈竞赛,更是深圳整体浓郁的设计氛围。

毕竟,占地面积不大的一座城市拥有文化创意园区 50 多个,可以说,随处都能看到各种新奇的设计。而文化创意产业附加值高达 2243.95 亿元,占生产总值比重逾 10%,可以说,时时都能听到创意带来的名利神话:年轻的魏民和伙伴们共同创立佳简几何工业设计有限公司,短短五年时间便拥有包括微软、腾讯、阿里巴巴等知名企业在内的 80 余家合作客户;香港青年陈锋明和几个同学来到深圳,在中芬设计园租下一间小办公室,成立格外设计经营有限公司,短短四年便已获 120 余项国内外知名设计奖项,包括德国红点至尊奖、德国 iF 设计大奖、日本优良设计奖等。

更何况，一年365天，春夏之交有中国（深圳）国际文化产业博览交易会（文博会），夏天有国际创客周，秋天有中国国际高新技术成果交易会，冬天又有法定的"创意设计日"、国际工业设计大展……

这样丰富到满溢的创意和设计的土壤，又怎能不诞生一个两个三个乃至无数个设计天才呢？

设计之都

时刻
二十二

迎着台风起航：
深圳特产的神奇变身

一

对深圳人来说，有个比较尴尬的问题是：深圳有什么特产？

与北京烤鸭、上海汤包、广州龟苓膏等其他城市耳熟能详的特产相比，深圳人实在很难找到相对应的特产送给亲戚朋友做礼物。

假如非要找出一样的话，二三十年前，荔枝勉强可以算作是深圳特产。荔枝一度是深圳重要的出口物资，南山荔枝尤为出名，有"世界荔枝在中国，中国荔枝在深圳，深圳荔枝在南山"的说法。南山荔枝味美且含有盐分，据说可以日啖三百颗而不上火，是世界上唯一有地理标志保护的荔枝。

深圳市政府专门为荔枝举办过节日，从1988年开始每年一届。根据《晶报》老读者回忆，那个时候荔枝节就是深圳的嘉年华，整个

城市沉浸在欢乐的气氛中：天暗了，晚风醉人，开设在红岭路上的夜市人声鼎沸，短短几百米街道挤满了人，来自全国各地的土特产琳琅满目、物美价廉。离开夜市，公园里、街道边还有许多文艺演出和游园活动，令人流连忘返。

荔枝节也曾为深圳带来巨大的经济效益，1988 年到 1998 年的 10 年间共为深圳协议利用外资 7.4 亿美元、内资 22.6 亿元人民币，商品成交额达 84.5 亿元人民币。

然而，1998 年，荔枝节戛然而止，停办了。

这个消息让人心中五味杂陈。尽管荔枝节已不像过去那样吸引人，但它毕竟给深圳人带来过许多的快乐；再加上当时深圳擅长的"三来一补"模式已经推广到成本更低的内地，上海等地改革开放的势头比深圳更猛，深圳面临着"特区不特"了的巨大挑战，又刚刚经受过 1997 年亚洲金融风暴的强烈冲击，快乐嘉年华的停办，在悲观的人看来，似乎带着某种沉重的隐喻。不过，乐观的人却看到事情的另外一面：停办荔枝节，改办高交会。

什么是高交会？中国国际高新技术成果交易会（以下简称高交会）。

前面说过，自从 1988 年深圳市政府颁布第 18 号文件，华为等深圳民营科技企业开始如雨后春笋般涌现。经过 10 年发展，深圳市委、市政府作出重要的论断：高新技术产业是深圳的希望所在、后劲所在。

不过，一下子从富于乡土特色的荔枝节变成高大上的高新科技成果交易会，跨度太大，步子太猛，饶是脑筋灵活的深圳人，也一下子有点转不过弯来。

二

深圳把荔枝节改成高交会的决定，看起来的确有点突然。

那是 1998 年年底，时任深圳市委书记张高丽和市长李子彬等人在外考察学习，到达大连时，刚好碰到大连国际服装节。巧的是，大连国际服装节跟深圳荔枝节同样创办于 1988 年，到 1998 年刚好也是第十届，搞得挺好，影响挺大。与之相比，深圳荔枝节只是简单的政府搭台、企业唱戏，显得太一般。

张高丽书记于是对深圳科技局局长李连和说："我们搞个高级一点的吧！"

李连和问什么叫作高级一点的。

张高丽说："我们办个'科技节'吧！"

李子彬市长一听也很赞成。

要办的是科技对口的节日，市委书记、市长都同意，科技局局长李连和却一点也高兴不起来：这个太难了！

假如换个人说这事难，那可能意味着很麻烦；但李连和说难，那就意味着是不可能完成的任务。因为李连和是个绝不畏难的深圳科技拓荒牛。

李连和来深圳之前在武汉工作，是厅级干部，1994 年调到深圳时已经 47 岁。深圳科技产业发展时间太短，无论科技基础、实力还是底蕴都远远赶不上武汉，连办公楼都很简陋，1994 年高新科技产值才首次突破 100 亿元，说是"科技沙漠"也不算夸张。

李连和一到深圳便做出一系列大胆的创新和尝试。1995 年，他在龙岗坪地一个山沟里找到一家做一般档次镍镉电池的简陋小厂，老板才 29 岁，手底下带着 20 多个普通打工妹。李连和所在的科技局却一

次性给这家小厂投入 300 万元，并在一年后将全市第一家市一级的新能源材料研发中心落户在该企业。

这类研发中心，挂政府的牌子，钱由政府掏，研发什么则听企业的，相当于给企业开了个战斗力爆表的外挂，自然引起不少争论。李连和却认为："这个企业的商业思路很清晰，有技术基础，很有潜力，而且企业领导有专业基础，会很有前途。"

这个小电池厂就是后来的比亚迪，如今已在全球设立 30 多个工业园，营业额和总市值均超过千亿元；那个年轻人就是王传福。

像这样的研究中心，李连和任科技局局长期间给企业"送"了 36 家；民营企业地位低、贷款难，他又亲自带着华为、比亚迪在内的企业到一个个银行去"讨饭"。

针对高科技企业的三高——高风险、高投入、高产出，李连和带领科技局大力推进风险投资主张，1995 年深圳市被科技部批准为全国唯一的风险投资试点城市；1997 年他又主导了深圳"22 条"《关于进一步扶持高新技术产业发展的若干规定》，确定法律对知识产权的严格保护……

这么一个不怕难的人都认为高交会太难，其难度之大，实在难以想象。

三

首先，为了让高交会能挂上"中国""国际"四个字，必须游说科技部、信息产业部等各大部委成为高交会主办单位。光这一点就磨破了负责筹办的李子彬、李连和等人的嘴皮子。

好不容易三部一院都应承下来，活动名称定为"中国国际高新技

术成果交易会"，时间也定在了 1999 年 10 月，真正的艰苦工作才刚刚开始。

时间只剩下 9 个月，却根本找不到可以办展的场馆。当时深圳唯一的展览中心只有 8000 平方米，与北京、上海、广州、大连等城市相差很远。李连和率队找了整整一周的时间也没能找到一个合适的场地。深圳市政府最终决定：临时建一个高标准的大型场馆，专门用来举办高交会。

这个计划，有点天方夜谭。

IBM 公司中国区负责人听说后，斩钉截铁下了结论："在美国都不可能做到半年内盖起一座展馆。"他下这个定论的同时，也相当于婉拒了深圳市政府对他们参加高交会的邀请。

那时候，其他基础较好的城市其实已经办过一些高科技展会，可惜都潦草结尾，没办出什么名堂。深圳想办高交会，场馆等硬件方面的困难虽然很多，倒也算看得见摸得着，真正的困难反而在于背后潜藏的两大问题：卖什么？谁来买？

1998 年，深圳高新科技产业的产值才 41 亿美元多一点，根本撑不起一个国际规格的交易会。为了寻找参会的展商和客商，深圳使出浑身解数，光李连和一个人就在筹备期间坐了上百次飞机，走访了 26 个国家。国内各省、区、市，各大厂商，包括 IBM 公司自然都是深圳瞄准的目标。而 IBM 公司中国区负责人的回答，代表当时许多企业对深圳高交会的怀疑和消极态度。

难，总而言之，正如李连和所说：这太难了。连天气都跑出来捣乱。高交会临时展馆位于深南大道边，采用颇具科技感的钢架 + 软膜结构，如果顺利建成，将会非常好看且实用。可偏偏在即将竣工的 7 月，台

风就光顾了深圳三次。

李连和回忆说："最后一个台风来的时候，我们都傻了。如果现在吹坏的话，就没有时间了……别人刮台风往屋里走，我们刮台风往工地上走。我的头在工地上被撞破了几次，累得昏昏沉沉的，累坏了，打了吊瓶又往工地上跑，当时不觉得苦，就觉得这个山头要把它拿下来，跟战争年代没啥区别，不惜一切代价把这个山头拿下来，就这一个想法。"

四

1999 年 7 月 30 日，高交会的临时新展馆终于完工。亚热带海滨城市特有的湛蓝天空和灿洁白云下，钢架支撑的巨大白色软膜结构扬起风帆，像一艘乘风破浪的巨舰。

对于这一幕，没有多少人心中预感到它将代表着什么。毕竟，再过两个多月就是第一届高交会的开幕式，各项筹备工作依然在艰苦紧张地进行着。

但曙光在千辛万苦之后渐渐显露。

之前婉拒邀请的 IBM 公司中国区负责人来参观展馆。他惊喜地连声说："这是个奇迹！是个奇迹！"同时表示："我们一定参加深圳高交会！"

最终，高交会的参展企业达到 2856 家，参展项目 4150 个；到会投资商有 955 家。国际商家云集深圳，美国、加拿大、德国、日本、英国、法国、以色列、芬兰等五大洲 26 个国家的 402 家高科技企业和机构形成了引人注目的参展阵容，世界知名跨国公司多达 50 余家，包括朗讯、IBM、微软、西门子、爱立信、松下、爱普生、三洋、佳能、

迎着台风起航的高交会

富士通等。

对于开幕式规格，当时大家觉得，如果能来一位副总理就不得了了。没想到，时任国务院总理朱镕基一口答应亲自出席；更没想到的是，征询总理当由谁致辞时，总理一口承诺自己致辞！国内 31 个省、自治区、直辖市和 5 个计划单列市也都派出了副省长、副市长以上领导任团长的强大阵容。

1999 年 10 月 5 日，在新建成的高交会展览中心，朱镕基宣布：为了促进中国与世界各国的经济技术合作，中国政府决定每年在深圳举办中国国际高新技术成果交易会！

1999 年的秋天，印刻在很多深圳人心里。"自 1992 年小平同志视察深圳后的这些年来，深圳还从未见过这么旺的人气！"这是当时新闻媒体的描述。

深圳之前曾担心：跟荔枝节相比，高交会过于"高大上"，市民参与的热情不会太高。没想到展会开幕后，盛况空前，高交会展览中

心无时无刻不在诠释着什么叫"人流如织""摩肩接踵"。深圳市民全家出动、扶老携幼成为特色，后来不得不加开了夜场。

参展的深圳市创普科技有限公司为高交会展览中心提供洗手间马桶自动换套技术，负责人钟继业回忆道："……人非常多，观众的那种热情至今仍令我印象深刻。当时我们公司总共才4个人，有3个人在现场，我们的展位被参观者围得水泄不通。展会结束后，几位同事沙哑的嗓子要过一个礼拜才能恢复过来。"

那是钟继业公司的产品第一次公开对外展示，许多前来观展的企业马上就下订单，他们一下子就收获了几十家国内和国际知名企业客户。20年后，这家公司已经拥有300多名员工，产品在细分市场占有率超过80%，产品销往国内一、二线城市及欧洲市场，为包括全球500强企业在内的许多客户服务，每年使用人次接近20亿。

"不管什么时候，我们都不会忘记，自己是一个从高交会成长起来的企业。"钟继业说。

当然，这次展会最著名的收获者，是一位28岁的、企业处于生死存亡关头的青年创业者。他抱着改了66个版本、20多页的商业计划书跑遍了所有展台，极力推销一款当时不太被看好的即时通信软件，最终拿到了一笔220万美元的风险投资，岌岌可危的公司从此开始腾飞，发展成为中国的互联网巨头。这位青年创业者名叫马化腾，这家公司叫腾讯。

马化腾后来经常说：没有高交会就没有今天的腾讯。

同样的话，也适用于创造世界上第一款闪存盘的朗科公司，他们也是在这次高交会上博得IBM的青睐——对，就是最初斩钉截铁地说美国都不可能在半年内造出高交会展馆的IBM。这件事同样意味着，

原本并不看好高交会的 IBM 在高交会上收获了惊喜，他们当年便将朗科的闪存盘定为其笔记本电脑的官方配置……

第一届高交会成交项目 1459 项，成交总额 64.94 亿美元。其中，高新技术项目成交 1030 项，成交金额 42.78 亿美元。

而这，仅仅是高交会成为深圳高新技术产业发展"助推器"、促进深圳再创新优势的开始，此后每年的高交会，影响和规模一届比一届大。

公开数据显示，高交会举办 20 多年来，深圳高新技术产业一路狂飙。1999 年，深圳高新技术产品产值仅为 819.79 亿元；2018 年，深圳高新技术产业全行业产值已超 2 万亿元，20 年间增加了数十倍。

谁也没有想到，一个脱胎于颇具乡土气息的荔枝节，筹备时间仅有九个月，几乎从零开始，筹备难度大到令人怀疑人生的高交会，竟然抢占了 21 世纪高新技术"制高点"，承载了国家高新技术成果产业化和国际化使命，成为中国高新技术领域规模最大、最富实效、最具影响力的品牌展会，是名副其实的"中国科技第一展"。

有人戏称，高交会就是深圳特产。从荔枝节到高交会神奇变身过程中展现的敢为天下先、敢闯敢试、摸着石头也要过河这些特点来说，的确如此。

互联网狂飙的年代：
被高交会改变的人生轨迹

一

对 2021 年的腾讯而言，钱是个什么概念？

是在新冠肺炎疫情的严重冲击下，2020 年全年净利润高达 1598 亿元——平均每天净赚 4 个多亿，除了国有四大银行，腾讯达到比所有其他银行更能赚钱的程度。

在这样日进斗金的风光面前，千万富豪、亿万富豪都被衬得略显寒酸。不过并不会衬得 23 年前马化腾抱着修改过 66 次的商业计划书、厚着脸皮跑遍高交会挨个推销自家公司的场面多心酸。毕竟，那是一个所有互联网企业家都为赚钱绞尽脑汁的年代，是最受欢迎的天才邮箱产品想卖个 15 万元人民币都无比艰辛的年代。

有人总结 1999 年高交会前中国各互联网企业家的生存状况：

1997 年，多数人还不知互联网为何物，中国互联网的"大佬们"，还在集体吃糠咽菜。23 岁的刘强东在中关村卖碟；26 岁的马化腾在深圳还是个打工仔；33 岁的马云在北京的火锅店里唱着"在我心中，有一个梦"；只有求伯君与雷军过得好点，却也被微软打得奄奄一息；越过太平洋，29 岁的李彦宏正在硅谷山景城种菜……

而最为生动体现他们当时处境的，当属《人民日报》记者采访完天才程序员张小龙后的担忧和关怀："可怜的孩子，你可别饿死了啊！"

二

26 岁的马化腾在深圳还是个打工仔的那年，混在广州的自由程序员张小龙开发出令他一举成名的邮箱产品 Foxmail。

最早接触互联网的网民几乎都曾用过这款标志是火红狐狸尾巴的邮箱。跟微软自带的邮箱相比，Foxmail 像只可爱的小狐狸，小巧灵活又聪明，用户体验感超好，于是迅速聚集了百万用户。

YY 语音创始人李学凌说："在 1997 年，只要你站在黄庄路口，大喊一声，我是 Foxmail 的张小龙，一定会有一大群人围上来，让你签名。"

1998 年的秋天，马化腾离开他打工的寻呼公司润迅，创办了腾讯。此时，张小龙的 Foxmail 已经坐拥 200 万用户，用户遍及 20 多个国家，所到之处人人夸好，成为国内用户量最大的共享软件。唯一的缺点是不赚钱。不仅不赚钱，反而很烧钱，这是当时国内国外互联网企业的通病。用户越多，要烧的钱就越多。

偏偏张小龙还很有情怀，周鸿祎等人劝他做点广告什么的，他总

是梗着脖子沉默，导致有阵子穷到据说兜里只剩 3 块钱。

《人民日报》的记者跑去报道张小龙，采访完之后直接在标题上说他是"饿着肚子挥洒冲动"："这位在 100 多万台计算机屏幕上留下大名的人，只是个悲剧人物……"最后，记者无限惆怅地感慨说："可怜的孩子，你可别饿死了啊！"

1998 年秋天，张小龙曾有希望拿到点钱。金山软件的老总雷军想要收购 Foxmail。出身湖南农家的张小龙开了个自认为还不错的价格：人民币 15 万元。

那年，广州人均年收入 16284 元。一个软件卖出普通人差不多10 年的收入，不需要自己再贴钱、贴精力去维护，雷军也爽快地同意了，看起来交易似乎就要成功了。

然而，就在双方准备正式签约时，雷军正忙于企业注资的事无暇顾及，就派了别人过来谈判。那人挺瞧不起 Foxmail，认为金山公司自己花上两三个月就能做出个一模一样的邮箱。他的傲慢惹怒了张小龙，于是交易黄了。

用户最多的共享软件想要以区区 15 万元人民币的价格体面交易都不可得，当时的中国互联网就是如此残酷。

三

事实上，高交会之前，马化腾走的路线几乎和张小龙等天才程序员们差不多：开发出一款大受欢迎的软件—聚集众多用户—但不知道该怎么赚钱—想卖掉（贱卖）而不得。

1999 年 2 月，马化腾参考以色列的相关软件，开发出即时通信工具 OICQ（QQ 前身），放到网上供人免费使用，仅 10 个月就发展了

上百万注册用户，14个月后注册用户达500万，15个月后同时在线人数首次突破10万，3年后注册用户突破1亿……

马化腾面临的困境跟张小龙一样：找不到赚钱的模式。"当时我也不知道怎么赚钱，只是觉得让别人可以在互联网上找到你，肯定会有用，那就做了。"

QQ做好做大的结果跟Foxmail差不多：用户越多，烧钱越多。服务器托管费以几何级飞速增长，腾讯很快便面临经营困难。

马化腾等人为凑出必需的营运资金四处奔波，夜不能寐，不得不考虑卖掉QQ。

卖的过程同样充满曲折。因为"那时候连我们自己都还没能明确地看出来这个方向的价值，别人当然也更理解不了它的价值"。最直观的表现就是，去银行贷款，人家根本不认你软件有几千万用户，只看你公司到底有多少具体资产。马化腾和他的团队把腾讯的所有资产，包括计算机和办公室里的桌椅，作价3000万元人民币，希望能找到买家，但最后最高出价据说只有60万元，大大低于他们的心理预期。

总之，跟张小龙的Foxmail一样，马化腾也没能卖出他的QQ。

张小龙没卖出Foxmail的后果是苦苦熬了两年，继续孤身维护百万用户，改进，推新，绝望，崩溃，甚至想过直接把软件送给朋友："我不知道下一步该怎么办，也许再过半年，找不到合适的发展机会，干脆去美国算了。"

马化腾没能卖出的QQ，却因高交会的出现，发生了神奇的逆转。

四

1999年10月高交会开幕的时候，马化腾的公司仅仅创办了8个

月。高交会给了那时的腾讯一个极其难得的可以直接接触国际资本市场的机会。

我们完全可以想象 28 岁的马化腾有多兴奋。放眼望去，巨大的高交会展馆遍地是黄金，俨然将整个大洋的鱼都放在了渔夫面前。再没有经验的年轻渔夫，只要有张网，勤快地到处撒下去，总能有所收获。

高交会那五天，马化腾跑遍了整个高交会馆，碰到了很多不懂即时通信、连续谈两三次还是放弃的投资机构，但最终，他的商业计划书得到美国 IDG 和香港盈科数码的重视。

2000 年，两家公司给腾讯注入了 220 万美元。与张小龙欲 15 万元卖掉 Foxmail 不欢而散相比，腾讯获得的 220 万美元毫无疑问是天降甘霖。直到 QQ 用户达到 2000 万，这笔资金都还没烧完。这笔资金不仅保证腾讯不会饿死，而且让它茁壮自如生长，等来了真正属于它的天时地利人和，补齐它缺失的最重要短板：盈利模式。

2000 年年底，中国移动启动"移动梦网创业计划"。中国移动当时已是全球用户规模最大的移动通信运营商，全年业务收入 1346.8 亿元。它启动的创业计划，让腾讯终于得以通过手机 QQ 的形式赚钱。

成为移动 SP 供应商的第一年，腾讯便获得 1022 万元纯利润。这笔钱对于中国移动千亿营收的汤锅来说不过是锅边的一小块肉，却解决了腾讯的生存问题。到第二年年底，腾讯年收入达到 5000 万元。

在某种程度上，腾讯实现了许多人小时候都有过的一个梦想：全国人民每人给我 1 块钱，我就有 13 亿元了。那些年的中国网民，几乎人人都用移动 QQ，几乎每个人都花过几块钱话费给自己的 QQ 秀添置一两套漂亮的或者有个性的衣服，或者每月花上十几块钱成为红钻用户，彰显自己的尊贵地位。

五

　　腾讯蒸蒸日上的同时，世界互联网产业其实正经历寒冬。2000 年，纳斯达克股价狂跌，只会烧钱的互联网泡沫经济破灭，众多互联网企业面临生存危机，投资腾讯的香港盈科数码也按捺不住，将它拥有的腾讯股份抛售了出去。

　　不过，就算形势严峻，就算成立仅三年，抛售腾讯股份还是让香港盈科数码大赚一笔，110 万美元的投资最终收回 1260 万美元。能让投资者在短短两年获利 10 倍以上，足以说明腾讯发展势头之猛。

　　与之形成对比的，是张小龙和他的 Foxmail。在腾讯获得 220 万美元风投的同一时间，2000 年春，张小龙的 Foxmail 也卖了出去，连人带软件一起被博大公司以 1200 万元的价格收购。

　　直到此时，马化腾和张小龙两个天才程序员走的路线看起来似乎依然差不多，1200 万元人民币跟 220 万美元之间也并不悬殊。

　　然而，从那之后，他们的路线不一样了。

　　从程序员变身公司副总裁的张小龙拿钱买了辆车去了趟西藏后，沉寂了 5 年。而这 5 年间，腾讯再次腾飞。2004 年，腾讯在香港主板上市，获得了顺畅的融资渠道，开始迅速扩张版图。收购了张小龙和 Foxmail 的博大公司不甘落于人后，积极谋划上市，却突发资金链断裂，不要说大展宏图，连经营都难以维持下去了。

　　当马化腾因持有腾讯 14.43% 的股权、个人账面财富达到 8.98 亿港元之际，张小龙再度面临窘境，虽不至于再沦落到被人感叹"你可别饿死了啊"的地步，却也是危机重重。

　　除去软件本身差异及个人性格、背景等差异之外，机遇无疑是两

位原本路线相似的天才程序员走上不同发展道路的重要因素之一。被收购这件事对张小龙来说并不那么愉快和令人振奋，他写下的被收购感想被人认为字字如吊唁："从灵魂到外表，我能数出它每一个细节，每一个典故。在我的心中，它是有灵魂的。因为它的每一段代码，都有我那一刻塑造它时的意识。我突然有了一种想反悔的冲动。"

此后 5 年，张小龙的沉寂不难理解。

历史是不能假设的。我们无法想象如果张小龙如马化腾一样也遇到了高交会的机会，成功为自己的软件找到适合的风险投资会是一番怎样的景象，不过，高交会的影响如草蛇灰线般，后续同样影响到这位天才程序员。

2005 年 3 月 16 日，腾讯进行了它历史上第一次收购：收购博大公司，张小龙及其研发团队 20 余人全部并入腾讯。

这场收购的价格至今成谜，据说价格低到腾讯都不好意思说，但腾讯对张小龙的尊重和重视，让张小龙成了外人口中的落魄程序员"中年得志"。

个性孤僻的张小龙不愿去深圳腾讯总部，马化腾就在广州设立研发中心，一年来回 1300 多封邮件，让张小龙将 QQ 邮箱打造成最好的邮箱，而只需张小龙每周到深圳参加一次总裁办公会议。

据说张小龙喜欢睡觉，连每周一次的例会都不愿参加。马化腾便让自己的秘书打电话提供叫醒服务，且派司机在固定时间去楼下接送张小龙——打工打到这份儿上，一半是能力使然，一半属运气爆棚；做老板做到这份儿上，除了心胸宽广、眼光长远，也有财大气粗、不吝赐予的淡定。

六

当时间走到 2008 年，腾讯注册用户数已达 8.9 亿，活跃用户数比 2007 年增加 1.3 亿，年总收入达到 71.5 亿元，同比增长高达 87.2%，成绩亮眼；对腾讯内部而言，最大的惊喜当属张小龙接手 QQ 邮箱后成绩斐然，吸引的用户数出人意料地超越了一直稳居龙头老大的网易邮箱，坐上第一的宝座。

当初的收购能有这番成果实属赚大了，而令人意想不到的惊喜还在后头。

2010 年的一个深夜，张小龙给马化腾发了一封电子邮件："你是要自己革自己的命，还是等着别人来革你的命？"

张小龙说的是 2010 年 10 月美国出现的一款名叫 KiK 的免费短信聊天软件，这款软件面世仅仅 15 天就吸引了 100 万的用户。敏锐的中国互联网人意识到：可以撼动 QQ 社交霸主之位的新产品出现了。

雷军反应最快，研发仅用了一个月，就发布了第一款模仿 KiK 的产品——米聊。张小龙也注意到了这个情况。

马化腾迅速反应："马上就做！"

一个月后，为腾讯赢得移动互联时代最值钱"入场券"的微信发布。张小龙设计的图片分享、语音聊天、"摇一摇""漂流瓶"等功能让人眼花缭乱。后来又推出"查看附近的人"等功能，日新增用户数达到惊人的 10 万以上，仅一年时间用户便突破 1 亿。

如今，微信已成为世界上用户体量最庞大的应用，撑起腾讯市值的半边天。

七

在微信发布的 2011 年 1 月，腾讯同时做了另外一件看起来不太起眼的事：成立腾讯产业共赢基金。此时，距离腾讯争取到至关重要的 220 万美元风险投资已过去了 11 年，它开始反过来进行大规模风险投资。

腾讯先后投资的企业有 600 多家，包括京东、58 同城、大众点评等，投资金额超过 1000 亿元人民币。

2018 年，腾讯在中国创投市场已超过任何一个天使机构，超过任何一家 VC 和 PE 机构，成为中国最大的、最活跃的、出手最快、资金最多的投资机构！

腾讯先后投资的 600 家企业中，已经有 50—100 家初创企业成为估值超过 10 亿美元的"独角兽"。

2017 年一整年，600 家被投企业市值的增长超过腾讯，大大助力腾讯股价涨幅达到 114%，市值增长超过 2500 亿美元。

从最初在高交会上因别人的投资受益，到投资别人自己更为受益，这是一个非常美妙的循环。

2010 年前后，当深圳处在转型时期，诸多企业纷纷离开深圳，"深圳，你被谁抛弃"的论调甚嚣尘上之际，马化腾在中国（深圳）IT 领袖峰会上宣布，腾讯将会长期、永久扎根在深圳："腾讯的情况稍微特殊一点，我们在发展的过程中得到了深圳市政府的大力支持。没有第一届高交会的平台，腾讯是不可能拿到第一笔融资的，也不可能有后来的发展，这一点我们非常感恩，也是我们长期、永久扎根在深圳很重要的原因。"

一米柜台足以影响世界：
深圳制造的狂野梦想

一

第一届高交会上，比腾讯更意外拿到通往财富和机遇门票的，是成立仅 4 个月的深圳朗科公司。

参加高交会时，腾讯 QQ 好歹已经面世 8 个月，有了百万用户，朗科公司拥有的却只是刚刚造出不久的 4 个 8M 容量的 U 盘，连专利权都还没申请过。

U 盘是曾在新加坡工作的两个湖南人成晓华和邓国顺捣鼓出来的。早期的电脑传输数据只能通过不太稳定的软盘，内存有限，且极易损坏。许多人都吃过存储软盘刮花或受潮的苦头，好不容易写好的文件、存好的图片，电脑读取半天跳出"无法读取"几个字，心血便顿时化为乌有。

成晓华在新加坡飞利浦芯片研究中心工作，深受软盘使用不便之苦，潜心研究，找到一点灵感，便邀请老乡邓国顺一起研发全新的方便数据传输的中间设备。

1999 年年初，邓国顺和成晓华放弃新加坡的工作回国，在深圳罗湖水产大厦租了一套二房一厅的房子开始创业。他们在 IT 市场淘了一些设备，又从新加坡买了 4 块 8M 的闪存芯片，差不多半年时间足不出户，"闭门造盘"，不分昼夜地焊接、组装、测试，屡试屡败，屡败屡试，在用坏了 4 台电脑后，终于做出了最初 4 个样品。

可惜，产品有了，后续却推广不出去。他们先后找过国内几家知名大公司，无人对他们的产品感兴趣。当他们得知深圳将举办第一届高交会时，报名已接近尾声。

邓国顺和成晓华抱着最后一线希望——或者说几乎不抱任何希望地找到了高交会组委会留学生组。没想到，负责人看了他们的项目后，不仅当即同意提供免费展位，还安排了免费食宿，又安排《深圳商报》等媒体给予报道。

高交会开幕当天，闪存盘从 3 米的高度落下却安然无恙，体积小到如同钥匙，可以挂在脖子上，小巧、高速、防潮、耐摔，吸引了全场的目光。

郎科很快拿到了第一笔融资，后续又跟 IBM 达成合作。从此，闪存盘取代光驱和软驱，让电脑变得更轻便，郎科的年销售额也从 0 开始迅速达到好几个亿。

郎科的相关专利是中国人在移动存储领域近 20 年来唯一的基础性原创发明专利，填补了中国在计算机存储领域原创性发明的空白，郎科也成为第一家收取外国企业专利费的中国企业。它的机遇大门由

深圳开启，而当回头仔细查究它的诞生时，会发现更离不开深圳。

朗科的两位创始人从海外回国创业，之所以选择年轻的深圳而非其他看起来更有基础的大城市，有不得不如此做的理由。这个理由不太起眼，但藏在他们研发 U 盘的过程中：除了在深圳买不到 4 块芯片之外，其他所有电子配件，都能在深圳轻松淘到。

二

距朗科最初创业的水产大厦五六公里的地方，有一片"电子丛林"。一条长度不足一公里的街道，挤满了成千上万家与电子产品相关的店铺，那就是著名的华强北电子街。

北有中关村，南有华强北；赛格春节关门，全国配件涨价；华强北打一个喷嚏，中国电子市场都得感冒……关于华强北电子街的种种江湖传言总是很生猛，但如果你走过那时的华强北电子街，会发现跟想象中的高大上完全不一样。

黄金时期的华强北各大电子商场，除了少数品牌专柜，密密麻麻挤满的是一个又一个一米大小的柜台，分属不同的老板。每个柜台都有时下最热销的电子产品，也有各种冷门、独特或者特别超前的电子元器件，绝大部分都在深圳制造。操着各种口音的柜员，穿着各色服装，高矮胖瘦特色各异，卖起电子产品来跟旁边女人世界卖服装的售货员差不多，热情招徕生意，举着计算器跟一心砍价的顾客斗智斗勇，喧嚣拥挤一如菜市场。

正是这些看似平凡的小柜台、小人物，令华强北以 1.45 平方公里的小小一隅，拿下"中国电子第一街"的桂冠。

华强北一度被誉为中国经济最活跃的地方。深圳市电子商会会长

华强北步行街

程一木亲历过华强北的市场发盘，仅仅一张铺位申请表，从楼上办公室拿到楼下街上，居然能卖5万块钱。因为大家都知道，华强北电子街一个一米的柜台，一天就可以卖出30万元电子产品，如果能拥有一个档口，一天收入可达百万元……

对于像朗科创始人之类的创业者来说，有这样一条供应如此丰富、采买如此快捷的电子街，实在太重要了。就像一个特意跑到华强北创业的德国人所说："在这里，我用3天时间，就能找到所有我做产品原型的零件。而如果在欧洲，至少要耗费两周的时间，价格还要贵上10倍！"

更夸张的说法是，你从华强北商场的楼上开始买第一个配件，等走到楼下的时候，你就可以装配一台手机了。

三

2010年前，苹果手机尚未引领智能机风尚，华强北的手机市场简直是逆天的存在，据说一年能够推出1200多款"山寨机"，且想象力惊人，三卡三待、四卡四待不是事儿；也有外形像玩具保时捷的

手机，周围带炫酷彩色闪光灯，绝对拉风；有些还自带打火机功能，支持太阳能充电等。当然，跟苹果手机的创新相比，华强北制造的手机创意未免显得小儿科，很快就被淘汰了。

在华强北，发财的人很多，却极少像南山区粤海街道那样诞生一批极具影响力的高新科技企业。

自从电商兴起，加上长达三年的封路整改升级的影响，华强北电子第一街的风光似乎像风一样过去了。但深圳强大的制造能力，并未因此不再发光发热。

就在苹果手机逐步占据中国和全球市场主流之际，2010年，在遥远的非洲大陆，一个中国人自己都没听过的深圳手机品牌——传音悄悄跻身非洲智能手机销量前三；2011年9月，传音手机开始在埃塞俄比亚投资设厂；2017年，全世界好像突然从梦中惊醒般，赫然发现传音手机已经打败苹果、三星，成为非洲手机市场的老大，市场占有率超过45%。

国际知名数据分析机构国际数据公司（IDC）发布的数据显示，2018年全球手机出货量排名，传音位居第四，仅次于三星、苹果和华为；2019年年底，在超过12亿人口的非洲市场，传音手机销售量排名第一，占有率达52.5%！

传音手机之所以能突出重围，在非洲大陆异军突起，实在是因为这个品牌的手机的许多功能和创意大受非洲人民喜爱。而这些功能和创意，都似曾相识。

双卡双待、四卡四待：由于非洲各个运营商信号覆盖参差，彼此间结算成本很高，非洲人通常都有两张以上的手机卡，却没钱购买多部手机，于是经常只能先看手机来电显示，看对方是哪个运营商的信

号，再换上对应公司的卡回拨过去。传音推出的双卡双待甚至三卡三待、四卡四待手机，一劳永逸地解决了他们的麻烦。

电池功能强大：非洲电力基础设施不太完善，容易停电。传音手机的电池可以超长待机半个月，又有火箭般的充电技术，充电半小时就可以坚挺 7 小时，自然大受欢迎。

音量巨大的来电铃声，超长的来电音乐：非洲人民音乐、舞蹈细胞发达，随便给点音乐就能载歌载舞。传音的铃声和音乐设置都适合随地起舞，随机赠送的头戴式耳机更贴合他们跳舞的气质。

适合非洲人皮肤特色的拍照模式：非洲人喜欢自拍，但是普通摄像头很难捕捉和展现他们的美。传音专门研发了适用于黑肤色用户的拍照模式。与一般手机拍照时的脸部识别不同，传音手机会通过眼睛和牙齿来定位，在此基础上加强曝光，让黑皮肤的非洲人拍出更美的照片。

再加上价格低廉等特色，一股似曾相识的华强北制造风扑面而来。没错，传音的确出身于深圳华强北，创始人是曾经的国产手机公司副总，手机最初的研发、制造、组装都在深圳进行。那些有趣却被市场鄙夷、抛弃的创意和制作，终究没有被浪费，而在另一片土地上结出了丰硕的果实。

在财富和影响力的聚光灯之外，更多的是平凡人的劳动。

一个柜台一天就可以卖出 30 万元的电子产品、充电半小时能坚挺 7 小时的电池、能兼容三卡四卡的手机，包括后来能够称霸全球市场的无人机组件，都是由深圳千万间灯火通明的厂房里成千上万普通的流水线工人，用自己的双手一点点地生产出来的。那些藏在流水线背后的普通劳动者，通常学历不高，薪水不高。他们可能永远无法理

解种种发明创造背后的科学原理，也无法想象一天收入 30 万元是什么感觉，却以自己的智慧和敬业，踏踏实实让天才们脑袋里飞翔的灵感和创意，一一落地变为实物，并批量化推到大众面前。

40 多年前，制造业刚刚开始从美国、日本向外产业转移时，华强北还是一片荒地。深圳的拓荒者搭起 200 多平方米的小草棚，从最初级的组装表带、组装收录机开始，10 块钱一台、8 块钱一台地赚，终于攒出了大片工业区，又在短短几年时间内建起了生产工厂，包揽了 20 世纪象征富有家庭的三大件（缝纫机、自行车、收录机）之一收录机 60% 以上的产量，年产量高达 1000 万台，为后来的电子第一街打下了坚实的基础。

从那时开始，强大的制造能力就没离开过深圳。机器的每一次转动，劳动者的每一次抬手，都为这块土地上最狂野梦想的萌芽和繁盛提供了最为肥沃、最为扎实的土壤。

2009 年 12 月 16 日，当全世界艰难地一步步走出金融海啸的泥淖时，7 位来自深圳的普通工人黄冬艳、肖红霞、彭春霞、邱小元等登上了美国《时代》周刊，成为中国工人的群体代表。正如《时代》周刊所说，他们灿烂的笑容、坚毅的目光、质朴的外表、倔强的神态，为"中国制造"贴上了光亮的标签，给处于经济低迷期的世界带来了希望！

非深圳不可的宿命：
大疆的选择水到渠成

一

2014 年 12 月，时任香港特首梁振英访问深圳前海，特意来到大疆无人机公司。

在那之前的一年，大疆消费级"精灵"初代机问世，划时代地将相机与无人机完美地融为一体。有人称它是"会飞的相机"，也有人称它是"会拍照的小飞机"，其意义被认为相当于智能手机中的初代 iPhone。

更令人吃惊的是，这么天才好用的产品，只卖不到 5000 元人民币！要知道，影视剧拍摄租用直升机，一天至少需要 6 万元，而大疆无人机拍摄的效果完全可以与之媲美！

"精灵"系列引发购买狂潮，横扫市场。成立仅 8 年的年轻大疆

迅速朝着占据全球 70% 无人机市场的老大地位进发。

梁振英来到大疆，问了大疆创始人汪滔几个问题，让陪同访问的时任深圳市副市长唐杰觉得非常精彩。

梁振英的第一个问题是：在你成长的过程中，香港科技大学为你做了什么？

汪滔是杭州人，2001 年考上华东师范大学电子系，成绩中等偏上，并没有特别突出。汪滔在大三那年选择退学，向心仪的斯坦福、麻省理工等世界名校发出入学申请。在接连被拒后，汪滔最终进入香港科技大学电子工程系就读。

可以说，香港科技大学是汪滔从小就有的航空梦起飞的地方。在那里，汪滔得以在本科生阶段参加两次机器人大赛，分别获得香港冠军和亚太区并列第三的好成绩，并软磨硬泡地让导师同意他以研究遥控直升机的飞行控制系统作为毕业课题。

也是在香港科技大学，汪滔申请到学校 1.8 万港元的经费用以研究遥控直升机。尽管夜以继日的研究成果最终在毕业演示的时候失败，遥控直升机从半空中掉下来，这让他的毕业设计勉强只得到一个 C，却为他吸引到贵人——香港科技大学机器人技术教授李泽湘的注意。

2006 年，汪滔在读香港科技大学研究生的同时，和两个同学拿着筹集到的 200 万港元跑到深圳车公庙创办大疆。

初创公司有高达 80% 的死亡率，大疆却在最艰难的时候得到来自香港科大的关键性帮助：李泽湘教授为其注资 200 万港元并带来香港科大的人才作为支持。

2011 年，大疆开始走向正规化，又是香港科大创业中心以低廉租金出租给其深圳的办公室。

面对梁振英的问题，汪滔的回答是：香港科技大学在大疆的创办和发展中，充当了辅导者的角色。

梁振英于是问了第二个问题：在你创业的过程中，深圳为你做了什么？

二

说起大疆在深圳的创业，跟许多中小民营企业一样，磕磕绊绊。最典型的场景莫过于汪滔把公司搬到莲花北村时，一起创业的两个同学离开，光杆老总在网上海投的简历中找人。上门面试的求职者一见到莲花北村老旧的房屋心里先咯噔一下，等到敲开门一看是简陋的小作坊，往往掉头就走——深圳就是这么现实。

在深圳创业的头几年，大疆就像所有挣扎求生的初创小企业一样，没什么商业模式，小作坊式经营，做出一个产品就去"我爱模型"这类国内国外的航模爱好者论坛里兜售，成本 1.5 万元卖出 5 万元，倒也能勉强生活。

2008 年，李泽湘带来资金和人才后，大疆的小作坊模式能挣钱了，产品主要卖给国企。"他们买一架机器，我们出一群人去给他们演示，领导看完之后就束之高阁，他们给我们 20 万元。"

赚的是 easy money，小日子过得很舒服。

后来还是汪滔坚持理想，想把公司做大，怕 easy money 毁了公司前进的动力，才腰斩了这种赚钱模式。2010 年，大疆将发力点由直升机转向多旋翼，并于 2011 年 9 月推出多旋翼无人机飞控悟空 –M，这才开始在正确的跑道上跑步向前。

总的来说，在大疆创办发展的过程中，深圳做了什么？汪滔的回

答是：不知道深圳干了什么。

于是梁振英问出第三个问题。这个问题跟前两个问题及其答案有着密切的逻辑关系：既然在大疆创业发展过程中香港科技大学是辅导者而深圳不知道干了什么，那么大疆会不会到香港发展？

顺着这个逻辑，答案似乎理所当然。

然而，汪滔的回答斩钉截铁：大疆只设计，不生产，大疆的每一个螺丝钉都是外包的，而全球最好的科技产品生产链在深圳，最优秀的工程师在深圳。言下之意，只有深圳能成就大疆，大疆也只能留在深圳。

为什么深圳看起来好像什么都没做，大疆无人机却偏偏离不开这儿？

三

造一架无人机，核心材料中碳纤维占据大约 70% 的比例。而碳纤维材料的生产，深圳非常强。

21 世纪初，有外商在深圳投资建厂生产羽毛球拍、鱼竿等，用的就是碳纤维材料。在深圳制造的众多产品中，羽毛球拍和鱼竿没什么名气，碳纤维的制造却在全国占据优势。在此基础上，同样依赖于碳纤维的航模产业兴旺发展，2014 年，全球 80% 的模型产品产自深圳。

从航模发展到无人机，四个字：水到渠成。

《南方周末》曾采访深圳的无人机发烧友，他们如数家珍：华强北遍地都是卖电子配件的商家，市场细分程度很高，店铺供货方向不尽相同。如果要 DIY 能够完成空中转体等高难度动作的无人机，华强北地铁站 B 出口的深纺大厦 2 楼有专门销售穿越机配件的店，可以用

很实惠的价格淘到不同规格的碳纤维材料；至于电条、高密度电池、螺旋桨、遥控器、供电模块等基本元器件，以及切割、加固材料所需的电烙铁、热缩管、胶水、胶枪等专业工具，同样都可以在华强北的格子铺一站式购齐。如果要制造用于喷洒农药等特殊用途的无人机，可以直接找材料生产厂家寻求帮助。多大尺寸的，干什么用的，一说就清楚。比如宝安、福永有两家生产碳纤维、玻璃纤维的工厂，除了特殊规格的机身材料之外，还能定做镜头防水材料、机架抗震材料等。

无人机产业需要的碳纤维材料、航空铝合金、特种塑料、锂电池、磁性材料等，深圳都独占鳌头，可以说，要什么有什么。

水到渠成的巧事不止这一两桩。

深圳是电子之都，手机、手表等产品都有导航功能，深圳市华信天线技术有限公司在这一块做得很成熟。

2010 年的一天，大疆找到华信，希望他们帮忙解决一些开发飞行控制系统时遇到的技术难题，具体来说就是：要在只有拳头大小的飞控内部，装置导航功能。

华信研究了一下发现，由于他们多年来在电子产品领域的积累，大疆的要求其实很容易实现。"技术已经很成熟了，只需要把之前的数据模型直接拿过来修改一下就可以了。"难题就这么轻松解决了。

深圳市格瑞普电池有限公司一直为手机、电动汽车等电子产品提供电池，面临激烈竞争。2010 年，大疆找到他们，说无人机需要爆发力强一些的电池。巧了，这跟格瑞普多年来的技术攻关方向一致。格瑞普只需要简单修改一些参数，很顺利就切换成无人机电池供应商。

有的发烧友调侃："这些零配件本来都是为其他数码产品服务的，到了后来，（拼）在一起正好是一架无人机。"

真的是纯粹的巧合吗?

事实上,目前世界上一半的电子制造产能集中在中国,而中国的大部分产能集中在珠三角区域。就连硅谷的很多创业者都说,中国的优势不仅仅是规模,还有产品的多样性和成熟度。即使是硅谷也无法媲美珠三角的硬件创新速度,以及它在规模和效率上的独特融合。

深圳不仅在硬件供应上水到渠成,在软件领域也同样给人意外之喜。深圳迪奥普公司生产的无人机配备有一款很好用的地形绘图软件,就是该公司的销售总监偶然间在朋友办公室里获得的。

当然,还有一些事情是明面上看不出来的。比如陪同梁振英访问的唐杰就知道,所谓香港科技大学提供给汪滔的创业地是香港科技大学在深圳的孵化点,地、楼都是深圳市政府提供和建设的——但汪滔不知道。

在汪滔创业的过程中,深圳市政府没有直接给予汪滔资金,但这跟汪滔当初不愿意赚 easy money 的出发点是一样的。

"如果当初深圳市政府直接给汪滔 2000 万元,惨了,他就长不大了。这就是深圳市政府和其他一些地方政府的区别。""有的城市出了大疆,恨不得天天大力扶持;但深圳支持的是整个行业的竞争,而不是某个特定的大公司。所有人都只能通过竞争获取资源,这是开放的另一层意思。"唐杰后来接受记者采访时如是说。

四

谁也不知道汪滔关于大疆不可能离开深圳的回答给了梁振英怎样的感想。事实上,2014 年发生了太多事。

那年 1 月,深圳市政府在工作报告中首次提出构建"湾区经济",

粤港澳大湾区的概念由此开始形成，并逐步上升到国家发展层面。

粤港澳大湾区，即由广州、佛山、肇庆、深圳、东莞、惠州、珠海、中山、江门9市和香港、澳门两个特别行政区形成的城市群。这是继美国纽约湾区、美国旧金山湾区、日本东京湾区之后，世界第四大湾区，不仅具有地理区位上的天然优势，是与海上丝绸之路沿线国家海上往来距离最近的区域，也是全球最密集的港口群。

这11座城市形成了完备的工业、服务业、高新技术产业体系，拥有超强的制造与创造力，同时也是中国市场化水平、国际化水平最高的区域之一。这样的11个城市深化合作，未来还会产生多少个大疆，令人期待。

到那个时候，或许再也无须区分到底是香港还是深圳抑或其他城市为大疆们提供了最大帮助。

同样是2014年，那年8月开始，美国以网络安全漏洞为由，禁止军方采购和使用大疆无人机。

美国对以大疆、华为、腾讯为首的中国高科技企业的打压在2017年以后愈演愈烈，不仅严禁军方采购，还大肆鼓吹大疆无人机的安全漏洞。

然而，跟精准狙击华为、中兴，为难腾讯不一样的是，美国在对大疆的打压上吃瘪了。

跟美国的无人机相比，大疆无人机的电池续航能力更强，机体更小巧，具有热成像能力，悬停能力更好。最重要的是，美国品牌的无人机价格基本在2万美元左右，大疆的产品却只需要1000多美元，价格上具有压倒性的优势。

针对美国的制裁，大疆相当幽默且硬核：产品涨价！让羊毛出在

羊身上！

有趣的是，这次涨价不但没有让大疆在美国市场的份额下滑，反而提升了2个点，全球市场占有率达到75%，北美地区更是达到了惊人的85%的市场占有率。

2020年8月，美国不得不宣布放弃对大疆的制裁。

这是美国发动与中国的贸易摩擦以来难得一见的幽默场景。真正的幽默，都是基于绝对实力的从容不迫。

解决最后 2 厘米问题：
深圳海关引领现代化

一

1993 年前后，深圳皇岗口岸的一个工地上常常发生充满火药味的争吵。

在大型项目上发生争吵不稀奇，稀奇的是在这里争吵的双方有点特别：一方是以绅士、含蓄闻名的英国人，另一方则是代表中国国家门脸的深圳海关关员。

绅士、含蓄的英国专家检查工地的施工质量时，常常毫不含蓄地大摇其头，毫不绅士地反复说出很难听的话："什么质量？垃圾货色！"海关关员苦口婆心解释：误差控制在 2 厘米，是合理的……英国专家根本不听，态度恶劣地转身就走。

等到开始安装设备的时候，情况倒过来了。英国专家技术调试不

过关，故障多多，总也弄不好，耽误不少时间，深圳海关的人就把那些难听话原封不动地还给他们："什么质量？垃圾货色！"这下，轮到英国专家气得满脸通红，什么话也说不出来。

类似这样鸡零狗碎的矛盾冲突贯穿整个建设过程，令人很难想象，那里正在进行的其实是一项全球第一的工程，做的是一桩引领全球海关走向现代化的大事。

如今我们习以为常，在海关和其他需要检验的场合，大型货车只需停下来几分钟就能查验完毕，顺利过闸通关。但有一个冷知识却是：1994年以前，全世界所有海关货运都靠人工检验。

所谓人工检验，是由海关关员打开需要检查的大货柜车，翻箱倒柜检查货物是否合规，有无夹藏、走私等。

据天津海关关员回忆，上世纪80年代查验冷冻带鱼，整个集装箱的带鱼都要全部掏出清点数量，往往还没等清点完数量，人已经冻僵了；遇上查验进口精密仪器、高科技设备时，掏箱困难，人钻也钻不进去，急得直挠头。

深圳海关前身是1887年4月成立的香港九龙海关，仅比天津海关成立晚20多年，但业务真正繁忙起来要到深圳经济特区建立以后。不过其业务一旦繁忙起来，工作量就大到可怕。

海关总署要求对货车的查验率必须达5%以上，而当时深圳海关仅皇岗一个口岸平均每天就有大约2万辆货车排队等着过关。一个公章的重量最多100多克，海关关员们每天光是挥动公章给这2万辆货车盖章放行，累积举起的重量就可达数吨！更何况每天要开箱检查的货车至少有1000辆。

尽管深圳海关早在1987年就首先使用了海关报关自动化系统，

大大提升海关报关效率，但开箱检查工作依然是个巨大的困扰。随便一辆货柜车都有一套公寓房那么大，里面堆满数十吨货物，再高大的海关关员站在这些庞然大物面前都显得太渺小了。

该如何从浩如烟海的货物里下手检查？该查哪箱、开哪包？查的时候是简单核对还是一一认真检查？到底该开多少包？……工作难度之大可想而知。

老深圳人都记得早年间文锦渡、皇岗等口岸"铁流"蠕动的盛况。为了等待查验通关，一辆辆货柜车可以从香港的上水堵到深圳的罗芳，从香港落马洲绵延至深圳梅林关，长达 100 多公里。

由于旅客检查工作引进小型 X 光机的效果不错，海关总署和深圳海关不约而同想到：要不，给货物检查也弄个 X 光机试试？

文锦渡口岸排队的货车

二

说来容易做时难。

检查旅客的 X 光好把握,毕竟肉体凡胎,身高绝大多数以 1 米打头,随身携带的货物体积也有限。货柜车则不然,动辄长 6 米以上、高 2 米多,钢筋铁骨,肚子里装着好几吨到好几十吨不等的货物,要靠放射性 X 光"看透"它,就必须有强大的放射源。放射源一强,对人体有多少辐射危险?需要修建多厚的隔层板,设置多宽的安全线? —— 桩桩件件,都是技术性极强的难题。

当时全世界只有英、法、德三个国家在研发大型集装箱检查设备,但均为样机阶段,从没正式运作过。有些设备里用的放射源是钴 60,风险很高;法国的设备虽效果不错,但 3 个月就必须更换一次特殊气体,且必须由法国专家亲自操作,非常麻烦……

总之,一切都是全新的,毫无可借鉴的先例。

时任深圳海关副关长不死心。美国不是全世界科技最发达的国家吗?他特意去问美国的一些检查设备厂家:美国有没有可移动的大型检查设备?

美国人说没有。

副关长很失望:"你们的洲际导弹都能移动,检查设备却不能移动?如果你们 3 年内能造出移动式大型检查设备,我们中国海关保证需要!"美国人听后满脸通红,一句话也说不出来。

最后,深圳海关于 1992 年 9 月分别从德国和英国引进了两台大型检查设备,剩下的土建安装、调试、培训和试运行等工作,只能"摸着石头过河",靠自己消化。

英国专家和深圳海关关员在皇岗工地上的争执,正是深圳"摸着

石头过河"、靠自己消化高科技新品过程中的一点浮光掠影。

更惨的还属施工期间遇到的那场暴雨，就是前文说过的 1993 年那场把大芬村油画整个泡了的大雨。

文锦渡本就是渡口，离深圳河近，地势低洼，洪水汹涌冲过一楼窗台流入机房，把设备全都泡了。深圳海关虽紧急加高窗台，调来抽水机日夜不停向外排水，结果还是避免不了要把德国的机器设备拆下运回德国修理、测试的命运。

这么一来一回，足足耗掉大半年时间，深圳海关受到海关总署的严厉批评。此后，深圳海关赶紧重组班子，明确责任，总结经验教训；再加上各种技术参数调整，索赔谈判不利，双方沟通协调艰难，扯皮麻烦不断……这个"靠自己消化"的过程，委实琐碎艰辛。但是，正是这些争争吵吵、磕磕绊绊、汗水加雨水，带来了耀眼的成果。两台大型检查设备安装完工验收后，使用效果非常好，成为世界海关史上的一次突破。

过去，海关关员哪怕是查验一辆毫无异常的货车，全过程平均也得 2—3 个小时。现在，从车辆进大门到放行平均只需 2.5 分钟，速度提高了近百倍。而且，大型检查设备绝对是"火眼金睛"的。运用 X 射线的扫描成像原理，将数字化信号经过计算机处理产生透视图像，海关分析人员凭借丰富的经验对图像进行分析，无论是集装箱夹层中隐藏的影碟机、暗格里夹带的摄像机、备用轮胎中藏的手表，还是车头座位下的气手枪、油箱里藏着的手机，都无所遁形，一目了然，这大大震慑了走私分子。设备投入使用不到两年，深圳海关就查获案值 1 亿多元的走私案。

此外，查验不再需要开箱，这不仅确保了通关效率，对货主来说

也更加文明、更好地保障了他们的利益。

可以说，从大型检查设备在深圳海关的成功应用开始，全球海关监管工作真正迈向了现代化。

三

世界各国海关负责人纷纷前来深圳参观学习。我国国家领导人也相继前来视察。1994年9月，时任国务院副总理李岚清视察完皇岗口岸后很高兴，对当时的海关总署署长钱冠林说："很好，我回去就请李鹏总理来看看九龙海关[①]。"

1996年3月，李鹏总理视察深圳海关，他十分高兴，鼓励对大型检查设备"应该加大投资"！

1998年，国家有关部门安排清华大学自主研制大型集装箱检查设备。清华大学先后6次派员前来深圳海关参观学习。除操作系统软件因签有保密协议不能开放外，深圳海关将其余全部开放。

在此基础上，清华大学研发队伍研发出新一代大型检查设备，定名"H986"，除供应全国海关外，还远销国外，不到10年时间就出口到60多个国家，为我国创汇56亿美元！

搞定了对装满货物的大型货车的检验，针对空车的通行，深圳海关又在1996年研发电子车牌，实现卡口自动核放，将空车验放由原来的约25秒缩短至3秒之内，效率提升约10倍，大大缓解了口岸的

---

① 中华人民共和国深圳海关前身为"九龙关"，1887年在香港成立。1949年10月，中华人民共和国政府接管九龙关，将其总部机构由香港撤回深圳，并于1950年将"九龙关"更名为"中华人民共和国九龙海关"。1997年7月1日，随着香港回归祖国，"九龙海关"更名为"深圳海关"。

堵塞情况。再配合提前报关、网上申报、电子签名、集中报关的无纸化集中审核，加强后台通关手续办理和监控的力量等一系列业务模式的改革和技术创新的应用，口岸通道堵塞问题得到了解决，消除了进出境物流的"瓶颈"。

到 2003 年，正常重车过卡口时间仅需 4—5 秒，仅皇岗海关的整体通关作业效率便提升到原来的 2.4 倍，相当于再造了一个皇岗口岸！

2010 年，前来参观的欧盟官员感叹："没想到你们这么快又让我们看到了中国海关的奇迹。欧盟在 10 多年前就想到过这种东西，但没成功。没想到在你们中国实现了，你们又一次走在了世界海关的前面。这是中国海关的骄傲！"

在利用高科技产品方面，深圳海关跟深圳本土的高科技独角兽企业一样，总是大胆勇敢地走在时代前列。如今，深圳海关已利用 5G和人脸识别技术研发出 5G 眼镜。帅气的海关关员戴着 5G 眼镜，可自动识别频繁往返深港的"水客"，一旦发现目标，系统便自动报警并和后台形成联动指挥——从在冷藏车里狼狈地一袋袋检查带鱼到酷帅高效如科幻电影的梦幻场景，前后不过 30 余年时间。起初的辛劳愁烦都变得可纪念回味，也必将激励深圳人继续大胆前行。

时刻
二十七

敢闯敢试敢作为：
两本自买账本催生了整个"电子政府"

一

在粤语里，"笋"是"好""划算"的意思。"笋盘"指楼盘物美价廉，性价比高，"笋"形容其发展潜力如竹笋一般，极可能一夜大发。

深圳罗湖的笋岗片区似乎暗合了"笋"的美好寓意。

特区建立之初，广深铁路和深圳铁路北站的建设都在笋岗一带。火车一响，黄金万两。多年来，深圳人提起笋岗后面必定带上"仓库"二字做后缀，正是铁路带给笋岗的红利。这里被规划为仓储和转口贸易基地，1982 年起先后建成大型仓库 80 多栋，就业、租金等方面的收益十分可观。

笋岗居民的生活也比其他地方的更有滋味一点。发往香港的各种

货车，包括供港鲜活货车都要在笋岗停下接受检查，在车上待了几天的鸡呀猪呀，挤坏的、跌断腿的都在这儿被挑出来淘汰掉。只要没有瘟病，检查站宰杀后便可出售。在其他地方的人只能凭证购买每月限额1斤到1.5斤的猪肉时，笋岗的居民就能每天买到便宜实惠的"傻猪肉"改善生活了。

特区建立短短几年，更大的机遇再度降临到笋岗，这一次是跟外贸商品的出口转运有关。

深圳当时的远洋航班很少，一个星期只有几条航线去往欧美，货柜也少。为了保证效率，大量的出口货物经陆路先运输到香港，在香港找个仓库放起来，等国外有买单时再直接出口。

香港房租本来就贵，再加上仓库严重不足，仓租逐年升高，到1987年已涨到让很多出口商受不了了，1988年更是直接涨了62%，让很多出口商望而却步。与之形成鲜明对比的是仅一个口岸之隔的深圳笋岗，交通便利，设施先进，仓库遍地，租金和人力成本比香港便宜一大截。

可问题也正出在"一个口岸之隔"上。过了这个口岸，货品经过海关查验，就算出口了，客户想要随时可以发货；没过这个口岸，哪怕只差临门一脚，客户下单了也只能等着办理各种出口手续、慢慢等候海关查验。

深圳的出口商们做梦都在渴望跨越那道近在咫尺却天涯相隔的屏障：既能便宜实惠租用笋岗仓库，又能让他们快速出口货品。

1987年2月份的一天，深圳海关给了他们一个圆梦的机会，由笋岗办事处召集相关企业开了一场座谈会。与会的除了各出口商，还有每天三趟输港鲜活货品的相关负责人。会议氛围可想而知，极其活跃，

诉苦有之，从自家利益出发的建议有之，相互反驳讨论有之……众说纷纭中，深圳海关注意到了其中一个企业不起眼的提议："企业能否腾出一个仓库给海关监管？"

这是一个相当大胆却也并非毫无来由的提议。

二

国际上早就有特殊关税区，中国海关总署也有关于免税店的管理办法。

免税店开在出入境口岸的机场、车站、港口等地，向办完手续即将离境或尚未办理入境手续的旅客销售免税商品。这些免税商品一般从国外购买，存放方式正符合"企业腾出一个仓库给海关监管"的做法：存放在海关指定的仓库、场所，并受海关监管。这样，货品既能享有特别关税，又不需要次次接受检验检疫，可随时从仓库取出卖给顾客。

假如深圳的出口厂商都可以效仿免税店，专门在笋岗留出一个接受海关监管的仓库，货品一进仓库就办完出口所需的一切手续，后续接受海关监督，客户下单时可直接运往香港口岸发货，岂不美哉！

不过，这只是个美好的梦想，全国没有过这样的先例。免税店卖的货品左右不过是些化妆品、包包、特产之类，种类有限、数量有限，监管起来比较简单。深圳的各大出口商，包括鲜活货品在内，卖什么的都有，体量上动辄装满一集装箱，监管起来可不容易。

但好消息是：深圳海关愿意担起这个责任，摸着石头过河。

这年11月，深圳海关笋岗办事处的工作人员跑到文具店买了两本账本，企业一本，办事处一本，用于登记进出仓货物，一场意义重大的改革就这么普普通通地开始了。

海关当时的监管要求是非常严格的，比如一个货柜不能装不同公司的货物，同一家公司不同的货物也不能混装；又比如监管仓库必须"双锁"作业，由海关和仓库企业双方共同加锁。

海关是 8 小时工作制，企业收货哪有这么规律，很多货车晚上才能到达仓库。为了方便企业，同时也为了避免货物被掉包、丢失，深圳海关关员们跟着企业更改工作时间，起早摸黑。没有仓单模板，自己设计；没有经验可循，自己琢磨……经过近一年的摸索，1988 年 9 月 1 日，我国第一家出口监管仓正式成立——深圳笋岗仓库企业有限公司的 825 仓库。

出口监管仓实现了众多出口企业朝思暮想的美梦：货物从生产线下来，直接拉到笋岗监管仓就算出口了，再也无须跑去香港租贵得要命的仓库！企业生产"零库存"再也不是梦！

海关出口监管仓的创办非常轰动，全国各地的出口厂商闻风而动，纷纷把货运到笋岗仓库。笋岗仓库成为重要的进出口货物流转中心，面积一度达到 10 万平方米，年货物吞吐量最高时达 500 万吨，创造了多个全国第一：最大的多功能现代化商业化仓库区、首个出口监管仓库、首家建设 5000 吨现代化大型冷库、首家设立进口保税仓……

从商家一句不经意的建议、两本自买的账册起头，直接让深圳笋岗仓成为中华第一仓，这是深圳海关监管模式改革创造的第一个奇迹。

三

就在笋岗海关监管仓正式成立那年，台湾商人郭台铭到深圳投资建厂，从代工做到外贸，生意兴隆，蒸蒸日上，富士康很快成为年出口额超过 7 亿美元的大厂。

可是到了 2001 年，全球经济持续低迷，中国外贸出口面临前所未有的严峻形势。深圳海关主动对加工贸易产业进行深入调研，结果不太乐观，收集到的报告里外贸出口企业纷纷诉苦，嚷嚷生意难做。富士康保税工厂更是叫苦不迭。因为富士康主要做 IT，行业变化快，一步迟，步步迟，产品极易被淘汰。可是"有了合同，不光需要外经部门审批、银行建立台账、海关保税备案，还有一大堆批文、登记要应付，来回穿梭，疲于奔命，没有半个月甚至更长时间，进口配件别想进入生产环节"。哪怕只是把生产电视的材料转用作生产电脑这种微末的生产细节，也需加签合同，照着上面的流程重新来一趟漫长的"公文旅行"。时间就是生命，这话对 IT 行业来说绝不是一句悬浮的口号，而是真的生死攸关。

时任深圳海关关长龚正看到这些报告后，立即指出："创新，创新才是唯一出路，我们要做经济发展的'推动者'，绝不能成为经济发展的'绊脚石'！"

但，要怎么创新呢？

上一次创新，海关将监管工作从口岸前置到了仓库。如今，网络大潮的兴起势不可当。调研过程中，富士康等高科技企业规范化、现代化、网络化的管理模式给海关人员留下了深刻印象。海关也有自己的网络啊！利用网络，海关也许可以把监管再度前置，直接接入工厂的生产环节？

灵感就这样来了。

深圳海关的设想是，通过联网，把各方数据汇集到一个平台上，资源共享，交流、交换，省下政府主管部门及海关的大量重复劳动，也能为企业节省大量宝贵的时间。

富士康负责人主动找到海关，表示愿意做改革实验的"小白鼠"。

富士康勇气可嘉，而且它的保税工厂本身就是封闭式的，相当适合海关进行监管。不过深圳海关还是相当谨慎：富士康是超大型企业，生产运作一秒钟都不能停，万一监管改革造成企业损失，海关能承担得起这样的责任吗？

此外，海关只是一个部门，不能包打天下，加工贸易涉及方方面面多个部门，单凭海关就能推得动这么重大的改革吗？

再说，数据联网，泄露了怎么办？

面对种种一望可见的困难，深圳海关关长站起身激动地说："困难有很多，但我相信办法总比困难多，我们要有敢为天下先的精神，遇到问题，我们就逢山开路、遇水搭桥。"

四

富士康的主管海关——深圳海关下属的梅林海关承担起改革的重担。

为了确保"业务不断、监管不乱"，梅林海关的关员们放弃节假日休息，常常工作到午夜之后，累计加班达 6000 多小时。

另一头，系统的开发、测试也在紧锣密鼓地进行。项目组的一个工作人员说："每天从机房出来，我的头都是晕的，眼都是花的。"经过一个多月的艰苦奋斗和反复多次的测试，进口物料归并、电子数据交换关务系统的开发等工作顺利完成。

全国第一本联网企业"电子账册"、全国第一个直接从企业内部计算机管理系统通过网络自动导入报关系统的平台，让富士康成为中国首家联网监管的保税工厂。

"中华第一仓"

联网监管的好处太多了！富士康原本有 40 本需要提前半年备案的纸质合同，联网监管后都可以作废了；备案作业以前需要 11 个工作日，联网监管后只需要 2 个小时。以前，哪怕是把生产电视的材料改作生产电脑都需要经历漫长的"公文旅行"向海关报备，联网监管后，不管多么纷繁复杂的高科技产品，不管怎样变换产品、更改研发方向，海关只需要通过电子账册就可一目了然。

2001 年第一季度，深圳海关的联网监管模式在富士康保税工厂试运行不到三个月，其出口额就达到 7.5 亿美元，逼近富士康整个集团头一年全年 8 亿美元的出口额！而且，就凭着跟海关联网的电子账册这个卖点，富士康以其背后潜在的生产高效率一举拿下 20 亿美元的订单！

其他企业原本叫好但观望，在看到富士康的亮眼成绩后他们坐不住了，热情高涨，纷纷要求参与这一模式。于是，在富士康保税工厂

的模式上，深圳海关又做了一个简易版本，适用于那些不具备封闭式管理条件的企业。

很快，银行也加入联网，单向的海关—企业联网变成海关—企业—银行联网。后来，外经、税务部门也逐步加入，"电子政府"的雏形隐约可见。

短短一年时间，联网监管几乎覆盖了深圳所有外贸出口超亿元的企业，这些企业的出口额占据深圳加工贸易的半壁江山。在整个世界经济低迷之际，深圳高新技术产业出口比前一年反而增长了30%，达到100余亿美元。

富士康作为勇敢参与创新的"小白鼠"，受益是最明显的。它旗下首家联网企业鸿富锦精密工业（深圳）有限公司联网第一年就在外贸形势严峻的情况下，出口额从8亿美元逆势猛增到20.95亿美元，2002年更是高达45.21亿美元，稳居全国企业出口首位，并在此后多年保持出口额第一的位置。2004年，富士康母公司鸿海集团出口突破百亿美元，成为全球第一大3C工厂。

在种种精彩纷呈的过往里，很少有人知道并记得在严峻形势下勇敢站出来，用改革为企业逆势推开效益大门的那些普通的海关工作人员。但是有些话，在我们面临难关、前路未卜时，永远可以用来激励我们勇敢前行："困难有很多，但我相信办法总比困难多，我们要有敢为天下先的精神，遇到问题，我们就逢山开路、遇水搭桥。"

时刻
二十八

勇敢按下城市的"暂停键"：
从深圳起步的气象灾害预警

一

　　任何城市的兴起都必然伴随对大自然的改变和破坏，人们喜欢称之为"征服"。然而，在大自然真正的力量面前，无论多么发达的城市都不堪一击。

　　1993年是深圳经济特区建设蓬勃发展、机遇多多的一年，却也是备受自然灾害困扰的一年。那年暴发的大洪水，冲毁了大芬村的油画、困住了来访的尼泊尔国王、泡毁了深圳海关从德国进口的大型检查设备……事实上，那年发生的水灾不止一次，带来的也不仅仅是某些单位和个人的经济损失。

　　作为滨海城市，深圳每年6月份以后进入台风季。1993年袭击深圳的台风多达7个，其中2个带来了严重的风雨灾害，造成严重影响：

6月16日、17日的持续大暴雨造成深圳市区严重内涝，最深处水深达2米多；凤凰山脚下的武警边防总队红岭医院发生山体滑坡，泥土冲进医院病房和生活区，死伤惨重。短短两天时间，深圳直接经济损失达7亿元，死亡11人。9月25—27日连续三天大暴雨，导致市区多地受淹深达1—3米，全市受灾人口13万，死亡14人，直接经济损失7.64亿元……

那一年，深圳人辛苦奋斗365天创造的生产总值是449亿元人民币，平均每天1.23亿元左右；大自然随便发威5天便直接造成14.64亿元经济损失，平均每天2.9亿多元，对人民生命财产造成的其他损害更是难以估量。很多报道将之形容为"重创了腾飞中的深圳"，毫不夸张。

上世纪90年代，深圳市区水灾

自然灾害难以避免，好在，人类可以选择采取积极的态度去面对它。

二

那时候，我国沿海地区面对台风暴雨的方式比较"淳朴"，只是在一些沿海港口悬挂防御海上台风和大风的预警风球。毗邻深圳的香港却已经有较为完善的灾害预警信号发布体系。

面对难以避免的天灾，深圳采取积极的态度。深圳市政府于1993年年底派出市三防办、市气象局和市水务局的专家赴香港学习考察。通过在香港渠务署和香港天文台的学习考察，专家们回深后立即着手起草《深圳经济特区防洪防风规定》，并于第二年3月5日经深圳市政府第77次常务会议审议通过。

《规定》制定和通过的效率很高，解决的棘手问题很多。它打破了传统观念中气象局的角色定位。

过去，气象局只负责发布消息，别人听不听是别人的事。深圳第一次将其发布的预警信号写入政府规范性文件，相当于让气象局成为灾害预警的"发令枪"。只要这把发令枪打响预警信号，市三防办、各区人民政府、各有关单位和驻深部队、武警、预备役部队及基干民兵等都要听令动起来。

也因此，这份文件的标题不是强制力不足的"指南""指引"，而是"规定"，里面使用的词语是"措施"。

这个规定文件也首次梳理清楚了预警信号发布的各种操作细节。

在没有手机和互联网的时代，广播和电视是覆盖率最广的传播方式。但在电视台等处发布消息需要经过广电部门严格的层层审核，电

视节目都是头一天录好第二天按照程序播出。坏天气可不会乖乖等待审核。凌晨、半夜、节假日，灾害随时会来，假如灾害预警不能在 15 分钟内向公众传播，就失去了预警的意义。

对此，深圳明确规定了灾害预警一次性授权批准。

也就是说，气象局可以直接将预警信号传真给电视台播出部，播出部只要确认是气象局发来的就直接录入播出。假如没有按规定在 15 分钟内播出预警信号，相关人员是要被追究行政甚至刑事责任的。这就强而有力地保证了气象灾害预警信息的传播。

我们如今习以为常的遇到一定级别灾害天气全市停业、学校停课的规定，也是在这个文件里第一次出现的。

"全市停业"四个字如今看来稀松平常，在当时却是观念上的极大挑战。那时候中国人崇尚的是艰苦奋斗，都喜欢"与天斗其乐无穷"，更何况是在推崇"时间就是金钱，效率就是生命"的深圳。什么能让深圳全市停业？谁能作出全市停业的决定？

深圳相关部门反复讨论，最终从保障人民生命财产安全出发，达成一致意见：在热带气旋影响深圳，平均风力8级以上，阵风11级以上，部分地区的降雨已达 100 毫米以上时，除抢险救灾、医疗以及保障居民基本生活必需的公共交通、供水、供电、燃气供应等特殊行业外，全市停业。

三

《深圳经济特区防洪防风规定》在 1994 年 6 月由当时的深圳市市长厉有为签发实施后仅仅一个多月，1994 年 7 月 22—24 日，深圳再度面临灾害天气考验，大暴雨强度和持续时间与 1993 年那两次大

暴雨相当，三天总雨量高达 474.5 毫米。

灾害带来的冲击相似，但人类积极应对的态度可以改变很多事。

7月22日那天，深圳市气象局首次发布了暴雨预警信号，成为全国气象灾害预警发布的里程碑，深圳也成为全国第一个发布气象灾害预警的城市。提前发布预警使得政府组织防灾措施到位，这次暴雨灾害比1993年造成的死伤人数和经济损失明显下降。

由于气象灾害预警防灾效果显著，沿海各省市纷纷效仿：2000年11月《广东省台风、暴雨、寒冷预警信号发布规定》正式颁布实施；2003年8月1日起福建实施气象灾害预警信号发布机制，该气象灾害预警信号由台风、暴雨、高温和寒冷四类主要灾害性天气组成；2004年3月1日起上海实施《上海市灾害性天气预警信号发布试行规定》……

在深圳开展气象灾害预警工作11年后，中国气象局《突发气象灾害预警信号发布试行办法》正式施行，气象灾害预警在全国得到了普及。

气象灾害预警为深圳的防灾减灾做出重大贡献，深圳再也没有出现像1993年那样的全市大面积内涝的灾害。不过，道高一尺魔高一丈，大自然的挑战总是层出不穷、出人意料。

2006年8月初，南海海面上出现了一个不甚起眼的热带低压，短短一天后突然摇身一变成为让人如临大敌的台风，且行踪十分诡异。

根据种种迹象，气象专家最初判定这个名叫"派比安"的台风将登陆海南，谁知，它加快脚步直接跑到了广东，直指广东台山到阳江沿海；等北抬到北纬19度附近时，这个台风突然放慢速度，磨磨唧唧花了近20个小时向西南方向走了个抛物线；等到8月3日凌晨又

突然加快速度再次北抬，直奔粤西沿海，于当晚 7 时 20 分在阳西和电白沿海交界地区登陆。

按理说，这个台风似乎对深圳影响不大，然而其裙扫效应却带来狂风暴雨，导致罗湖、南山两区广告牌和围墙倒塌，造成两人死亡，同时造成南澳 80 多艘外地渔船无法回港上岸避风。

深圳市、区两级政府组织渔政、海事等部门对受困渔民展开大营救，遗憾的是仍有一名来自陆丰的渔民因渔船被强风吹翻而溺水身亡。

面对大自然的诡谲和灾害的防不胜防，深圳并没有将责任推给天，而是走上让气象灾害预警精细化的路子。

四

深圳靠山近海，东西狭长，东西差异、海陆差异和地域性差异十分显著，东边日出西边雨，罗湖福田下大雨、龙华龙岗艳阳高照是常事；年最多雨量与最少雨量的地区平均差异高达 1000 毫米。全市统一只发一种预警信号，势必造成一些地方出现空报，或者需要发布更高一级预警信号的地方出现漏报，导致险情。

此时移动通信已较发达。借助移动通信商的通信网络，以 1 平方公里为网格单位，深圳市政府将深圳市划分为约 2000 个网格，分区域为深圳市民提供免费气象灾害预报预警信息。

这是全国分区预警的先河之作，从 2007 年启动至今，在罕见暴雨、多次台风防御中的表现堪称不俗。

以深圳大运会气象服务保障为契机，2010 年，深圳又进一步推出精细到全市各个街道的降雨和气温预报，可以在 3 分钟内完成所有精细化预警信息的一次性制作，并通过网站、手机短信、邮件、传真、

小区广播、电视台等多种渠道同步分发，使得气象灾害预警信息发布时效从以前的 30 分钟一下子提高到 3 分钟。

这一创新尝试被中国气象局命名为"大城市精细化预报服务深圳模式"，在全国推广。

当然，自然灾害永远不会停止，自然灾害加上人为疏失带来的伤害更是层出不穷。尽管深圳已经将气象灾害预警信息发布精细化到街道、时效提高到 3 分钟，2019 年 4 月 11 日的短时极端强降雨灾害还是带来了重大损失。当天，在气象预警后，水务局方面于 19 时 12 分在工作群转发天气预报，20 时 30 分转发了黄色暴雨信息，21 时 28 分要求施工单位组织人员对凤塘河施工围堰进行相关处理。但施工单位对降雨存有侥幸心理，麻痹大意，没有及时撤离河道施工人员，最终导致 11 人死亡的重大事故。

对此，深圳痛定思痛，市气象局与市应急管理局联合发布《深圳市主要气象灾害风险提示》并逐年更新。这意味着单纯的气象预警开始向风险预警转变。此后，在实践中证明，光是气象预警远远不够，向风险预警转变非常重要。

在强大无情的大自然面前，无论城市还是个人都无比脆弱，生死不过一瞬；所幸，在灾害过后总有人选择不逃避、不抱怨，一次次重新站起来，用积极冷静的态度、科学创新的方式去应对，这就是人类真正强韧的力量所在。

运通九州，服务民生：
一日三餐吃出了全球物流

一

自从荔枝节摇身变为高交会并取得极大成功，深圳人对展会见多识广，国际家具展、机械及机具制造企业展、母婴用品展、玩具展，等等，什么类型都见过。

不过，2006年举办的一场展会还是令许多深圳企业感到疑惑，不知如何参展，甚至不知道它究竟能干什么。

那场展会在当时是个新鲜事物——国际物流暨供应链管理博览会。许多企业疑惑：物流展会能干什么？物流和供应链，不就是用车、船、飞机运运原材料、发发货吗？能展览交流什么呢？

事实上，早在这之前四年，深圳就决定将现代物流作为与高科技、金融并列的深圳三大支柱产业之一，并出台了促进发展的相关政策。

不过，2004年深圳市物流协会想要举办展会时，并没有身为三大支柱产业协会该有的气魄和手笔。由于囊中羞涩，协会先委托一家会展公司对办展的可行性进行了研究，后来好不容易得到深圳市经信委和广东省外经贸厅的批准和支持，展会才办起来。可见，当时无论是对企业还是个人而言，物流都是一个相当陌生的、不受重视的领域。

那么，是什么给了深圳市委、市政府早早把物流作为深圳三大支柱产业的信心呢？

事情要从看似跟现代产业风马牛不相及的一个领域的一次革新说起。

二

若论什么产业是深圳从边陲小镇走向大都市路上最无关紧要的，毫无疑问是农业。

深圳在2004年宣布成为全国首个无农村、无农民的城市。深圳的步子敢迈这么大，自然是因为农业产值在深圳生产总值中占比极小，不足1%。

稍微有点生活常识、关心柴米油盐的人立刻就会操心起来：没有农业，深圳上千万（2004年为800多万）常住人口，每天吃菜怎么办？

米面等主食相对来说耐储存，也经得起长途运输，蔬菜瓜果肉蛋鱼这些鲜货则娇贵多了，其生产既受限于季节、气候，也受限于地域，运输、保存难度也大，稍有不慎就烂了、坏了，没法入口。

早在上世纪80年代末，随着百万"拓荒者"和淘金者的大举涌入，菜篮子问题就开始严重困扰深圳。不放开物价的话根本买不到菜。1984年放开物价后，隔壁广州5分钱一斤的大白菜，运到深圳要卖1

块钱一斤，疯涨 20 倍。

1988 年，许多省、区、市刮起的"抢购风"刮到深圳，菜价更是上了天，1 斤大白菜 10 元钱，时鲜的荷兰豆每斤 20 元钱——当年深圳人月均工资 282 元，连 15 斤荷兰豆都买不起。

深农集团的前身深圳市农产品批发公司临危受命，于 1988 年 8 月成立。

农产品批发公司不是什么新鲜事物，各地都有，属于国有部门，垄断各地蔬菜、副食品的批发。深圳农产品批发公司的成立是由市政府决策和牵头的，看起来似乎没什么不同，但从决策之初，深圳就决定不再搞国家包揽，而是大胆改革，让企业来办菜市场。所以，市政府只拿出 200 万元垫底，剩下的投资由深农七家股东每家拿出 100 万元，再跟保险公司贷款 700 万元解决。

1989 年 2 月，在荆棘丛生的布吉河畔，布吉农批市场紧锣密鼓地动工了。

跟短短 8 个月就完工的高效率相比，更令人惊诧的是，动工仅 3 个月，布吉农批的建筑物刚刚封顶，农批公司就学房地产开发商的样，卖起了"楼花"，向批发商兜售市场交易档的档位，而且促销、服务方式花样百出。

跟国有商业部门冰冷生硬的管理方式相比，布吉农批令人耳目一新。它的档位不仅租给国营、集体户，也放宽给私营、个体户，租用年限越长优惠越多——如今商场的常用套路，在当时却不可谓不大胆。那时的电话比现在最新款的苹果手机还新潮还昂贵，考虑到布吉比较偏远，交通不太便利，布吉农批竟主动掏 70 万元安装通信电缆，又掏 100 多万元安装了足足 300 部可以直拨长途的电话机，专供批发商

1989年，布吉农批开业典礼

使用。由于大多数商户是外地户口，布吉农批又贴心细致地主动帮他们办理暂住证、为他们的家人提供临时宿舍、联系附近的中小学让他们的孩子能够就地上学……

"企业办市场，市场企业化"的农批市场实在与众不同、令人心动，效果也非同凡响。布吉农批尚未开业，第一批70多家批发商就已签订租赁合同。浙江萧山的副市长跑来推销著名的萧山萝卜干；江西赣州一个拥有10万亩良田的农场，租下档位销售后来名噪鹏城的特产江西丝苗米……

"布吉模式"轰动全国，建成当年就有24个省、区、市进场设点，第二年上半年累计收入租金达2600万元，远远超过投资总额，且一举让深圳的蔬菜价格下降17%，水果价格下降14%。有关部门也终于可以以蔬菜批发价为准，限定零售价格的涨幅，有效抑制了菜价。

说到这儿，很多人可能会说：很棒，可是这跟物流有什么关系呢？

三

有一个简单而惊人的事实是：布吉农批的交易量，在其开业第二年就跃升全国第一，并蝉联榜首多年。

每天凌晨时分，当人们还在酣睡时，布吉农批已经是灯火通明、车水马龙、人声鼎沸。大卡车、小货车、手推车川流不息，蔬菜交易区的喊叫声此起彼伏，海南的椰子、柳州的白糖、东北的菇娘果、陕西的红富士……品类繁多，应有尽有。而将这背后的数字具象化，就是一番极其宏大繁忙的物流景象。

布吉农批成立10年后的2009年的一些数据，为我们解释了现代物流的重大意义。

2009年，布吉农批全年农产品销售额136亿元，销售量260万吨，平均每天销售农产品多达7100余吨。体量如此庞大的货物，如果用火车运送，通常一火车皮可以装60吨，每天需要近120节火车皮才能运完，相当于每天要为布吉农批专门开两列货车；如果以冷藏车运送，长途冷藏车一般能拉20吨，需要350多辆车才能把7100多吨货拉到布吉农批——是每天都需要这么多辆车送达，不包括跑在路上的那些车。

再者，由于布吉农批售卖的农产品品种丰富，多达7000多种，分别来自全国30个省、区、市以及世界40多个国家；同时，这些农产品不仅仅供应深圳市场，还销往华南、华中及全国多地，并通过香港转口东南亚和欧美非一些国家。

也就是说，这个在地球仪上看起来连一个黑点都算不上的小小农批市场，每天牵动着这颗浩瀚蓝色星球的各个角落，牵动各类物资源源不断地从海里到天上到陆地，从飞机、轮船、大货车到三轮车、自

行车再到人的两只手，深入细致地流动着，充满活力——这或许正是"物流"两字本初的意义。

健康的血液流动能滋养人的生命，强大的物流能滋养城市以及产业本身。

布吉农批很快成为当时中国最大的农产品集散中心、信息中心、价格指导中心和转口贸易基地，使得农业生产极其薄弱的深圳不仅没被吃菜问题困扰，还屡屡开创农产品行业之先河、引领行业新风，编织出一个覆盖整个中国的"菜篮子"。

新颖的电子商务网络交易，深农集团很早就开始试水。它在深圳、南昌、上海、长沙、北京、成都、西安、柳州、合肥、惠州、昆明、沈阳、南宁等16座大中城市，除了投资建设大型实体农产品综合批发市场外，还建设了6个电子交易市场、1个综合网络服务平台。糖、茧丝、棉花、花卉、冻品、粮食等农产品都可以在电子交易市场进行现货交易、流通。

过去，这些农产品受到地域、信息不畅的制约，再加上产品标准化程度低，再好再有名的产品也只能影响周边省市。有的时候，广东、香港紧缺大量棉纱棉线，而江西偏远小城的棉纺厂却大量积压棉纱棉线；有的时候，有些蔬菜产量大大过剩，卖价极其低廉，不知情的农户却依然按照惯性大量栽种……

在深农打造的大宗农产品电子商务大平台上，这些产品终于冲破了时空的限制，进入全国大流通，生产和销售信息得以顺畅交换和共享；许多只在本地有名的优质农产品也大大扩大了销售范围……仿佛武侠世界里打通了任督二脉的高手，南菜北运、北果南运、西菜东输……布吉模式下，沈阳、北京、山东、合肥、南昌、深圳等地区的市场连接形成了南菜北运及北果南运的物流通道，而东西线的银川、

成都、西安、合肥、上海等市场也打通了西菜东输的通道。

2009年，这个网络体系内农副产品年交易量超过2000万吨，年交易额超过700亿元，占全国较有规模批发市场交易总量的近10%。

当年《深圳晚报》的报道告诉我们：每天，有近7万吨农产品通过深农旗下各地批发市场走进上亿家庭的厨房和酒楼饭店的餐桌；每天，熙熙攘攘的各大批发市场进出车辆达4万多台，进场交易人数达20万人，为4万户批发商、超过5000万农民创造了财富大平台，解决10多万城市人口的就业。

布吉农批的母公司深农集团于1997年在深交所上市。从最初政府垫付200万元起步，到2009年，短短20年，深农集团就发展成为总资产74亿元、净资产29亿元的大型现代化农产品流通企业集团。

在布吉农批之前，中国人恐怕从没想过，批发蔬菜瓜果肉蛋鱼这么接地气的生意，居然能批发出一个上市公司；更难以想象的是，这个批发市场所在的城市，自己出产的农产品少到可以忽略不计，其凭借的完全是优秀的农产品流通体系才得以"运通九州，服务民生"。

有这么多的难以想象，那么，深圳市委、市政府会在深农集团上市5年后，将现代物流定为深圳三大支柱产业之一，也就不难想象了。

时刻
三十

万里之航不藐毫厘之差：
亚洲最佳码头盐田港的奇迹

一

深圳是个港口众多的城市，有蛇口、赤湾、妈湾、东角头、盐田、福永机场、沙渔涌、内河8个港区。西部蛇口港的开发早已为人所熟知，打响了改革开放的第一炮。与蛇口港筚路蓝缕的创业之路相比，位于东部的盐田港的开发要从容、阔气得多。

盐田港位于梧桐山脚下，旁边是深圳著名海滨浴场大小梅沙，西接中英街所在的沙头角，港区深入大鹏湾湾底，水域纵深约20公里，水深浪小，海面开阔，天生就是一个深水无沙良港。深圳市委、市政府从一开始就决定将它建设成为世界级大港。

香港富商李嘉诚早已关注到这个跟香港九龙半岛隔海相望的港口。根据盐田港官方年鉴，1989年盐田港起步工程完成，第三年李嘉诚便

在电话里跟相关方面谈到了具体投资份额，并于 1993 年砸下 60 亿港元巨资建设盐田港一、二期码头。

60 亿港元，那是中国当年收到的最大的一笔投资——与之形成鲜明对比的，是头两年投入使用的深圳机场的总投资额不过 9.84 亿元人民币。

看到这个数字对比，很多人会产生疑问。自古以来，中国人头脑中对码头、港口的固有印象，就是忙碌、杂乱和粗粝。建码头，不就是把海岸整理加固一下，把地平整一下，能有什么技术含量？建设机场的要求不比它高多了？怎么建一个盐田港要花掉的钱比建机场多那么多？

理由嘛，第一，自然是因为它大，非常大。

二

盐田港究竟有多大？

截至 2018 年，盐田港码头面积达 373 万平方米，有深水泊位 16 个、龙门吊 222 台，航道水深 17.6 米，泊位总长 7885 米。

单调的数字可能不太好理解，形象一点来说，2020 年，盐田港其中的一个港区，曾罕见地同时靠泊了五艘全球最大的 20 万吨级集装箱船。

20 万吨级集装箱船是什么概念？

2021 年发生了一场全球瞩目的航运事故，一艘中国台湾的货轮把整个苏伊士运河堵了个严严实实，造成全球海运大梗阻。那艘罪魁祸首的"长赐号"货轮，正是 20 万吨级别的。

这样的庞然大物，居然有五艘之多，一齐稳稳当当驶入盐田港并同时停泊在同一个港区，没相撞也没撞坏边岸。跟苏伊士运河的堵塞

一对比，盐田港之大，确实大到难以想象。

建设这样的巨型港口，花钱多，似乎没那么难以理解了。更何况，还有更出人意料的地方。

大，就难免粗笨，更何况是港口、码头这类一向看似粗粝之地。谁能想得到呢，这样巨型的港口，它的码头不但大，竟然还连续获得中国建筑工程、设计方面的双重大奖——鲁班奖和詹天佑奖。

鲁班奖是中国建筑行业工程质量最高荣誉奖。作为业外人士我们或许勉强能想象，港口码头看起来比博物馆、酒店等建筑物简单，但把巨型港口、码头修得扎实好用，肯定有不为外人知晓的技巧和难度，获得工程质量方面的最高荣誉，可以理解。

詹天佑奖就不太一样了。用业内人士的话来说，詹天佑奖主要体现建筑的创新性、先进性与权威性，想要入选，工程首先得有特色，所以拿下詹天佑奖的多半是我们熟悉的北京"大裤衩"、广州"小蛮腰"

盐田港

这类特色建筑。一个粗笨的码头到底要怎样精致、创新、先进，才能拿下这个奖？

三

中交第四航务工程局参与建设了盐田港区二期工程。

该工程是 1997 年东南亚最大的集装箱码头工程，要建三个 5 万吨级的集装箱泊位及配套设施，施工标准却精细到了毫米。

"拼桩头板差了 3 毫米，就坚决不让过，一定要返工。"

建设伊始，李嘉诚的香港和记黄埔港口控股公司作为业主，提出了"五十年不大修"的理念，按照国际通用的 FIDIC（国际咨询工程师联合会）条款管理，严格遵循合同规定的技术规范和质量标准，也就是说要同时符合"英标"和"国标"。

中交四航局相关负责人高其彬回忆第一次跟"英标"的碰撞，被 3 毫米的标准缠住，感慨万千："实在是艰难！"但"标准就在那里，为了争口气也要做好"。

为了巨型工程中一个小小桩头板的 3 毫米之差，施工方反反复复去做，直到抠得达到标准为止；在这个过程中又应用了透水模板、桩内锚锭技术、高性能混凝土、嵌岩斜桩施工技术等各种新工艺、新材料、新技术。

如此一来，不难理解该工程于 1999 年顺利竣工后为何能荣获交通运输部优质工程奖，第三年又荣获中国建筑工程鲁班奖——这是华南地区水工工程首次获得国家工程质量最高奖项。而 2002 年开始建设的盐田港区三期码头 9 号泊位工程则同时拿下鲁班奖和詹天佑奖。

对普通读者而言，工程建设中的管理到底有多创新，钢轨铝热无

缝焊接、钢筋剥肋滚压直螺纹连接等技术到底有多先进，掰开来讲恐怕要古今中外、来龙去脉地大讲个三天三夜，还未必能听懂。总而言之，该工程原定4年完成，却被优质、高效、安全地压缩到了2年，创造了建港史上的奇迹，不但拿到双料大奖，还被评为首届"中交品牌工程"。

细节是魔鬼，双奖代表的极高的建筑质量、超乎想象的创新和先进性，体现在容易被忽略的各种细枝末节上。

比如说，盐田国际码头建造有4套可移动式岸基船舶供电系统，覆盖10个15万吨至20万吨级的泊位，可满足全球最大型集装箱船舶的用电需求。有了这个供电系统，船舶靠港后可以直接接用岸上供给的电力，不再需要用燃料发电。船舶发电用的辅机一关闭，就能大大减少二氧化碳、二氧化硫的排放，也可以大大减少悬浮物和噪声污染。

再比如说，龙门吊是码头操作必不可少的大型工具，以前使用龙门吊必须用柴油发电作为动力，盐田港积极进行油改电，一下子便节省了80%的柴油消耗，废气排放减少八成，并大幅降低了噪声，极大改善了港口的环境。此外还有港区码头内常见的拖车，盐田港逐步换为液化天然气拖车，与柴油拖车相比，可降低废气污染排放量约82%。

细致、先进到极点便是艺术。美丽的画面出现在2017年12月12日，盐田港10号灯浮附近出现了一只可爱的海豚，在港口海面上悠然嬉戏。海豚是一种对海水水质要求极高的生物，而这是它们在一年之内，第三次在盐田港海域现身。

四

李嘉诚的和记黄埔在2005年又增投近70亿港元给盐田港。时隔13年后增加如此巨额投资，足以说明盐田港带来的回报何等丰厚。

1994 年，盐田港一期码头迎接的第一艘船舶便非同凡响，号称"世界船王"的"马士基·阿尔基·西拉斯号"集装箱船。"世界船王"进港的同时，国际海运龙头马士基也成为盐田港码头的股东，这也意味着盐田港区开通了第一条国际航线。

那年 7 月，从盐田港发往国外的第一个集装箱，里面装的货物十分可爱：满满一箱由美泰公司生产的泰迪熊玩偶，目的地是美国。

从发出第一箱泰迪熊玩偶到发出第 1 亿标箱，盐田港只用了 18 年；从 1 亿标箱到 2 亿标箱，只用了 8 年。如果将这 2 亿标箱首尾相接，可以绕地球赤道 30 圈；如果将它们摞在一起，可以填满从地球到月球的距离。

短短 26 年，盐田港走完了许多世界大港几十年甚至上百年的路程，堪称港口发展史上的奇迹。而这背后，正如和记黄埔增投巨资时所说：乃是因珠江三角洲地区经济迅速发展，导致对港口服务的需求急升。

就在和记黄埔增加巨额投资前一年，盐田港迎来了自身发展中的一个重要拐点：国务院批准盐田港建设 0.96 平方公里的区港联动范围，成立盐田港保税物流园。

所谓区港联动，就是让盐田港保税区与盐田港天然区港成为一体。0.96 平方公里等于 96 万平方米，相对于 373 万平方米的码头，只占约四分之一。

但就是这四分之一范围内区港联动的税收、海关政策优势、全国第一的航运网络与码头操作效率，犹如打通了盐田港的任督二脉。

盐田港保税区是全国 15 个保税区中为数不多的与港口、铁路、公路全都相连的保税区：距深圳机场不到 1 小时车程；距沙头角口岸仅 2 公里左右，到香港极其方便。铁路方面，平盐疏港铁路可连接广

深铁路，并与京广、京九铁路大动脉相连，通往全国各地。公路方面，通过梧桐山隧道、盐田坳隧道和东部快速干道可以与深圳市城市公路网和广东省高速公路网融为一体。

再加上与环球物流设施及服务供应巨头普洛斯公司合建国际物流园，引进包括力又、嘉里物流等世界知名物流企业，盐田港区后方物流业得到快速发展。

通过区港联动的模式进行运作，盐田港不再只是单纯的泊位码头、仓储物流的中转运输，而是成为华南地区的全球采购配送中心和中转集装箱货物的集散地。

大数据背景下，客户慢慢不再需要租用仓库把货物囤积在码头等候航班，零库存物流周转方案正在成形；全系统信息平台上流动的数据元素，可以从订货、舱位、提单、转运、仓储、加工实现全供应链服务……

2004 年，正是深圳市委、市政府将现代物流定为三大支柱产业之一的两年后，区港联动的政策，让传统的港口和码头真正成为现代物流的重要一环。

正是在这之后，盐田港开始用它的 26 年追赶上世界其他港口上百年的步伐。它逐步成为全国集装箱吞吐量最大的单一港区，也是目前中国内地远洋集装箱班轮密度最高的单个集装箱码头。

2016 年 7 月，在第九届 Seatrade 亚洲海事颁奖典礼上，盐田港以出色的服务水准、领先的码头设备以及绿色环保理念荣获"亚洲最佳码头"大奖。

2017 年，盐田港集团本地港口集装箱吞吐量首次突破 1400 万标箱，连续 10 年超过千万标箱，利润连续 13 年超 10 亿元，总资产达

到 274 亿元，是全球效益最好的码头，每周航线约 100 条，其中欧美航线占 60%，一年的货物吞吐量占到了深圳市场的一半。

2018 年 5 月，盐田国际集装箱码头又荣获"亚洲最佳集装箱码头"大奖。

五

以盐田港为核心的东部港区，以蛇口港、赤湾港为核心的西部港区，"双宿双飞""相争相爱"，是深圳现代化物流产业的强大力量。

东部港区以欧美航线为主，内与国铁网络无缝对接，将国际码头延伸至江西、重庆、四川、湖南、云南等内陆地区，提供内陆工厂至码头一站式服务。

西部港区以亚洲近洋航线为主，蛇口港拥有 74 条亚洲航线，同时也是华南地区重要的粮食、建材集散中心和内贸集装箱中转口岸，海铁联运服务延伸至长沙、株洲、醴陵、衡阳、昆明、南昌及韶关等内陆区域，搭建起了一条贯穿东部和中部的运输通道……

将地球上的这些线和点画出来，是一幅浩瀚宏大、活力充沛、令人震撼的脉络图画。为这幅宏大图画打底的，是一次次为拼好桩头板 3 毫米之差而流下的汗水，是海豚在其间徜徉跳跃的美好。

让异想天开落地生根：
一路开挂的深圳机场

一

前文提到过一次金钱数额上的强烈对比，一定给你留下了印象，那就是盐田港 1993 年获得李嘉诚高达 60 亿港元的投资，早它两年建成的深圳机场总投资额却仅有 9.84 亿元人民币。

以当年的兑换汇率计算，60 亿港元约合人民币 39.6 亿元。也就是说，在差不多的时间里，深圳建机场花的钱还不到建盐田港一个港口的四分之一。

我们自然而然会产生第一个疑问：深圳机场比盐田港小很多吗？

答案是：不仅不小，反而大很多。

截至 2017 年，盐田港码头面积为 373 万平方米；深圳机场飞行区面积是 770 万平方米，航站楼面积 45.1 万平方米，机场货仓面积

166 万平方米。

就陆地部分来说，深圳机场比盐田港大了两倍还不止。

即使在机场刚建好、规模较小的 1991 年，建设机场也牵涉到珠江口方圆 9000 亩滩涂的平整和改造——9000 亩等于 600 万平方米，依然远远大于盐田港的陆地部分面积。

那么，第二个疑问自然又来了：是因为机场建设的自然条件比码头好，所以相对简单、可以少花钱吗？

深圳机场离盐田港只有 60 公里，走高速只要不到一个小时。因此，盐田港是天然良港这个好消息对于深圳机场而言却是个坏消息，这意味着滩涂地有平均深度达 6—7 米、最深处达 16 米的淤泥。

淤泥打底的软炽炽地基，要如何强而有力地托起一架架飞机驶向蓝天呢？只能往下面打花岗岩填充。如此一来，成本必然不会太低。

那么，明明没多少钱，深圳为什么还要自找麻烦，选择在滩涂地建机场呢？就没有别的地方了吗？

这就要从早年间流传的关于深圳机场选址的一些民间传说说起了。

二

很长一段时间里，很多人都相信深圳机场的选址是由一个根本不懂航空的工程师在一张印有深圳地图的图板上趴了整整一个星期而最终找出来的——宝安区黄田的一块地。

这个民间传说之所以颇有生命力、流传甚广，首要原因大概正如我们所见，黄田那块滩涂地并不太适合建机场，不知内情的人猜想是由不懂行的人闭着眼睛挑出来的，情有可原。其次嘛，大概也因为深圳当时还是个 18 线小城却"异想天开"要建机场。

深圳最开始有建机场，甚至建国际机场的想法，是早在 1981 年前后——要知道，首都北京的国际机场在 1980 年才启用。

那个年代，飞机不是一般人坐得起的。买机票不仅需要出具单位介绍信，乘机人还必须是县团级及以上干部。一名普通干部一个月的工资是买不了一张飞机票的。

国际航班就更不用说了。一个小小的细节可反映国际航班乘客有多"稀缺尊贵"：从 1975 年开始，乘坐中国民航国际航班的旅客都能免费获得一瓶茅台酒，这一规定直到 80 年代末才取消。

能坐得起飞机的人本就少，且深圳旁边的广州作为历史名城，很早就有军用、民用机场达 8 座之多，白云机场、天河机场运力强大；隔河相望的香港，启德机场国际航线众多，业务繁忙，当时的港英政府也在积极选址建更大更新的机场。两相夹击之下，深圳建机场能吸引到几个乘客，前景实在不太乐观。

中共中央、国务院在 1981 年的 27 号文件中对特区建设规定：特区的机场、海港、铁路、电信等企业，应允许引进外资，由特区自营或中外合营，自负盈亏——"自营""自负盈亏"等字眼，在当时许多人眼中相当于风险警告。

投资大，乘客少，自负盈亏，风险极高——这种情况下深圳还要"一意孤行"搞机场，能搞出什么好的？瞎选机场地址似乎也就不稀奇了。

但其实，正因为建机场的可能性很小，深圳才格外小心，选址更是慎之又慎。

三

深圳市委、市政府从 1982 年初就开始机场的筹建工作，组织完

成相关报告递交国务院。

报告交上去后再无动静。深圳并不气馁，1984年年初又积极争取国务院特区办、电子工业部、国家计委、国家民航局等方面的意见和建议。

这次，总算是理出了一条建机场的"路径"：先成立机构，进行以选址为主要内容的可行性研究；选址确定以后向国务院递交立项报告；待国务院批复立项后，再从技术上、经济上进一步开展可行性研究；待可行性研究报告批复后开工建设。

这条路径，实话实说，看起来很美，而深圳真正能把握的却只有前两步。

别看四步里占了两步就以为有了50%的可能性，真正的难度全在后两步那儿。后面的两步细分起来又可以分为好多步骤，任何环节卡住了，可能性就一次全部归零。

不过，只要有1%的可能性，深圳就开始积极行动。

选址方面，后海湾是第一优先选址。对于这块地方，深圳的算盘打得啪啪作响：位于经济特区内，离香港新界不远。当时香港启德机场的业务已经饱和又没处扩建，港英政府为了选地方建新机场已经研究了十几年。假如深圳机场建在后海湾，不但地质条件适合，货运方便，还可以跟香港一起合建机场，共同使用。

可惜兜头一盆冷水泼了下来。

深圳建机场是一个涉及面相当广的问题，包括与空军，还有港英当局等一系列的关系。当香港方面表示不赞成后，深圳不得不放弃了后海湾。

那之后的选址工作异常艰难。

黄田其实是后海湾之后的第二选择，但很快被否定了。除了在海边，淤泥多，建成后机场跑道容易变形，影响飞机起降安全等原因外，黄田位于特区外，在人员进出、货物税收等方面跟特区内存在差异也是一个重要的原因。

备选的地址还有白石洲、阳台山、内伶仃岛、同乐村等十几个，都不是太理想，论证花了很长时间，迟迟定不下来。深圳建机场的第一步，也就迟迟跨不出去。

所幸，时间永远站在不灰心不气馁的人这边。

当深圳建机场的路径痛苦地卡在第一步时，时间的流转却神奇地改变了后两步的难度。

1982 年申请建机场的时候，深圳市生产总值为 8 亿元人民币，仅为广州的 11%、上海的 2% 左右；两年后再度请示的时候，深圳市生产总值已升至 23 亿元人民币，接近广州的 17%；再过一年，深圳市生产总值达到 37.8 亿元人民币，与安徽省会合肥相当，小县城跃升为中国二线城市。

这只是从数据上直观看到的发展，深圳作为经济特区的兴旺势头展现在方方面面，包括人口爆炸式的增长：1982 年，深圳常住人口为44.95 万人，到 1984 年几乎翻了一倍，达到 74.13 万人，1987 年更是爆发式增长到 105.44 万人。

钱多了，人多了，整座城市对外对内的贸易交流更是极度活跃。

正如前文中提到的，从 1982 年起深圳笋岗片区便建起几十栋仓库用于储存全国各地来的货物；为了满足各大企业的出口需求，海关创新改革设置了海关监管仓；仅一个布吉农批就牵动着无数人的菜篮子——深圳的物流需求极其旺盛，未来可期，建机场的计划不再是过

去的"异想天开",而是变得"很有必要"。

于是，神奇的一幕出现了：1987年5月，在深圳尚未确定机场选址，还未跨出第一步时，后面最难的问题就已经解决了，国家批准深圳建民用机场。

四

深圳市政协原主席周溪舞在接受《深圳特区报》采访时，回忆了最终定下机场选址的经过。

那是刚跨入1988年的第一天，国务院主要领导到深圳检查工作。为了尽快解决机场选址问题，领导同志坐上直升机亲自查看了几个机场的备选地址。

直升机从南山区的中海直直升机场起飞，首先向阳台山方向飞去。当飞临阳台山上空时，看见下面阡陌纵横、村庄密集，电线、道路密如蛛网，有着丰富电力工作经验的国务院领导同志说，建机场跟建电站一样，最怕的就是搬迁移民，耗时费力又费钱，后遗症又多。

看完阳台山后，直升机又飞向白石洲方向。从机上望下去，这一带海岸线很美丽，城市建设已有了一个清晰的轮廓。国务院领导同志说，这里还是留给你们搞城市建设吧。

直升机又向西乡方向飞去，看了福永、黄田，直到珠江口才转回来。

查看完毕，国务院领导同志在深圳主持会议，听取、论证各个方面的意见，并明确表示，深圳机场是由深圳筹资兴建的，机场地址最后还是由深圳市定吧。

深圳市委、市政府综合包括空军在内的各有关方面意见，再度倾向于选择黄田。

关于黄田场地的淤泥问题，水电部长江葛洲坝工程局在葛洲坝工程中有过类似施工经验：把跑道底下的淤泥挖起来，然后填上花岗岩夯实，这样跑道质量和飞行安全是有保证的。

至此，深圳建机场路径的第一步终于跨了出去：黄田被确定为最终机场选址。

1988 年 12 月 28 日，深圳机场的建设飞速走到了举行盛大奠基典礼的这一步，从此拉开了建设大幕。

五

自从让最初的异想天开落地开花，深圳机场的建设之路，处处都闪烁着将不可能变为可能的开挂光芒。

拿着区区 9.84 亿元投资，搞定了比盐田港码头更大更难的土地平整改造，很不可思议。其实，在深圳机场奠基典礼后 10 个月，时任香港总督也宣布了香港国际机场的建设计划。

香港国际机场选址历经 10 余年，最终的选择比深圳的珠江口滩涂地更雄心勃勃——填海，其总造价更是达到 1600 亿港元——1989年，中国内地总外汇储备为 55.5 亿美元，相当于 429 亿港元，还不到香港机场总造价的三分之一。

一河之隔，深圳机场的总投资连香港国际机场的零头都够不上。

假如让香港机场的建设者们看到深圳机场位于一间车库里的寒酸筹建处，总共只有 3 名工作人员外加 3 张办公桌、6 把折叠椅、8 个玻璃杯、1 台电风扇和 1 部电话，他们恐怕很难想象，这种地方筹建出来的、花的钱还够不上自己一个零头的机场，竟然正式动工两年多便真的通航了，比他们快了将近七年。

当然，深圳机场最"炸裂"中国民航界的还不在于投资额的多寡、施工的快慢，而在于深圳建的是"自己的"机场。

当时国内的民用机场，无一不是由民航总局直接管理、国家出钱建设的。深圳却破天荒自己出钱、自己建设，并且由自己管理，这对当时人们头脑的撼动，不会比填充滩涂地小。

就自己出钱而言，深圳机场筹集的资金，有1亿元是通过发行债券直接跟市民"借"的，另有部分项目引进了外资和其他企业，还有一部分是由深圳市政府做担保跟银行贷款的，只有一小部分是市委、市政府和民航总局支持的——总之，9.84亿元投资里很大一部分需要还债，利息光想想就够让人窒息的。

有巨额债务在屁股后面追着跑，机场建设快、准、狠似乎顺理成章。

其实黄田场址的滩涂地处理起来并不容易，淤泥挖完会重新漫上来。机场法人代表陈干万请来各地专家"会诊"，临施工前，提议把机场整体向北移两三公里，这样，就正好可以把区域内五座山挖出的土石填埋到淤泥区域。

这个移山填海的设想在深圳人手中变成现实。深圳机场建设挖填的土石方量达到2000万立方米，开挖的土石方，如果修成一条1米宽、10厘米厚的路，长度可以绕地球赤道一周，可以说又创造了一个奇迹。

不过，创造的奇迹再多，如果后续的管理环节没做好，亏了钱，还不了债，前面的奇迹便都不作数了。

在这方面，深圳机场再度"秀"了一把。

"管理规范化""成本探底""品牌建设"这些专业经营理念，在30多年后的今天依然值得许多企业学习，而深圳机场当时的大胆前卫却是现在很多企业学也学不来的。

1993 年轰动全球的深圳文稿竞价会，深圳机场候机楼有限公司出资 8.8 万元，带头购买王东华的社会学专著《新大学人》和史铁生的短篇小说《别人》，凭此接连登上国内外众多媒体诸多版面，8.8 万元花出了堪比 88 万元的广告效果。

深圳机场通航那年，权威机构曾经预测旅客吞吐量为 88 万人次，但实际上通航仅一年就达到了 166 万人次，跃居全国第七。两年后深圳机场便如愿升格为国际机场。通航五年后，深圳机场旅客吞吐量达 434.65 万人次，一跃成为中国第四大城市机场。2003 年，深圳机场旅客吞吐量突破 1000 万人次，正式跨入全球百强行列。深圳机场客货流量保持年均 20％以上的增长速度，又创造了世界民航史上的奇迹。

当初建机场欠下的看来十分巨额的债务，自然早就还完了。作为国内投入产出比最高、经营效益最佳的机场之一，深圳机场仅 2009 年一年的利润总额就达 9 亿元，2013 年以后年利润更是迈上 12 亿元台阶。

深圳机场

当然，谁也不知道明天会发生什么。就在我们回顾深圳机场过去开挂的历史时，由于新冠肺炎疫情突如其来又长久难消的影响，深圳机场跟全球其他机场一样，经受着方方面面的巨大压力，营收遭受重挫。

也正是在这样的晦暗时刻，我们更需要回看 30 多年前，时间是怎样神奇地将"异想天开"和诸般不理想来了个惊天大逆转。

诚然，在那逆转到来之前，所有的等待、争论是那么漫长和焦虑，充满痛苦。但对永不灰心丧志的人和城而言，那个逆转的瞬间总会到来。总而言之，明天，总是新的一天；明天，也总值得期待。

为弄潮儿提供最广阔舞台：
全国唯一海陆空口岸齐备之城

一

香港砵兰街，一条因"古惑仔"系列电影为大众所熟知的街道，1993 年之前却并非如电影里那般灯红酒绿、引各方"枭雄"竞折腰。在砵兰街老居民的回忆里，那时街上没什么店铺，堪称冷清。

情况从 1993 年开始起了变化。一个后来被香港记者称为"水货佬"的年轻人来到砵兰街，开了一间小店铺。

水货佬，是香港、广东一带对夹带走私者的称呼。在砵兰街开店的这个"水货佬"，夹带的货物却很难定义其价值。那些货物，对需要的人来说价值连城，有时甚至生死攸关；但如果丢在大街上，不过是废纸几张、破铜烂布一丁点，捡去卖废品还嫌累着腰。

怎么会这样呢？

1992 年，邓小平视察南方，受南方谈话精神鼓舞，那之后有 8 万多家香港工厂转移到内地，据统计，其中 5.3 万多家转移到了珠三角地区。

生产流水线转移了，但设计、销售等部门却留在具有关税、人才优势的香港，正是所谓的"前店后厂"模式。

这种模式好处很多，但缺点也很明显。那时，公司各部门间的沟通交流，一部分可以通过电话、传真实现，但还有许多事项是必须通过公函、文件等进行确认的。别看香港跟珠三角许多城市之间开车只需几个小时，但邮寄一封轻飘飘的信件，要通过海关，极有可能得折腾上两三天才能从"前店"送抵"后厂"。而生产流程中出点小岔子是常有的事，如果临时更改一个方案或者换几个小配件都要让昼夜不停的生产线等上两三天，那黄花菜都凉了。

在砵兰街开店的"水货佬"王卫，最初就是利用自己的身份，在珠三角和香港之间来往，靠两条腿替朋友夹带一些合同、信函、样品和报关资料等物件，解他们的燃眉之急。所以他夹带的货物才显得那么特殊，对需要的公司来说价值连城，甚至生死攸关，对其他人而言却不过废纸一张。他所得的，也不过是朋友塞的红包，权当跑腿的一点辛苦费。

然而，当有一天他帮朋友、朋友的朋友、朋友的朋友的朋友捎带的东西越来越多，整个拉杆箱都装不下的时候，时代的浪花骤然间拍醒了这个并不算真正的"水货佬"的年轻人。

二

人人都羡慕时代的弄潮儿，然而当时代的巨浪席卷而来时，绝大

多数人是懵懵懂懂、无知无觉的。有些人被水流裹挟着扑腾挣扎，虽辛苦，倒也幸运收获浪潮送来的鱼虾蟹蚌；有些人还没反应过来，一不留神就被浪打翻，空余哀叹；更有些人偏要逆潮流而动，最后落得被碾压吞噬的下场。

极少数幸运的弄潮儿则像王卫一样，不但看见了巨浪，更能把握浪潮的律动。

1993 年，王卫来往珠三角跟香港间夹带信件仅仅一年左右，就果断跟父亲借了 10 万元人民币，在顺德注册了一家名叫顺丰速运的公司，同时在香港的砵兰街租了店面用来接货和派货，正儿八经做起了快递生意。

那时候，小老板王卫经常往返于顺德和香港间的陆路通道，有时也倚重番禺到香港和澳门的快船，跟深圳的接触不多。但他所成立的顺丰速运，神奇地在某些节点上跟深圳现代物流的发展牢牢对上了节奏。

顺丰速运成立的同年，或者更确切地说，前后脚不到两个月时间，1993 年 5 月 5 日，深圳机场及其附属的福永码头经国务院批准正式对外开放，成为我国第一个空海联运的对外航空口岸，深圳机场也因之成为国际机场。

由于在此之前深圳在陆路上已经有罗湖口岸和文锦渡口岸、在海路上已经有蛇口口岸对外开放，深圳于是成为我国首个且至今仍是唯一一个同时拥有陆海空口岸的城市，且水陆空铁口岸俱全，为现代物流的发展奠定了雄厚的基础。

从那年开始，深圳口岸的规模不断扩大，很快成为全国口岸最多的城市；深圳各大口岸的国际航班、出入境游客、出入境车辆、进出

罗湖口岸

境货物、集装箱数量等全都飞速增长，成为全国最繁忙的口岸，承担了全国80%以上的车辆和60%以上客流的通关任务。

有一个很形象的数据：2012年深圳口岸仅出入境旅客数量便高达2.19亿人次，平均每天59.9万人次，相当于每天都有一个中等规模城市的居民通过深圳的各大口岸进进出出。

如果说，在1993年这个时间节点上，把深圳海陆空全方位口岸开放为现代物流奠定雄厚基础和顺丰速运的成立说成"合拍"太牵强的话，那么，2002年顺丰速运再度跟深圳物流业发展对上节奏，就不能不说缘分颇深了。

三

1996年大红的"古惑仔"系列电影中见不到王卫和他的小伙伴们的身影，但砵兰街的居民都认可，是顺丰速运的忙碌兴旺带旺了整条

街。那时，内地经济腾飞，香港和内地间商贸往来频繁，王卫的快递公司生意越做越大，员工越来越多，不但吸引了更多人到砵兰街开店做买卖，其本身也如滚雪球般发展起来。

到2002年时，顺丰的业务在全国各地尤其是华南地区遍地开花，拥有多达180多个网点，几乎垄断了所有的通港快件业务，行驶在通港公路上的快件货运车，有70%都属于顺丰。

2002年，在普通公司和民众还不太明白物流和供应链的重要性、相关协会名称还叫作物流与采购联合会的情况下，深圳市委、市政府公布实施了物流纲领性文件《关于加快发展深圳现代物流业的若干意见》，正式将现代物流业确定为支柱产业。

相比于港口集装箱、飞机、火车皮等动辄几十吨的物资运输能力，相比于马士基等国际物流巨头，以及深圳自己培养的怡亚通、招商局、腾邦等专业做大件物资流通的物流企业，快递只能算物流业的一个小分支，不过，其服务的人群之广、对大众生活影响之深，是不可取代的。

正是在深圳公布实施加快现代物流业发展若干意见的2002年，顺丰速运把总部搬到了深圳。在寸土寸金的深圳市中心地带，顺丰几乎租下了整栋位于福田区的万基商务大厦，作为总部办公场所。

相关资料显示，万基商务大厦为甲级写字楼，租金不菲，有25层，标准层面积是500平方米。由于没有顺丰当时具体的租金数据，哪怕仅以1平方米100块钱的价格计算，每月租金便高达125万元，更何况还有管理费、装修费等其他不菲支出——为了搬到深圳，顺丰实在是下足了血本。

再加上这栋大厦距深圳市委、市政府所在的市民中心仅四五公里，开车只需12分钟左右，距离福田区政府更是仅约2.2公里，慢悠悠走

过去也只需十几分钟，于是大家顺理成章得出一个推论：顺丰将总部搬来深圳，一定跟深圳市的发展规划有关，肯定跟相关部门经过认真的沟通协商，才会这么一拍即合。

事情最有趣的地方出现了：顺丰将总部设在深圳，完全是企业自主行为，深圳相关领导去北京参加邮政部门的会议，才偶然得知自己的城市竟然有一家快递行业的龙头企业。在这之后政府部门才给予了顺丰一些政策优惠——聪明的弄潮儿总是深知风往哪里吹、水向何处流。

而把准时代大潮的律动，带来的回报也格外丰厚。

四

从 2003 年开始，深圳的现代物流产业发展气势如虹。深圳港以大跨越式的发展，连超中国台湾高雄市、韩国釜山市，进入千万级港口序列，牢牢占据世界第四的排位；深圳机场的物流也呈几何级数增长，2003 年到 2007 年仅用四年时间就实现旅客吞吐量从 1000 万人次到 2000 万人次的突破，货邮吞吐量更是达到 61.6 万吨，跻身国内民航机场第四，步入世界最繁忙机场的行列。

与此同时，以水路运输、船务和货运代理、仓储、陆路运输为主要服务内容的现代物流服务开始起步；深港之间的跨境物流和对香港的支线船中转运输业务也活跃起来。陆路方面，深圳"七横十三纵"高快速路网和"十五横十八纵"国省干道网建设不断推进，打通了深圳的"主通道、主动脉、主骨架"；盐田物流园区、前海物流园区、航空物流园区等物流园的陆续建设更让现代物流业如虎添翼……

顺丰速运跟深圳现代物流产业同步，同样发展出了如虹的气势。总部搬到深圳之前，顺丰的业务主要集中于华南地区。2003 年"非典"

暴发，航空公司生意惨淡，借空运价格大跌之机，顺丰与扬子江快运签下包机 5 架的协议，第一个将民营快递业带上天空，为顺丰的"快"奠定了江湖地位。顺丰从此铺开了一张全国性的立体网络，三年后便在国内建了 2 个分拨中心、52 个中转场、1100 多个营业网点，服务范围覆盖了国内 20 个省 100 多个大中城市（包括香港地区）及 300 多个县级市或城镇。

2004 年，顺丰的年销售额达到 13 亿元人民币。

2009 年年底，顺丰航空正式获准运营。顺丰一次性购买了两架属于自己的飞机——这是中国民营快递企业第一次拥有自己的飞机。

2017 年，顺丰控股登陆 A 股，市值达 1900 多亿元……

王卫的成功，个人的眼光、能力固然重要，但在通往成功的路上，在正确的时间出现在正确地点的那个瞬间，尤为关键。

留取丹心照汗青：
一个富商站在广深高速前的抉择

一

早年间，中国农村许多地方刷在白墙上的口号，少不了六个字：要想富，先修路。

这六个字绝非为押韵生拼硬凑，乃是从众多成功经验里总结出的财富密码。这些成功经验，自然有不少来自改革开放前沿阵地的深圳。

铁路、港口和机场对深圳经济腾飞起到巨大作用。不过，无论运送的是货物还是人，无论用何种方式运抵深圳，将其送抵目的地的最后那几公里，还是得靠陆地上的公路。

邮轮选择豪华还是平价，飞机选择头等舱还是经济舱，带来的旅途感受大不相同。但公路面前人人平等。若公路好，坐普通大巴也可以舒舒服服；若公路不好，开豪车照样颠簸起伏，堵车煎熬。

上世纪 80 年代初，内地的改革开放吸引了一大批香港企业家组团到深圳、广州等地参观、投资，为首的包括霍英东、李嘉诚、包玉刚、胡应湘等人。当时广州到深圳只有 107 国道，全程 150 多公里，开车至少要五个小时，这些身价不菲的企业家，即使坐的车比较高档，也只能跟贩夫走卒一起忍受漫长的路途。再加上路上河道较多，中途必须摆渡，极为折腾，若遇上台风暴雨，更是苦不堪言。

胡应湘跟李嘉诚一起在广州投资建设中国大酒店，频繁往来广深之间，他给深圳提出一个建议：修一条直通广州的高速公路！

高速公路好，开车又快又稳又方便，哪个城市不想拥有高速公路呢？但卡脖子的地方通常在于：太贵，没钱。

修一条直通广州的高速公路造价至少百亿元，而深圳直到 1989 年生产总值才过百亿元。

胡应湘却说：没钱也可以建高速公路。

为什么呢？因为修好以后可以收费，就有钱了。

可是，要如何跨越从没钱修到修好后收费这道天堑？

胡应湘说很简单，用未来的收费作为担保，去银行贷款就行了。

这个思路对于当时的中国人来说有点过于悬乎。民间传说里被嘲笑的空想家，手里至少得握着两个鸡蛋才敢做鸡生蛋蛋生鸡无穷尽发大财的白日梦，这高速公路连颗沙子都还没落下，就敢拿不知猴年马月才能有的收入去找银行贷款，简直比痴人说梦更天方夜谭。

但是，这个建议由胡应湘提出来，就绝非痴人说梦。

二

胡应湘和李嘉诚在广州合作兴建中国大酒店，将"BOT 模式"首

次引进内地。

"BOT 模式"即"建设—经营—转让"模式,是国际通行的私营企业参与城市基础设施建设、向社会提供公共服务的一种常用方式。

以中国大酒店为例,广州免费提供土地,胡应湘和李嘉诚出钱建设;酒店建好后由港方独立经营 20 年,20 年后在正常营业的情况下酒店全部财产移交广州市政府。这样,香港公司能赚到钱,广州不费什么成本就得到一座五星级酒店;而好的酒店不但能大大提升广州旅游业的品质,其先进的酒店服务、经营、管理经验更能提升广州服务业的水平。

"BOT 模式"第一次引进深圳,同样也跟胡应湘有关。

中国大酒店在 1984 年建成后,设备装修各方面都很先进,可惜酒店三天两头停电,胡应湘意识到电力供应的重要性。而 1984 年之前深圳也没有电厂,电力供应完全跟不上经济发展的需要,建电厂成为迫在眉睫的需求,但建电厂需要的巨额资金,对当时生产总值只有 20 多亿元的深圳而言是个天文数字。

胡应湘于是提出:以"BOT 模式"跟深圳一起兴建电厂。

省里批复后,1984 年 6 月,深圳市政府与胡应湘的合和公司签订协议,兴建电厂(沙角 B 电厂),选址东莞沙角,土地、燃煤等由国家提供,其他所有的资源,包括设备、技术、人工、建设以及资金等全由胡应湘负责,10 年后电厂直接全权转交给国家。

胡应湘为建电厂成立相关投资公司,向由 40 多家海内外银行组成的银团贷款,总投资达 40 亿港元。

当时很多人看不到胡应湘此举的贡献,认为这种模式让他占了大便宜。但其实 1987 年 7 月沙角 B 电厂提前竣工发电后,深圳不仅电

荒得到缓解，还获得了巨大的经济效益，相关的特区电力开发公司当年仅在发电管理费上就收入 800 万元，短短四年后其现金存款便达到 2 亿多元，以至于市审计局审计过后，赶紧向市政府报告又发现了一个收入大户。

1999 年，沙角 B 电厂正式移交深圳市。深圳几乎没花费什么成本就得到了一座大型电厂。

那之后，人们开始称呼这种模式为"沙角模式"，称它是胡应湘的"报国路径"。

不过，在广深之间修一条高速公路的投资，可比修建中国大酒店和沙角 B 电厂要高得多，至少需百亿元。而当时摆在商人胡应湘面前的，有很多更好赚钱、风险更低、获利更快的好路子，比如直接囤地皮。

三

跟胡应湘一起建中国大酒店的李嘉诚后来在内地囤了很多地，做起了房地产生意。

胡应湘难道不懂房地产吗？

他当然懂，不但懂，还是专业技术人才；不但是专业技术人才，还是成功的地产商人。

胡应湘的祖父原是广州乡下贫穷的庄稼汉，为谋生迁到香港。胡应湘父亲那一代抓住香港的士兴起的机会，开了的士公司并赢得"的士大王"的美名。胡应湘本人毕业于美国普林斯顿大学结构工程专业，盖房子建大楼是他的专业，在他的游说下，胡家开始进军地产建筑业，获利颇丰。

胡应湘自己创办的合和实业承接了香港许多大型工程项目的建设，

公司早在 1972 年便上市。1978 年，兴建于湾仔的合和中心楼高 66 层，在很长一段时间里都是香港最高楼。

现在的人多半不了解，但当时合和实业是香港"地产五虎将"之一，与长江实业、新鸿基、恒隆和大昌齐名。胡应湘完全可以跟其他看好内地发展前景的地产商一样，专注囤地，静候升值。

就算是投资能源，与其投资几十个亿费心费力在一张白纸上建一座电厂，经营 10 年便拱手相让，还不如跟李嘉诚一样去外国抄底——就在胡应湘贷款 40 亿港元为深圳修沙角 B 电厂的同一年，李嘉诚花 32 亿港元入股石油危机后油价处于低谷的加拿大赫斯基能源公司。

同样多的钱，为什么不选择购买更稳当、更有利可图的资产呢？

有很多人认为，胡应湘在内地搞 BOT 模式是背靠大树好乘凉，有政府背书，贷款、经营的难度和风险都很小，稳赚不赔。事实并非如此。

中国改革开放之初，外界对内地政策的走向充满疑虑，就连被香港人称为"红顶商人"的霍英东都说当时投资内地就怕政策突变，所以每次到北京他都要先看看首都机场那幅有裸体少女的少数民族节庆壁画《泼水节——生命赞歌》还在不在，如果在，他的心就比较踏实。

诚然，在 1992 年邓小平视察南方之前，深圳的改革开放的确阻力重重，困难不小。倘若政府政策稍有反复，就像胡应湘后来跟泰国和马来西亚政府合作所遇到的那样，势必血本无归，一夜之间倾家荡产也不是不可能。

即使排除一切政策风险，广深高速的盈利能不能赶得上巨额的投资，当时很多人并不看好。连内地工程师都反对胡应湘建六车道的建议，因为他们觉得内地车少，根本不需要那么宽的路。

纯粹从商人赚钱的角度出发的话，胡应湘完全可以选择其他更安

全省力、利润更高的投资。

但是，在上世纪 80 年代初那个十字路口，胡应湘最终选择了艰苦的那条路，再度以 BOT 模式贷款百亿元之巨，以总投资额 122 亿元的规模修建广深高速。

四

广深高速 1987 年正式动工，1994 年试运营，被誉为珠三角的黄金通道。

这条高速公路一举将广州到深圳皇岗口岸的路程从 5 小时缩短到 1.5 小时，过去一趟单程的时间够现在开将近两个来回，广州、深圳、香港以及沿途的东莞等地被连成一个紧密的城市群。

只要把工厂设置在这条黄金通道附近，那么生产的货物几分钟就能送上高速，半天时间就可以送达珠三角任何一个城市，或是送到皇岗口岸直达香港出口。

于是，地方官员引进外资时会说："我们有广深高速，交通便利呀！"工业园招商时会说："我们临近广深高速，有天时地利呀！"企业家洽谈订单时也会说："我们走广深高速，路通财通呀！"

正如专家所说，广深高速让广州、深圳率先跑起来，带动背后一整张珠三角城市网，就像美国的 101 高速公路带动硅谷一样。广深高速沿线的城市群如雨后春笋般不断出现，以深圳、东莞、惠州、河源和汕尾为主的"深圳都市圈"与珠江口西岸都市圈深度融合，使得粤港澳大湾区建设发展进入快车道。

1994 年，广深高速试通车时日均车流量约为 3.63 万车次，到 2020 年日均车流量已达 65 万车次，被称为"中国最繁忙的高速公路"。

广深高速公路

最繁忙的高速公路必然也是"印钱机器"，到 2012 年，广深高速已经收回了 410 亿元。

不过，这个赚钱速度不能跟李嘉诚投 32 亿港元赚回 1650 亿港元相比，赚钱的难度也远远大过囤地。而且胡应湘对广深高速的经营权限只有 40 年，到期将无偿归还给国家。就个人财富而言，胡应湘的这项投资远不如李嘉诚精明。

然而，这项投资带给珠三角经济腾飞的助力是难以估量的。

单从经济贡献计算，2002—2020 年，广深高速公路对沿线区域经济贡献值超过 4000 亿元！无数因广深高速改变命运的普通小老板、打工者的收益是无法统计的。哪怕只是一名路过的普通乘客，坐在舒适平稳的大巴上，闭上眼睛眯一会儿的工夫就能从这个城市抵达另一个城市，都会发自内心充满愉悦。尽管他们中的绝大多数人没听过胡应湘的名字，但显然每一份平顺和愉悦都应记入胡应湘的"收入"清单中。

五

　　跟珠三角每个人生活息息相关的另一条交通动脉虎门大桥，由胡应湘和霍英东共同兴建。胡应湘还耗时近 40 年之久，花费上千亿元之巨，顶着巨大的压力和阻挠，力主超大规模、空前难度、顶尖技术的港珠澳大桥的规划和建设。

　　港珠澳大桥横跨整个内伶仃洋。

　　700 多年前，南宋军队在江门崖山抗击元军失败，文天祥被俘经过伶仃洋，曾在这片海域留下千古悲唱：

　　辛苦遭逢起一经，干戈寥落四周星。

　　山河破碎风飘絮，身世浮沉雨打萍。

　　惶恐滩头说惶恐，零丁洋里叹零丁。

　　人生自古谁无死？留取丹心照汗青。

　　700 多年后的 2018 年 10 月 23 日，港珠澳大桥开通仪式上，83 岁的胡应湘和港珠澳大桥岛隧工程项目总工程师林鸣分处大桥东西两侧，共同眺望伸向海中的大桥，日月已经彻底换新天。

　　来往港澳和珠海之间的车辆飞速驶过这条崭新的通道，桥墩坚固，隧道光明，伶仃洋不再伶仃，山河不再破碎惶恐。

　　曾有妄图从国土到精神一齐侵略中国的人大肆宣扬"崖山之后再无中华"，但我们总有许许多多愿意付出 30 年之久耐心研究钢筋混凝土柱子被海水腐蚀情况的人，总有许许多多勤劳踏实挥洒汗水建好每一寸坚固路桥的人，总有许许多多面对世上财富虚荣勇于冒极大风险选择以国家人民为重的人，永远都有丹心可照汗青，照亮通往民族复兴的光明大道。

流动名片折射美好素质：
无人售票公交车的率先推行

一

　　海陆空所有交通工具中，公交车看似最寻常，却跟最多人的工作生活息息相关，它不仅能展现一座城市的形象，也能体现城市居民的素质，因此被誉为一座城市流动的名片。

　　公交车也是一个流动的小社会。跟公交车有关的笑话和吐槽大概是全世界最多的，说得深沉一点，有人的地方就有江湖；说得俗一点，林子大了什么鸟都有、人多了什么奇葩都能遇着。

　　上世纪90年代，在处理这个特殊的流动小社会的种种复杂关系的过程中，北京公交车乘务员队伍里涌现出备受瞩目的全国劳模李素丽，她全心全意、耐心细致为乘客服务的故事广为流传。在关于李素丽的各种正能量报道里，我们看到，即使是首善之区的北京，公交车

上也会充斥各种矛盾和口角，需要李素丽那样优秀的乘务员进行化解。还有所谓的"聪明人"灵活掌握的逃票、霸座技巧，更是增添了这个流动小社会的"江湖险恶"，那时老式的三门公交大巴就算配上两个乘务员，到了上下班高峰期也还是忙不过来，经常会出现漏票现象。实在难以想象，若没有经验老到、富于智慧的乘务员坐镇，公交车这个流动小社会会"礼崩乐坏"到何种程度。

然而，就在这个时候，南方的深圳决定取消公交车上的乘务员。

二

出生于 1974 年的深圳女孩郁秀跟同龄人相比，生活经历堪称多彩多姿。她 10 岁时随父母工作调动来到深圳，16 岁写出轰动一时的青春小说《花季·雨季》，21 岁便得到当时十分珍贵的出国留学机会，后毕业于美国加州州立大学。

就是这么一位见多识广的优秀青年，在 1996 年修订出版《花季·雨季》时，在书中依然真实记录了当时人们对无人售票公交车的好奇，字里行间不难看出无人售票引起的轰动。

（柳清）好不容易挤上 10 路车。这是深圳市第一辆无人售票车。公共汽车无人售票，是跟香港学的。

深圳酝酿推行公交车无人售票是在 1992 年。

那一年，深圳的生产总值刚刚达到广州的 62%，顶多算得上二、三线城市，从"仓廪实而知礼节"的角度来看，根本没法跟香港比。而且，深圳常住人口跟流动人口严重倒挂，常住人口为 21.81 万，流动人口高达 268.02 万。俗话说，有恒产者有恒心，无恒产者无恒心，当时社会上流传着许多关于特区的光怪陆离的故事。论居民素质，在

人们心中自然也不能跟北京、上海这些老牌大城市相比。

老牌大城市尚且需要李素丽那样的优秀乘务员维持公交车秩序，深圳凭什么敢取消乘务员？没有乘务员，谁来维持车上的秩序，尤其是高峰期人挤人的时候？乘客需要自备零钱投币，万一忘了怎么办？再者，没有人盯着，那些惯于漏票、逃票的"聪明人"岂不是要翻天？公交车司机一个人又开车又管车票，顾得过来吗？就算以上种种都不是问题，那么多突然失业的乘务员该何去何从？……

在 1992 年 11 月 23 日正式开通 10 路和 203 路无人售票公共汽车前，深圳巴士集团对以上许多问题进行了种种演练和准备。

司机上岗之前接受了一系列培训，彻底改变了过去的驾驶习惯，比如必须等乘客都上完车后才能启动开车；又比如配备话筒自己练习报站，为此不少司机不得不专门纠正口音，尽量用普通话报站。

在两路无人售票车沿路经过的站点也配备了工作人员进行疏导，每个人都把提醒乘客的话背得烂熟："这辆车是无人售票车辆，前门上车投币，后门下车。请大家准备好零钱，车上不找零钱！"

即使进行了如此充分的准备，在无人售票车刚开通的那几天，深圳巴士集团还是提心吊胆，生怕出乱子。

那时候对无人售票车感兴趣的不仅仅是深圳人，许多游客也总凑到跟前看热闹。负责引导的工作人员连续几天持续引导和喊话，累到说不出话来。谁也不知道这样高强度喊话的日子还要持续多久，谁也不知道无人售票这种事到底能不能在深圳的公交车上试验成功。从经济实力和人口构成的角度来看，前景并不乐观。

然而，仅仅过了大约一周的时间，谁也记不清到底是从第五天还是第六天抑或是第七天开始，乘客们绝大部分都自觉地从前门上车、

后门下车，自动投币，一套流程纯熟自在得仿佛打从一出生就是这么坐公交车的。

确定这一幕绝非偶然，已经成为深圳人乘车常态的那个瞬间，负责在桂园路引导乘客的公交集团员工黄海雯由衷感叹：深圳人整体素质很高，接受新鲜事物很快！

那是没有被记录也无从记录的瞬间，参与这一瞬间的乘客们都是匆匆聚散无从查找的平凡人。深圳经济特区 40 余年的发展却正好契合了由这许多平凡人在无意识的一瞬间展现出的特质：整体素质很高、接受新鲜事物很快。

这是滴水足以窥海的奇妙瞬间。

三

由于在全国率先实行公交车无人售票，与之相关的许多创造发明自然也在深圳诞生，比如为了减轻驾驶员工作负担而发明的电子自动报站器，为了减少携带零钱的麻烦以及减少假币而开发的非接触式 IC 卡储值票系统等。

1994 年 5 月，深圳在全国率先推行的公共汽车无人售票被建设部作为重点科技推广项目向全国推广，并被授予科技进步三等奖。

北京、上海、天津、重庆等 20 多个大中城市的公交公司纷纷前来参观考察，一年多后全国便有 50 多个城市的 60 多家公共汽车、电车企业采用了深圳的"城市公共汽车无人售票系统"。

同样重要的还有上面提到过的另一件事。

在公交车实行无人售票后一年内，有 1000 多名乘务员离开了原有岗位，他们中绝大多数是女性。

下岗，对上世纪 90 年代的职工来说是最可悲的事。这些下岗的乘务员在公交公司的鼓励下去学开大巴车——众所周知，大巴车的驾驶难度比普通车辆高很多，但这些普通的女性当中有许多人很快便成为深圳第一批公交车女司机。

除了光芒万丈的富豪、科技新贵、成功企业家等，生活在深圳的 2000 多万人中，更多的是每天上班下班、做着普普通通工作的平凡人。但在每一天的静水深流之下，偶尔的闪亮发光总能令人窥到一个边陲小镇短短 40 年华丽变身背后移山填海的超强力量所在。

赠人玫瑰，手有余香：
志愿者之城的风采

一

上世纪 90 年代初，电影《秋菊打官司》红遍大江南北，引发全民大讨论。对当时的中国人来说，打官司、请律师这些事着实新奇。

当代中国的律师制度到 1978 年才开始恢复重建，那之前纠纷都靠单位、政府部门解决，人们头脑中几乎没有上法院打官司的概念。请律师更是遥不可及、高不可攀。1978 年，中国公认律师人数只有 212 名，珍稀程度远超大熊猫；1981 年年底，中国律师人数达到5500 人（有很多是兼职律师），但跟总人口相比依然很少。一提起"律师"，人们马上想到港台电视剧和外国电影里西装革履、能干强悍的精英，随便问两个小问题都要按小时收费，只有大公司、有钱人才能付得起请他们的昂贵费用。

在这样的情况下，深圳一名普通外来打工者竟然"奢侈"地享受了近一个月的律师服务。

这名外来打工者跟公司发生了劳资纠纷。

如上文所说，当时有什么纠纷主要靠单位、政府部门解决，但有效性往往局限于事业单位和国有、集体企业以及本地居民。深圳外资、合资企业多，流动人口多，缺乏明确的监管机制，因此劳资纠纷、雇工纠纷大量出现，常见情况是打工者被老板拖欠薪水。

律师前后忙碌了近一个月，替这名外来打工者解决了问题，追回了被拖欠的薪水。

那么，追回来的欠薪够付律师费吗？

绰绰有余。

不是因为欠薪足够多，而是因为律师帮忙近一个月，收取费用为0元。

天底下哪有这样的好事？难道这人是律师的亲戚好友？

并不是。这名打工者最初联系的是一所中专学校的老师，老师再找律师和其他人帮忙。

所以，这位老师是很有能量的"贵人"？

答案依然是否定的。

这名叫巫景钦的老师是大学毕业后分配到深圳华强电子技术学校工作的普通人，报到第一天曾被学校荒凉的景象吓哭过。来深短短四年，他工作表现优秀，却也只是优秀的普通老师。

这名打工者之所以能找到巫老师，只是因为偶然在街头看到一张简单的海报，上面有一个热线电话号码和青少年信箱地址，他在走投无路之下抱着试试的心态联系了一下。

是什么让一名拮据的普通外来打工者有一番人生奇遇，免费享受昂贵的律师服务，令一名普通中专老师迸发出不同寻常的能量？奥秘就在那张贴在街头的简单海报上。那张海报上落款的地方写着"深圳市青少年工作者联合会"。

1989 年 9 月，深圳团市委借鉴香港义工组织的先进经验，组织动员了包括巫景钦老师在内的律师、金融从业人员等 19 名各行业的热心专业人士，组成内地第一支义工队伍，开通了一条热线电话和青少年信箱，专门为遇到困难的来深务工创业者提供帮助。

在那个时候，义工所做的事，用人们能理解的话来说，就是学雷锋做好事。

志愿者之城

二

1993 年，35 岁的深圳地方税务局干部郑女士陡然间跌入人生谷底。

那一年，郑女士的丈夫病逝，家庭重担全落到她一个人肩上。她早上送完在特殊教育学校读书的大女儿，再匆匆送小女儿上学，然后白天忙工作，下班操持各种家务。生活的重担使她的身体极度疲累，精神几乎崩溃，她变成了一个成天不说话、一问就流泪的苦命女人。

屋漏偏逢连阴雨。郑女士的大女儿又突然病危，入院抢救，需日夜陪护。郑女士纵有三头六臂也是分身乏术，顾不过来。

幸运的是，此时郑女士有了得力的帮手——还不止一个。有人帮她接送小女儿上下学，辅导功课；有人帮她做家务；还有人替她日夜陪护在医院的大女儿，直至大女儿病愈出院。

郑女士不是深圳本地人，亲戚密友大多在外地，都有各自的工作生活。出手相助的更不是她的什么追求者，因为即使有真诚热情的追求者愿意帮忙，凭一己之力也做不到如此周全，更何况郑女士家的情况足以令所有追求者望而却步。也不是家政服务。且不说独自抚养两个女儿的郑女士没那么多钱，就算在今天，就算是家财万贯的人家，也极难雇佣到如此专业、高素质和富有爱心、耐心的家政团队。

帮助郑女士的那群人，全是来自五湖四海的陌生人。他们尽心竭力帮助郑女士一家，有组织有分工有纪律，绝不收一分钱。因为他们都加入了深圳市义工联合会。

由深圳团市委发起的，由 19 名热心市民参与的热线电话服务，于 1990 年 4 月变身为专门的深圳市义工联合会，并且正式注册成为中国内地第一个义工法人社团。

当时社会面临急遽转型，人们经常感叹世风日下，人情冷漠，社

会上流传的顺口溜说：雷锋叔叔没户口，三月来了四月走。当许多心存良善、热心助人的好人遭遇好心没好报、奉献爱心难以为继等尴尬困境之际，深圳市义工联注册成为法人社团，率先将单纯的学雷锋做好事转变为组织化、制度化、规范化的志愿服务模式，避免随领导人的兴趣改变而兴衰的传统模式，力求长足发展。

到1993年年底，看似冷漠、被人称为"文化沙漠"的深圳，热忱参与义工服务的人数已达到400多名，开始具有了一定的社会影响力，服务活动也有了具体的项目分类，照顾郑女士大女儿这类残障人士就属于服务项目之一。1994年，在生活情况有所好转的情况下，郑女士便报名参加了义工联，参与志愿服务。从此，她不再是眼泪流不完的苦命女人，而是心中充满"赠人玫瑰，手有余香"之情的志愿者。

三

郑女士参加义工联的那年，25岁的沈阳音乐学院毕业生丛飞像当时的许多音乐人一样南下深圳追梦。他在著名的大家乐舞台登台表演，逐渐小有名气。

彼时，深圳市义工联得到市委、市政府的大力支持和鼓励，事迹家喻户晓，开展的服务活动内容也从原来的几个项目逐渐发展到13大类30多个常项服务，服务分工非常细致，也相当专业化。如依托公安部门、医院和心理咨询机构实施的"春风行动"，为受侵害女性提供法律、医学、心理等方面的服务；为青少年和外来青工讲授性生理知识和艾滋病知识的"青春红丝带"服务项目等；甚至还组织了"帮困助弱"巡回演出活动。

1996年年底的"帮困助弱"巡回演出活动，丛飞是表演嘉宾之一。

节目间隙，丛飞跑到深圳市义工联副秘书长杨华跟前，问她义工是干什么的。杨华说，是为老百姓服务的。丛飞一听高兴了，大声说："好！"

第二年年底，深圳市义工联艺术团成立，丛飞任团长，没有级别也不领一分钱，只负责带领艺术团参加义演。

"我叫丛飞，来自深圳，义工编码是 2478，帮助别人，我很快乐……"这是丛飞每次演出的开场白。从丛飞的义工编码可以看出，此时深圳市义工联的会员人数飞速增长。

深圳市义工联的服务足迹也从深圳走向其他省市。1998 年开始的"扶贫支教计划"，深圳义工联派出三批 74 名义工赴贵州、山西、广西等地支教。丛飞正是在 1999 年赴贵州织金贫困山区慰问支教的过程中开始资助贫困山区儿童的，他前后资助贫困山区儿童达到 178 名，累计捐款、捐物达 300 多万元。

深圳的义工服务甚至还走向了国际，出现了全国第一位赴老挝支教的国际义工李泓霖。

2005 年，8 年服务时间累计高达 3600 小时以上的丛飞被确诊患有胃癌。那一年，丛飞被评为感动中国人物；那一年，中国内地第一部规范义工工作的地方性法律《深圳市义工服务条例》出台。

这个条例，用通俗的话来说，就是以法律制度保护"好人"，不让"好人"吃亏，给好人解决后顾之忧。深圳义工事业从此迈上崭新的台阶，也为全国志愿服务立法提供了宝贵的经验。

到 2008 年年底，深圳共有义工组织 1525 个，义工 18 万名，建成了以四级义工组织网络为主体，法人义工社团和团体义工为辅助的义工组织体系。

深圳的义工为全世界所熟知，2011 年深圳主办的世界大学生运动

会可谓是一个重要的节点。当时，为了迎接从世界各地到来的运动员和客人们，深圳动员了多达 127 万志愿者，其中绝大部分来自深圳市义工联。

深圳成熟的义工体制和庞大的义工团体让大运会的志愿者工作受益匪浅。127 万志愿者除服务赛场的 2 万人和城市志愿者 25 万人外，其余均为社区志愿者。他们做事熟练，效率非凡，年轻化，国际合作化，令世界另眼相看。

大运会之后，深圳延续大运会的精彩，建设"志愿者之城"。从最初 19 名热心人士简单地学雷锋做好事开设一条热线电话开始，到 30 年后志愿者多如繁星遍布深圳的大街小巷，每一份爱心都很重要，而一座城市对每一份爱心的珍惜和深思熟虑、高瞻远瞩，同样重要。

平凡人带来最多感动：
从有偿献血到无偿献血的 100% 逆转

一

1995 年，作家余华完成了他的代表作之一《许三观卖血记》。小说主人公许三观一生遇到许多难关，都靠卖血渡过。第一次带他去卖血的乡下朋友将身上的血视为摇钱树，因为那时候卖一次血能挣 35 块钱，在地里干半年的活也就挣那么多。他们娶老婆、盖屋子都是靠卖血挣的钱。

小说的人物和故事虽是虚构的，但卖血赚钱的细节却是余华在现实中的所见所闻。

由于医院的各种手术、抢救需大量用血，卖血曾是一桩十分兴旺的生意。尽管国家在 1978 年开始实施义务献血，对动员献血起到重要作用，但义务献血是有偿的，要给献血者发放适当的补助费和副食

品票证。这个"适当",对许多人来说十分有诱惑力。

深圳市原血站站长杨春森说:"那个年代,临床用血 100% 都是靠卖血者。"为了保证用血,不要说像许三观那样的卖血者,当时几乎所有的医院都专门养着"卖血者"。深圳市红会医院(现市二医院)曾养着几个长期的卖血者,有 A、B、O、AB 四个血型。他们白天看管进出的自行车,晚上住在医院的板房里,急诊要用血的时候就紧急抽血化验,给临床供血。

为了吸引外地的"卖血者",深圳还出高价,每 100 毫升血补贴 60 元,外加两个馒头和一碗稀饭。尽管如此,每天"买来"的血只有 10—20 袋,一袋 400 毫升,远远无法满足临床用血需要。为此,深圳和湖南、湖北、云南、贵州等地合作,跨省"买血",在当地采血化验,打包好运往深圳。

血液"市场"供需两旺,有些地方甚至形成"血浆经济",出现了一个又一个的卖血村。

若这时有人提出"血液不要出钱买了,请大家无偿捐献吧",必会被视为胡言乱语、异想天开。野地里天生天养的果子挑到集市上都可以卖钱,珍贵的鲜血凭什么不能卖钱,要白白送给别人用?

谁能想到,这看似脑子不正常的"胡言乱语",恰恰是科学、正确的经验教训总结。

血液跟其他商品不一样,非常特殊。就像中央电视台《新闻调查》栏目在 2019 年《再说血荒》专题片里说的那样,献血涉及一个很重要的问题:疾病窗口期。

肝炎、艾滋病等许多疾病可以经过血液传播,但是人感染这些疾病后,现有医学方法并不一定能马上检测出来,需要一定时间,这就

是所谓窗口期。也就是说，不发病不代表没有病，感染了可能检测不出来。

当献血是有偿的且补偿金对许多人来说十分诱人时，为了利益，什么事都可能发生。奸商会以次充好，有些染病的人为了钱会选择隐瞒病史和经历去卖血，对输血安全造成巨大威胁。上世纪 90 年代初，在全国较大范围内就发生了因献血而引发的丙型肝炎传播事件，部分地区甚至发生了艾滋病传播事件，造成许多悲剧。

有偿献血带来的弊病不仅存在于中国。20 世纪五六十年代，日本有些血液银行公开买血，为了挣钱，有人在一个月内卖血多达 70 次，超过 10000 毫升，直到体内血液都变成黄色。后来患者输血导致肝炎等疾病频发，引发社会恐慌，日本才不得不重回无偿献血之路。

"无偿"两个字是试金石。

无偿献血车

在毫无利益的情况下还肯献血的人，才最大可能是出于爱心；出于爱心则不会刻意隐瞒，更不会急功近利，才能最大限度保证用血安全。

这些道理如今人们都懂，许多人也愿意无偿献血。不过，当时间回到 1993 年，当卖血的故事源源不断进入作家余华的耳中刺激他的创作欲望，当卖血是用血市场的主流，当卖血带来的丙肝和艾滋病等疾病传播恶果尚未被大众察觉时，深圳决定向市民宣传无偿献血，不仅是明知不可为而为之，而且是明知为而不可得结果。

二

那是 1993 年初夏，5 月 8 日，为响应中国红十字总会发出"无偿献血"的号召，深圳市红十字会联合深圳市血站举办了第一次"无偿献血"宣传活动。

由于实在没抱什么期望，第一次"无偿献血"宣传活动不像现在的活动一样配备现场采血设备，仅以宣传为主。工作人员拿着大喇叭，在街头卖力吆喝无偿献血的好处："献血 200—400 毫升不会影响身体健康""无偿献血解决了深圳缺血的问题，又保证了用血安全"……

东门街头熙熙攘攘的人流中，总共有四个人被吸引登记，表示愿意无偿献血。对于这弥足珍贵的四个人，工作人员是既受鼓舞又很忐忑。受鼓舞是因为在不可能的环境中看到一线希望；忐忑是因为现场没法采血，需要这四人第二天到血站（旧址设在深圳市人民医院医技楼）采血。人的心思一刻钟就可能变三变，更何况是 24 个小时以后？

事实证明的确如此。

登记表并没有法律约束力，别人肯登记，表达一种奉献的意愿已经很好，第二天由于各种原因不能来无偿献血，是完全可以理解的。

不过，当一个戴眼镜的平凡小伙子出现在血站大门前的那一瞬间，血站站长杨春森的脑海里出现了一个念头：历史性时刻到来了！

这个名叫钟振基的小伙子前一天是怎么来到拿着喇叭吆喝的杨春森面前的，双方都记不清了。对于在八卦四路中兴电子厂当维修工的钟振基来说，那只是他高中毕业后在深圳打工的极其普通的一天。他外出办事，路过东门文化宫广场，看到一幅写着"无偿献血"的宣传标语，大喇叭宣传得挺热闹，便停下来听了一会儿。得知献血对身体不会有影响，而且还能救人一命，对社会有益，钟振基觉得自己年轻，身体也挺好，便在登记表上填了资料。

由于钟振基是极其珍稀的登记者之一，电视台记者跟着他到公司采访，公司的人都知道他第二天要去献血。公司领导非常支持，爽快地给他放了假，于是第二天他很自然就来到了血站。经过体检、等候结果后，钟振基献了200毫升血，他也没有任何不舒服的感觉。血当晚就输入了患者体内。无偿献血没有补贴，不过血站送的一罐营养奶粉让钟振基印象深刻，他整整喝了一个月。

看起来，一切都自然而然，普普通通，并没有任何感天动地的抉择和伟大惊人的举动。然而时间过去了20多年后，杨春森还是用"历史性时刻"来形容钟振基的出现。

尽管百万人里只有四个人愿意登记，登记的四个人里最终只有钟振基一个人前来无偿献血，但就是这一个人无偿献出的200毫升鲜血，播下了希望的种子，让人们意识到无偿献血并非不可实现的白日美梦。只要多加宣传，爱总会有回响。

希望是人类生存的一种方式。在不知不觉种下希望种子的这个瞬间，深圳献血工作翻开了新的一页。刚刚翻开这一页的时候，我们似

乎只能看到一片空白上洒着意兴阑珊的几滴文墨。相关部门依然卖力地宣传吆喝无偿献血的益处，吸引到的无偿献血者依旧寥寥，但只要有希望的种子埋藏于不为人知的地下暗暗扎根、发芽，人的吆喝就不是徒劳的，卖力也不是虚空的。

两个多月后，1993 年 8 月 5 日，与深圳清水河油气库相邻的一个危险品仓库发生火灾并导致连续爆炸，虽幸运未波及油气库，却仍造成了 15 人死亡、800 多人受伤的重大伤亡。

临床用血十万火急，深圳不得不动用部队的直升机从广州空运血液抢救伤者。危急时刻，深圳红十字会和相关部门迅速响应，再度发出无偿献血的呼吁。

这一次的呼吁得到的回应出人意料：幼儿园的阿姨三五成群地来献血，中学老师、武警部队、公安干警纷纷集体来献血……

献血的队伍一直排到医院大门口，解了燃眉之急。

尽管由于种种原因那年深圳登记的无偿献血人数仅为 53 人，但到了第二年，这个数字就飙升到了 249 人。第三年，余华推出《许三观卖血记》的同一年，深圳也推出了一部跟献血有关的"作品"——全国第一部有关无偿献血的法规《深圳经济特区公民无偿献血和血液管理条例》，并于当年 11 月 1 日起正式实施。

希望的种子遇到适合的土壤，其生长的迅速和结实的丰硕超乎人的想象。距离 1993 年 5 月钟振基第一个站出来无偿献血的"历史性时刻"过去仅 6 年，深圳临床用血 100% 靠卖血的情况实现了惊天大逆转，1998 年 10 月，深圳在全国率先实现临床供血 100% 来自无偿献血！

1999 年 6 月，深圳在桂园路建立第一个固定捐血站，开始了深

圳献血网点建设的进程。截止到 2020 年，深圳市血液中心常设 18 个捐血点（车），宝安区中心血站常设 13 个捐血点（车），龙岗区中心血站常设 10 个捐血点（车）。截至 2020 年 5 月 31 日，深圳有 436.4 万人参加无偿献血，献血量多达 872.9 吨。多达 145.4 万人因为这些爱心血液得以"重生"。

跟本书中提到的诸多造就深圳历史的大人物相比，造就无偿献血历史性时刻的钟振基始终只是个普通打工者，过着普通的日子。2013 年，在深圳纪念推动无偿献血工作 20 周年之际，通过报社、电视台等多方渠道寻找，他才重新出现在大众面前。而且，钟振基献血时他的近视已经有 300 多度并很快加重超过 500 度，后来他再想献血都被医生以高度近视为由拒绝了，所以那次无偿献血也是他一生唯一一次献血。他只能通过鼓励亲戚朋友献血来为无偿献血继续贡献一份微小力量。

造就历史性时刻的另一方——当年明知努力也不会有什么结果，却依然努力宣传无偿献血的红十字会和血站等相关部门的工作人员，也始终只是深圳普普通通的工作者。他们中的绝大多数连姓名都不曾出现在公众面前，只有原血站站长杨春森等少数几人偶尔接受采访向后来人讲述历史。

然而，正因为全都是普通人，在平凡的一天，在普通的街头，平凡地做着该做的工作，便造就了历史性的时刻，彻底逆转了看似绝不可能打破的局面。一座城市的伟大之处，便在这平凡普通里彰显出更为不同寻常的伟大力量。

时刻
三十七

来自灵魂深处的伟大：
出租屋里走出的器官捐献先行者

一

2001 年 12 月 9 日晚，深圳郊区一栋筒子楼第八层的单间里，发生了一桩不平凡的事。

熟悉深圳情况的人都知道，所谓郊区的筒子楼，其实就是农民房，装修简陋，房租低廉，通常租给附近工厂的外来打工者。

外来打工者里经济宽裕些的，会选择租住上下楼方便的二三四五层；住到六七层有可能是喜欢高楼层通风透亮；但如果有谁愿意每天辛辛苦苦爬没有电梯的八楼，那八成是经济负担比别人重，必须从低廉的房租里再省一点出来的人。如果有人已经住到了难爬的八楼，还要跟人合租分摊本就不高的房租，那就是实在太穷了，其人生际遇比普通打工者要可怜得多。

合租在那栋筒子楼八层单间的白家兄弟确实经历坎坷。弟弟白宇38岁，患有胃癌，医治无效，于12月9日晚进入弥留状态。

照常理来说，若故乡还有家可归，哪怕只是破烂瓦房一间，家人也必然不会放任身患绝症的亲人在外等死。即或是家人都离乡在外打工，彼此间有所照应，那必然会为这个时刻的到来早早做一点准备。令人心酸的是，白宇直到离开人世的最后一刻都住在农民房八层的简陋单间里。白宇过世后遗体该如何抬下八楼，这让一起住单间照顾他的哥哥无能为力——他们家乡风俗比较特别，亲人不能动遗体。或许是为了照顾胃癌晚期的弟弟已经耗尽了哥哥的全部所能，到最后他连个抬弟弟遗体下楼的帮手都没找到。

但我们要讲的并不是一个穷人家的可怜故事，而是一个不平凡的故事。

在所有忙乱和无能为力里，白家兄弟最令人震惊、最慷慨、最为有条不紊的举动出现了：备受病痛折磨的白宇，早已做出身后无偿捐献眼角膜的大爱决定；白宇的哥哥尽管满脑子是家乡各种习俗，却大胆突破中国人死后一定要留全尸的执念，愿意帮助弟弟实现遗愿。尽管连个抬遗体的帮手都找不到，他却保存了深圳市眼科医院医生姚晓明的电话，并在弟弟去世后立即联系姚晓明，成功帮弟弟捐出眼角膜。

那天晚上，深圳郊区农民房里一个平凡生命的逝去，让好几名生活在黑暗中的眼病患者得到了重见光明、重获新生的机会；那天晚上，一生坎坷的白宇，成为深圳第20名眼角膜捐献者，成为全国人体器官捐献的先行者之一。

二

白宇的大爱之举令人感动，却也有些令人讶异，甚至超出我们的认知范围。

人体器官捐献是一件非常伟大的事。伟大，往往意味着孤独；孤独，往往来自不被理解。

且不说在人体器官捐献之初，就算在白宇捐献眼角膜两年后，人体器官捐献的意义已经由政府至民间进行了大力宣传，许多人对此依然不理解、不接受。深圳眼科医院眼库劝捐员陈淑莹第一次劝捐就被人指着鼻子恶狠狠地骂："你这个女人真狠心，人家这么小的孩子，你就想挖人家的眼睛！"至于被人骂粗口、举着拳头让她滚蛋更是家常便饭。

对器官捐献的偏见是无所不在的。一个真实故事是：深圳有位老太太自愿捐献遗体，子女理解且积极配合。谁知在医生赶到前，先一步赶到的社区民警把老太太的子女好一顿责备："怎么有你这种儿子，老妈去世了，还不让老人完完整整地走！"

许多人即使不在乎死后遗体的完整，也会有其他诸多顾虑，比如如何判断是"死后"还是"死前"？大家明面上不说，其实私底下对于器官捐献有许多没来由的恐怖想象：会不会人还没死透、还知道疼但喊不出来的时候就把器官取走了？会不会有人为了拿到器官救命，先下手把人害死？

正因为如此，在人们的认知中，人体器官捐献者，除了有高贵的灵魂，至少还应该有高学历、高学识，见闻广博、思维开放，这样才能冲破种种不理解和重重阻碍——就像中国首位眼角膜无偿捐献者向春梅那样。

深圳大学教师向春梅于1999年成为中国首位眼角膜无偿捐献者，开创了中国人体器官捐献的新时代。向春梅1996年研究生毕业于华中理工大学（现华中科技大学），毕业后分配到湖南大学任教，后随丈夫来到深圳，调入深圳大学。夫妻二人都是高学历、高层次人才，学识渊博，思维活跃，走在时代前端。向春梅去世时年仅29岁，非常年轻，不容易受传统思维的束缚。

诚然，人类灵魂的高贵从不受限于年龄、学历、贫富、见识多寡等外在条件，但高贵心灵的彰显却往往受限于外在的种种条件。像白宇这样贫穷的、备受疾病折磨的外来打工者，到底是什么力量让他突破重重阻碍，成为人体器官捐献的先行者？

或许，我们要回到那个平凡的夜晚，回到深圳郊区那栋简陋的农民房里寻找答案。

三

没有找到帮手，"亲人不能动逝者遗体"的风俗等难题，最终由姚晓明医生解决了。为白宇施行眼角膜摘除后，姚晓明医生一步步将他的遗体背下八楼。

三年前，向春梅的眼角膜无偿捐献手术也是由姚晓明医生完成的，他同时也是促成向春梅捐献眼角膜的人。

隔行如隔山，尤其医学行业，有太多专业知识普通人无法理解，连"普通外科"都不是我们平常理解的"普通"，人体器官捐献更是大众很难接触到的领域。专业的器官移植知识，并不是学历高、学识渊博的大学老师能够自动了解到的，必须有人去给她宣传、科普、答疑。但宣传器官捐献有很大风险，姚晓明医生第一次开口劝说向春梅死后

捐献眼角膜的时候也感到很难开口。不说别的，当一个患者正在跟病魔殊死搏斗时，你却让她考虑死后的事，这很容易激怒对方，认为你在咒她死，一旦闹起来，医生自己的处境就很尴尬，不只是吃力不讨好，还可能讨罚。

所幸，在人体器官捐献的宣传和劝捐上，深圳一直走在全国前列，不仅对向春梅的事迹以及人体器官捐献的意义进行大力宣传，在向春梅走后不久，深圳市卫生局、市红十字会还对公众发出了《留下光明在人间——关于捐献角膜的倡议》，效果很好，短短半个月内，就有100多名市民前往深圳市红十字会填写捐献志愿书；深圳市眼科医院还在院内为向春梅立了一座雕像，纪念和宣传她的奉献。

2000年年初，深圳成立了深圳市眼库，还设立了专职劝捐员，陈淑莹就是第一名专职劝捐员。

尽管陈淑莹的工作经常不被理解，经常被患者和家属怒骂甚至推搡、威吓，但因为是正儿八经为劝捐设立的职位，她并不会因此被扣工资、受处分，反而受到各种鼓励和安慰。在协调捐献的过程中，她也能够得到深圳市各部门、各单位的帮助。

陈淑莹从2003年5月工作到2004年3月，11个月的时间她总共成功劝捐9人，平均每月连一个人都不到，单论业绩的话实在"寒碜"，却也无形中展现了深圳对人体器官捐献事业的重视和肯付代价。正因为有如此力度大、落到实处的重视和宣传，在偏僻郊区以打工为生、文化水平不高的白宇才有可能了解到器官捐献的重要意义，这个受困于种种外在条件的伟大灵魂才可能以人体器官捐献先行者的面貌彰显于世。

不仅仅在明面上有充分的宣传，深圳还细心地考虑大众对于人体

器官捐献的种种顾忌，比如如何防止"谋杀"，如何确定是百分百自愿，接受器官移植怎么排序，如何禁止器官买卖以防止穷人沦为富人的器官库，甚至连如何防止以假结婚名义买卖器官这些极其细微的问题都考虑到了，讨论了整整四年，于2003年正式实施中国第一个地方性人体器官捐献移植法规——《深圳经济特区人体器官捐献移植条例》。

有了严谨的法律保护，深圳的器官捐献和移植进入"快车道"。截至2017年3月，深圳共有862人身后捐献眼角膜、311人捐献遗体、243人捐献多个器官。深圳的人体器官捐献，无论是普及度还是捐献人次，均位于国内城市前列。

白宇去世时，尽管条例还未出台，但深圳对器官捐献者的尊重和关爱是一以贯之的。姚晓明医生将他的遗体抬上车后，后续的火化和安葬都由深圳市相关部门一条龙安排得妥妥当当。

最终，白宇埋骨于深圳吉田墓园西宫，墓旁有一棵枝繁叶茂的百年古榕"光明树"——这是深圳特意为角膜捐赠者安排的墓园、种植的大树。光明树下是肃穆光洁的黑色大理石墓碑，墓志铭郑重动人：安息在这棵树下的人，是一群自愿将眼角膜捐献给他人的先行者，他们用无限的光明，延续着有限的生命……

一座城市能够孕育出许多风云人物，很了不起；一座城市能够召唤并彰显出小人物灵魂深处的高贵，则更为伟大。

教育与金钱之间的误解：
一座大学的"奢侈"与"节约"

一

2021年，一份关于深圳中学超级豪华教师阵容的入职名单在网上爆红，网民看到新入职教师中仅物理专业的就有北京大学博士1名，清华大学博士5名、硕士1名，中国科学院大学博士2名，华中科技大学博士1名；化学专业有清华大学博士2名，浙江大学、香港大学、波士顿大学、牛津大学博士各1名。

其实，作为高速发展的新兴城市，深圳的教育资源跟不上城市发展是个不争的事实。

深圳小学生数量在2018年突破百万，位居全国第一，且每年增长6万—7万人，但深圳每年公办小学数量却仅仅增加2—5所。2019年深圳中考人数近8万人，比前一年增长约8000人，但公办普

通高中录取率却从 47.68％ 下降到 43.85％，也就是说，超过一半的孩子与公办普通高中无缘。深圳的公办普通高中录取率已有多年不及50％，且有下滑苗头。此外，在一线城市中，深圳是唯一没有 985、211 高校又或者是"双一流"建设大学的城市。

然而，与此形成有趣对比的是，深圳总能吸引全国乃至全世界最优秀的教育资源。2020 年清华毕业生去得最多的企业依次是华为、腾讯、阿里，前两家都是深圳企业；2019 年北大毕业生除去留京的，就业去得最多的城市依次是深圳、上海、广州、杭州。

世界各地的毕业生都愿意到深圳工作，使得深圳的中小学教师队伍卧虎藏龙。而深圳本地高校，看上去平平无奇的深圳大学、南方科技大学等也都人气爆棚，录取分数线常常超过许多全国重点大学。2017 年成立的哈尔滨工业大学深圳分校，2020 年在广东的本科批次投档线达到 652 分，比广东的重点线高了近 130 分，创造了中国高校第一次校本部录取分数落后于分校的现象。

许多人不假思索地为此找出理由：因为深圳有钱！

博士毕业去做其他工作，年薪未必能拿到 40 万元，但在深圳当中学老师，既能享受这样的高薪，还有优厚的福利待遇和假期，何乐而不为！

钱，在某种程度上来说是"万能"的——既能掩盖不好的事，也能掩盖好的事。

钱导致外人只能看到深圳在教育上的"壕"，而忽略了"壕"背后所代表的深圳对教育的高度重视，甚至很多人只看到了"壕"里面一掷千金的"土豪"意味，却想象不出什么才是真正的豪气干云。

深圳大学

二

　　就以深圳大学来说，看起来它确实很"壕"，在寸土寸金的深圳，其总建筑面积足有 147.44 万平方米，教学、科研仪器设备总价值 35 亿元……根据校友会 2020 中国最具财富创造力大学排名，深圳大学以校友总财富 6392 亿元位居全国第三，仅次于清华、北大，校友企业中有三家为世界五百强企业，马化腾、孟晚舟等人都是深大校友。

　　"钱"有时候也掩盖了深圳大学值得骄傲的实力。它是全球进步速度最快的高校之一，2021 年其国际排名年度提升 100+，中国内地排名年度提升 10+。在国际公认的四大权威排行榜中，深圳大学均有不凡的表现。2021 年泰晤士高等教育世界大学排名，深圳大学在中国内地排名并列第 16 名、国际排名位列 401—500 名。

　　深圳大学还是全球极具创新活力的大学之一，其 PCT 国际专利申请总量 2018—2020 年连续三年位居全球第三，2020 年更是以拥有252 件 PCT 国际专利晋升全国高校第一，超越清华大学……

一个冷知识是：作为深圳第一所大学，深圳大学 1983 年才建校。

一个热知识是：光靠砸钱，短短 30 多年时间不可能砸出一所有活力、有竞争力、极富吸引力的高校。

另有一个不冷不热的知识是：深圳大学建校的 1983 年，深圳经济特区刚建立三年，全年财政收入不过 1 亿多元，就算想砸钱也无钱可砸。

若一定要说"壕"，大概那时候深圳市委、市政府的决心最是豪气干云：当掉裤子也要把大学建起来！

于是在每年财政收入不过一个多亿的情况下，市政府拨款 5000 万元建设深圳大学。

创校伊始，敢闯敢试、敢为人先的深圳精神就融入了深圳大学的建设过程。

1984 年 1 月 24 日，邓小平来到建立不久的深圳经济特区。那时深圳大学获批建设不过半年时间。在前往蛇口视察的车上，时任深圳市委书记、市长梁湘指着南山后海湾一片空地对邓小平说："我们将在这里建深圳大学，今年秋就在这里上课。"

邓小平当时没有多加评论，但到了北京，他跟人说，深圳要用几个月的时间建一所大学，这就是"深圳速度"。

这话传到梁湘耳朵里，把他吓了一跳。他跑到深大的建筑工地，把所有包工头都叫过来，要求所有机器都要开动，并把最好的人都调过来，一天 24 小时不停施工，三班倒。

1984 年 7 月，深大校园首期交付使用，从建设到使用仅用了 7 个月，和当年国贸大厦"三天一层楼"的速度一起被誉为"深圳速度"。

1985 年，深圳大学第二任校长罗征启作为国内最负盛名的建筑学

家，主持规划和建设了深圳大学校园，并获得全国教育建筑优秀设计最高奖。目前深大的中心格局还都是当年的建筑格局。教学楼、图书馆、办公楼无缝连接，方便实用。

当时的深圳大学在国内已经有了相当大的影响力，很多人包括一些海外人士都到深圳大学参观、学习，甚至连学校马路边的草都被来参观的人踩坏了。有的人不想麻烦学校接待，就自己悄悄地来看，当时就有一位国家体委主任自行来到深大参观，被校办老师认了出来。

外界因为钱对深圳教育存在的误解，也从那个时候就开始了。

非常经典的一次误解发生在1987年。当时，优秀校园建筑设计规划评选活动通知深圳大学：你们得了第一。

但后来深大收到的却是个二等奖。主办方解释：因为有人提出来说深大的（建筑）标准太高，别的学校没可能学习，所以这次就没设一等奖，改成二等奖了。也没有哪个学校是第一，你们还是第一。

深圳大学方面大为惊奇：我们标准不高啊！

不但不高，而且是极具深圳特色的"一分钱掰成两半花"。

比如食堂的问题。

按照教育部的规定，每500个在校学生配备一个食堂，按深大当时四五千人的学生规模，至少需要八个食堂，可是深大只建了三个食堂就解决了问题。怎么做到的？

那时候所有的大学，学生一下课都是急着冲去食堂打饭的，因为开饭时间只有半个小时，晚了就没得吃了。深大却不一样，食堂开的时间特别长，规定开12个小时，一直开到晚上十点半。这样学生吃饭的时间就错开了，学生下课后就算先去做点别的事，也不用担心食堂没饭吃。

学生吃饭的时间一旦错开，一个食堂能够接待的学生量就远远不止 500 人，所以建三个食堂就足够了。

再比如宿舍的问题。

跟当时老牌高校八人一间、六人一间的宿舍相比，深大的学生宿舍很"奢侈"：两人一间。这看起来很浪费，但背后却有全局化、精细化的计算和考量。

通常来说，各大高校的自习教室和图书馆都不够用，常常人满为患，因为宿舍里 6 到 8 个人互相干扰，学生必须外出寻找可以安静学习的地方。如果将学生宿舍设计得空间充裕，学生可以留在宿舍学习，自习教室和图书馆的压力就减小了。

从造价来说，当时图书馆的造价是每平方米 1000 元，宿舍的造价则便宜得多，只需每平方米 110 元。深圳大学将宿舍设计为两人一间，自然是最经济的做法。

内地很多高校后来都参考了深大的做法，餐厅普遍都延长了供餐时间，新盖的宿舍楼也设计得较为宽敞，四人或者两人一间且内部条件较好，能够让学生留在宿舍内学习。

至于当时深大进行的"学生实验银行"等尝试，即使放到现在也是独一无二的先锋实验行为，令人望尘莫及。

如今，落户于深圳的高校和研究院有南方科技大学、香港中文大学（深圳）、深圳北理莫斯科大学、中山大学（深圳）、哈尔滨工业大学（深圳）、深圳华中科技大学研究院、香港理工大学深圳研究院、电子科技大学（深圳）高等研究院、厦门大学深圳研究院、武汉大学深圳研究院等，早已超过 20 所。

十年树木，百年树人。30 多年的时间对于一座城市的教育发展而

言实在太过短暂匆忙，但在一向能让无变有、再继以深圳速度创造奇迹的深圳，从 1983 年到 1993 年，高等教育默默起步的头十年便已培养出马化腾、孟晚舟等后来极富影响力的人才，我们的确可以期待，或许就在下笔的这个瞬间，或许就在读完这行字的这个瞬间，从深圳的幼儿园到大学校园，一代代的优秀人才已然成长，每一个瞬间都是充满希望的瞬间。

一桥飞架深港：
一座桥的百年风云

一

深圳河上的罗湖桥，跟赵州桥、南京长江大桥等其他著名桥梁相比，无论在建造工艺还是雄伟程度等各方面，都只能说是平平无奇。

明朝永乐年间，它是一座普通的石板桥，跟其他乡下僻静小河上常见的石板桥一样，连接两岸村落，村民牵牛挑担来往其上，耕作访友，怡然自得。

到了清朝，它从石板桥变成30多米长的木桥，但依然只是南方小村落里一座不知名的小桥，直到清末成为广九铁路的一部分。

光绪三十二年，即公元1906年，广（州）九（龙）铁路开建，罗湖桥从此不再是通常意义上的桥了。

从外形而言，它变成了一座在当时造型十分"前卫"的钢架桥，

由詹天佑担当顾问设计建造，长 44 米，宽 20 米；从用途而言，尽管还保留有人行桥的部分，它的主要功能已变为通行火车的铁路桥。

更为重大的变化，在于桥面上那一道红色油漆。

本来，桥意味着连接，但那道红色油漆却让罗湖桥更多凸显"分隔"的意味。人们依然通过它来来往往，但红色油漆那边升起的米字旗、穿着制服的外国士兵，却清清楚楚让人意识到：罗湖桥，已经成为香港和内地的分界桥。

从那时起，罗湖桥在全世界的瞩目下，开始它完全不似它桥的、波澜壮阔的"桥生"。

它被英国人拆毁过，被日本人拆毁过，多次被飞机轰炸而断掉。1949 年 10 月 19 日，解放军的先头部队打到罗湖桥桥头时便止步向前。

9 个月后，深圳公安检查站（罗湖边防检查站前身）成立。从此，罗湖桥确定了它更重要的身份：新中国唯一的"南大门"。

与此同时，由于港英政府在此前后颁布了一系列限制内地人自由出入香港的条例，罗湖桥也变为关口，是粤港边境最主要的旅客通道。

既然不再是简单的桥，而是大门和关口，罗湖桥又成为新中国外交工作的重镇。

从罗湖桥上走过的重要人物，仅宝安县一位外事办副主任参与接待的就包括联合国秘书长哈马舍尔德、印度总统普拉萨德、英国工党首相艾德礼等人。著名科学家华罗庚、邓稼先、钱学森、李四光等人也都是通过罗湖桥入境的。

钱学森回国一年后，中国近代力学奠基人郭永怀也踏上了罗湖桥。为此，钱学森特意将一封信留在罗湖桥头迎接他的到来。

常被边检站战士们聊起的还有"蛙王"戚烈云过桥的传奇经历。

这位泳坛奇才曾 7 次提出回内地申请却被港英当局拒绝。1954 年的一个深夜，戚烈云乔装打扮成一个穿着花衬衫、肩挎画夹子的画家，趁桥头驻守的港英警察不备跑过罗湖桥。他后来为中国体育带来了第一个游泳世界纪录。

在《羊城暗哨》《秘密图纸》等老电影里，罗湖桥是特务最爱出没的地方之一。

很长一段岁月里，罗湖桥作为"桥"本身的功能急遽收缩。内地通常只有公务人员才能获得去港配额；港人返乡虽较自由但也手续繁冗，跟以前抬抬腿就可过桥不可同日而语。人流最少的时候，通过它来往的人一天不过 50 名左右。

但深圳河两岸的人们想方设法通过其他渠道冲去河对岸。

那正是本书开篇第一个故事中提到的年代，逃港的人大量涌去香港。能"过五关斩六将"成功逃港的通常都是青壮年男子，留下的多是老弱妇孺。于是，罗湖桥又成了"望夫桥"。

在长达二三十年的时间里，每逢周末或重大节假日，罗湖桥附近都会出现一道奇景。从清晨到黄昏，成千上万的人聚集在桥附近，其中多数是背着孩子的女人。她们引颈张望，一等好几个钟头，直到桥那边老公挑着大包小包，疲惫地过关来到面前，才甜甜蜜蜜相拥回家。

天长日久，罗湖桥就得了一个"望夫桥"的绰号。

从香港回来的老公们携带笨重行李，里面装的东西也堪称"奇景"：米上头放面粉，面粉上头放红油，再加上做好的带鱼、鱿鱼、红烧肉——扎扎实实，都是对亲人的爱和牵挂。

等他们再从罗湖桥上返回香港的时候，心也还留在桥这边的亲人身上。若是穿着的衣服和鞋子稍好，甚至会当场脱下留给亲友，赤膊

光脚过桥。

牛郎织女尚有鹊桥相会的日子，一道短短的罗湖桥隔开了更多过不了河的憾恨：亲人临死不能相见；内地居民不能到香港合法继承遗产；本可以轻易打赢的国际官司，却因为不能过桥到场而输掉……

但桥只要存在，连接的作用就一定不会断绝。

1971 年 4 月 10 日上午 10 点，金发碧眼的美国人斯廷霍文第一个走上罗湖桥，接下来的 18 分钟，美国乒乓球代表团全体成员全部走上罗湖桥，开始了他们著名的"乒乓外交"。

深圳这边迎接他们的是一幅红色标语，上面写的是"全世界人民大团结万岁"！

1978 年，邓小平发表《解放思想，实事求是，团结一致向前看》讲话。第二年，港商刘天就带着他建竹园宾馆的计划走过了罗湖桥；百事可乐香港业务代表李文富骑着自行车，驮着可乐样品也走过了罗湖桥，成为用自行车把世界五百强企业驮到深圳的第一人……

但还不够，因为成千上万的普通家庭，依然在桥的两端苦苦守候团聚的那一刻。

二

1983 年 11 月 15 日，宽度不过二三十米的小小罗湖桥靠香港一侧，突然聚集了 100 多名香港记者。他们的闪光灯，齐刷刷对准罗湖桥另一头走过来的 25 个人。

那 25 个人没有一个人是名人政要，也没有粤港合作大项目、大工程的相关负责人，只是 25 名从广州出发前往香港旅游、探亲的普通旅客。

但"普通旅客"四个字和"前往香港"四个字合在一起，在那个年代就是爆炸性新闻，无怪乎香港记者争前恐后抢新闻，将这25人称为"新中国第一团"。

那是什么年代？

是逃港潮余波未息，每天平均仍有100多人偷渡香港的年代；是内地正在轰轰烈烈开展反"精神污染"运动的年代。那个时候，年轻人穿条喇叭裤、戴副墨镜都会被严厉抨击，而以奇装异服、靡靡之音"腐蚀"青少年的香港，自然更是当时最敏感、遭抨击最严厉的资本主义世界。

在这样严峻的形势下，罗湖桥竟然敞开中国的南大门，让普通人堂而皇之前往香港旅游、探亲，即使过了几十年，我们依然觉得当初做决策的人过分大胆，依然可以感受到他们冒的政治风险有多大。

事实上，当时提出开放"香港游"的关键人物，无论是中联办前身新华通讯社香港分社的外事组负责人纪绍祥，还是时任广东（香港）旅游有限公司董事、副经理冯万本等人，面临的压力都不是常人能够想象的。因为看起来香港游只是一件旅游的事情，但其核心在于内地居民赴港。

假如直接请示中央的话，按当时的情况，不是马上被否决掉，就是石沉大海，因为涉及多个部门，只要有一个部门，甚至只要有一位负责人不同意，事情就黄了。因此，新华通讯社与广东省政府驻港的最大公司——粤海集团下属的广东旅行社一起与港方协商后，向广东省政府打了报告。

冯万本起草的《关于开办广东省内人士到港澳旅游业务的报告》得到当时的广东省公安厅厅长的大力支持后，又得到主管旅游的副省

长的同意并报省长批示。

短短 20 天后，省长的批示就下来了。尽管广东省高层基本达成一致，但强烈反对的意见依然存在。广东省旅游局一名领导人激动得面红耳赤地批评冯万本："我今年 60 岁了，还要跟着你犯错误吗？"

这些都是后话。

且说 1983 年 6 月下旬得到省长批示后，各方将主要精力集中到与港英当局的协商上。经过五个月艰苦的谈判，香港游取得了突破性进展。终于，在 11 月 15 日那天，第一批 25 人的旅游团由广东旅行社组织前往香港。

在"新中国第一团"踏上罗湖桥之际，桥这头许多人的心是悬着的。

那是一场冒了巨大政治风险的尝试。

火车经过罗湖桥

跨过罗湖桥的这 25 个人去到香港后的动向，不但直接影响香港游的成败，也牵动着背后推动此事的众多人的前途和命运。

各方面固然做了充分的准备，但当时香港的吸引力是难以想象的，而且港英当局对内地居民非法进入香港曾经长期采取"抵垒政策"：偷渡者进入香港地界会被遣返，但只要他们抵达"本垒"，也就是香港市区——无论通过何种方式，都可以走进警察局登记身份，永久居留。

尽管这个政策终止于 1980 年，但不熟悉香港情况的内地人都可以从港片中看到，那时候非法偷渡到香港后只要不被抓到，总能想办法留下，或经香港跑去其他国家和地区。更何况，按照当时香港游的条件，首批 25 名游客都有亲人在香港甚至海外，每一个都不是没有故事的简单游客。

在这样的背景下，若有人存心要跑，固然自私自利，但也不是难以想象，只能说是防不胜防。只要有一个人滞留或者出逃，香港游和许多人的前途，就都完蛋了。

所幸，8 天后，罗湖桥上，"新中国第一团"的 25 个人，一个不少地、平安平静地从桥那头走回了桥这头。

三

尽管这 25 名普通游客的名字早已湮没在岁月里，他们跨过罗湖桥的那 8 天甚至说不上做了什么惊天动地的大事，但香港游的重要谈判者之一冯万本对此评价说："第一批'香港游'的客人终于按时踏上归程了，这是'香港游'最大的胜利！"

冯万本明面上只是驻港旅游公司的副经理，其实年少时就担任琼崖地下学联主席，深入调查过海南敌伪机关、学校内的潜伏特务情况，

智探过国民党设下的"伯陵防线",是非常优秀的特工。新中国成立后,他担任过检察院检察长、公安局局长等职,被派往香港工作后也与香港各界联系紧密,香港游谈判成功,让他成为香港一时的风云人物。

这样一个人认为的"胜利",其意义之重大不言而喻。

此后几个月,香港游几乎没有发生任何人员滞留现象,于是很快从每日一个团、每团25人,逐渐增加到每日12个团、每团48人。罗湖桥作为"桥"本身的连接作用,终于逐渐恢复过来。

就像冯万本后来在中央三个相关部门联合要求将"香港游"权力收回中央的协调会上说的那样:"'香港游'得到全世界的赞扬,大赞中国的改革开放,普遍赞颂香港游,证明了国家信任自己的人民,人民也热爱自己的祖国。"

1985年,时任全国政协主席邓颖超在广州接见冯万本,听他汇报组织"香港游"的情况后,格外兴奋地表示:这是开国以来了不起的一件事,外国人说我们是铁幕后的国家,你带头突破了铁幕。

正是在1985年,罗湖桥东侧建起了一座全新的双层通道桥,成为新的罗湖人行桥;那一年,持续了二三十年的妻儿在罗湖桥头苦等香港亲人返乡的奇景消失了,罗湖桥再也不是"望夫桥"。

罗湖桥上代表着"分隔"的那道红油漆,后来被更经久耐用的铝合金分隔线所代替,但罗湖桥两岸人们的联系却越来越紧密。

2003年,由于防洪标准过低,罗湖铁路桥被分段拆除,并被当作文物复建于香港新界,新建的铁路桥拓宽了40米。那一年,香港开放自由行,内地首批四个城市的居民再也不用跟团,只要带着身份证、户口本到当地公安机关出入境办证大厅办理往来港澳通行证,就可以出入香港,可以由着自己的意思安排购物、旅游,走亲访友更不在话下。

再往后，全国各大城市纷纷开通港澳自由行，罗湖桥上双方海关、证件查验的手续也不断简化，排队过关时间从以前几个小时缩短到几分钟，再到 15 秒，再进化到"回乡卡"自助通关 8 秒、"指模通关"3 秒……

经过近 100 年波澜壮阔的起伏，罗湖桥虽已不再是深圳河上那座连接两岸村落的小小石板桥，却逐渐回归它作为一座桥最初供给人们耕作往来、走亲访友的那些功用。

随着深圳海陆空口岸越来越多，罗湖桥作为十几个口岸之一，显得越来越普通。但如果有一种普通，其背后是整个时代的流光溢彩，那么就值得我们为这普通喝彩、欢乐！

"有我"到"无我"的伟大转身：
从经济特区到粤港澳大湾区

一

就在罗湖桥逐渐回归普通桥梁之际，2018 年，距离罗湖桥近百公里的伶仃洋上，桥梁界一颗崭新的明星闪亮登场，那就是著名的港珠澳大桥。

跟先天普通的罗湖桥相比，港珠澳大桥天生自带光环，创下多项世界第一，被誉为史无前例的世纪工程：全长 55 公里，是世界总体跨度最长的跨海大桥；海底隧道长 5.6 公里，是世界最长的海底公路沉管隧道；海底隧道最深位于海平面下 46 米，是世界埋进海床最深的沉管隧道；海底隧道由 33 节沉管和 1 个最终接头对接而成，每个沉管重约 8 万吨，相当于一艘中型航母，是世界最重的沉管。港珠澳大桥也是世界公路建设史上技术最复杂、施工难度最大、工程规模最

庞大的桥梁……

2018 年 10 月 23 日，港珠澳大桥开通仪式上，习近平总书记亲自出席并宣布大桥正式开通。在会见大桥管理施工人员代表时，习近平一连用了"圆梦桥、同心桥、自信桥、复兴桥"四个词来称赞港珠澳大桥。

跟港珠澳大桥的光彩夺目相比，本就平平无奇的罗湖桥似乎显得更为普通、黯淡。而且，比较微妙的是，港珠澳大桥并不经过罗湖桥所在的深圳。

从名称就可看出，港珠澳大桥直接连接的是香港、珠海和澳门。

如此重大的工程竟然撇开跟香港、澳门近在咫尺的重要城市深圳，许多人脑袋里开始上演珠三角各城市之间、各城市跟港澳之间的"宫心计"。然而，这些对深圳而言只有四个字：格局小了。

只要稍微动动脑子就可以想到一个问题：珠海离香港、澳门也不是很远。

从珠海坐船到香港只需一个多小时，开车走陆路远一点，也不过三个多小时；珠海到澳门更近，交通不是一般的便捷。

既然如此，国家为什么要花那么多钱、克服那么多技术难关给这三座城市建一座世界第一的跨海大桥呢？难道只为将珠海到香港、澳门的陆路车程缩短到半个小时？难道是为了炫技？

自然不是。

作为桥梁界炙手可热的新星，港珠澳大桥除了其本身各种世界第一带来的"明星"光环，更重要的是，它与国家级战略建设"粤港澳大湾区"紧紧联系在一起。

港珠澳，粤港澳，都是三个字，排列格局也很像。

港珠澳大桥直接连通香港、珠海和澳门三座城市，打通的却是一条神奇的"任督二脉"，极大助力广东省内九大城市（广州、深圳、佛山、东莞、惠州、中山、珠海、江门、肇庆）与香港、澳门两个特别行政区紧密联合在一起，形成一个世界级城市群——粤港澳大湾区。

"湾区"两个字，听起来就很拉风。

广东人喜欢水，有见水为财的说法，这个说法放之四海而皆准。别看地球那么大，目前全球 75% 的大城市、70% 的工业资本和人口都集中在距海岸 100 公里的地区，全球 60% 的经济总量更是集中在入海口——无怪乎"湾区"会成为发达、先进、繁荣、财富的代名词。

全球有几大著名湾区。美国的纽约湾区拥有全球规模最大、最发达的金融中心，拥有全球市值最大的纽约交易所和全球市值第三的纳斯达克交易所；旧金山湾区则是以风险投资著称的专业性科技金融中心，科技银行业务尤为发达。日本的东京湾区是引领全球科技创新发展的重要区域，面积仅占日本国土面积的 3.5%，2016 年其名义生产

港珠澳大桥

总值却高居全球第十，超过加拿大、俄罗斯等国全国的生产总值。

想想以后在中国的南海边上也会有一个庞大的、发达的、拉风到不行的城市群，实在令人兴奋又有点难以置信。毕竟，仅仅一二十年前，我们只能在电视、电影里看着金发碧眼的外国人过着摩登的都市生活，这么快就轮到我们，真的可以做到吗？

而这，就是城市之间组成粤港澳大湾区的奥妙所在。

二

假如没有粤港澳大湾区，深圳市创龙智新科技公司创始人郑文辉的事业，早就一头撞在了香港市场增长的天花板上。

郑文辉是香港人，2015 年之前已经在香港的手机应用程序开发领域颇有成就，但是，想再向上发展很难。这时，他注意到 AR 应用研发，非常感兴趣，坚信那是一个巨大的机会，"可以做出世界级产品"！

然而，郑文辉的公司在香港进行了两年 AR 智能眼镜的研发后，局面迟迟不能打开，问题就出在了硬件跟不上——造普通眼镜尚且需要有好的镜片和镜架生产商，更何况精准传送实时信息的高科技 AR 眼镜。香港不缺软件人才，但缺乏硬件科技公司，也缺乏相应的硬件生产人才。

面对困境，郑文辉选择将原香港公司软件研发以外的业务都转移到深圳。

众所周知，深圳的硬件生产十分过硬，既能支撑朗科发明世界上第一款闪存盘，也能支撑大疆无人机的研发和规模化生产。郑文辉的公司落户深圳不到一年就推出了自己的第一代 AR 智能眼镜。到2020 年接受《中国青年报》采访时，尽管只是一家仅有约 60 人的初

创企业，但这家企业已经在全球 AR 智能眼镜市场上占据了近 15%的市场份额。

跟国际科技巨头公司相比，郑文辉的公司可以说是"草根"，资金、研发实力各方面均难以与巨头相提并论，但我们知道，当雏鹰尝试飞翔时，其本身翅膀的挥动固然重要，其所依托的山崖的高度和风的方向、强度同样重要。

郑文辉的公司虽是"草根"，背后却有香港和深圳两座城市各自世界一流的优势支持，两座城市间流畅成熟的合作模式也产生了 1+1>2 的效果。若细究起来，它后面还有整个粤港澳大湾区的实力作为背书。

他们生产的 AR 眼镜的某个部件的原材料或许来自东莞，因为东莞跟深圳一样拥有电子信息世界级先进制造业，房租、人力成本等还比深圳低得多；而生产这些原材料的机器，或许来自珠海或佛山，因为那里有世界先进的装备制造产业带；又或许还有我们所不知道的某个细微环节的支持来自江门、肇庆等地，因为那里产业链十分齐全……

而最重要的人才流通，在整个粤港澳大湾区更是顺畅。不要说广东九市从快递物流到生物科技各种高中低端人才济济，交流活跃，就连许多港澳的"草根"创业者也像普通内地青年一样，自由来往于港澳和广州、深圳、珠海等城市寻找机会，一样工作和生活。

在很多人还没注意到的时候，深圳前海一些名叫"孵化器"的创业信息资源分享平台就已经帮助许多港澳"草根"青年成功在内地创业。其中一个名叫"同路孵化器"的平台在约两年的时间内就在香港、广州、东莞、上海四地建立基地，孵化港澳青年初创企业 150 家，其中有 9 家已估值过亿元。他们鼓励港澳年轻人在内地扎根，"只有扎

下根来才能发现、把握机遇"。

这跟过去几十年香港人单纯将内地视为投资赚钱沃土的观念已截然不同。

"以前香港年轻人讲起内地创业想到的都是父辈的故事,其实我们这一代人的机遇比父辈还要好。"接受过央视采访的澳门女孩程曦出身于澳门的六代中医药世家,2017 年,25 岁的程曦来到珠海横琴粤澳合作中医药科技产业园,从事中医药文化的推广工作。工作日她在横琴上班、生活,周末和节假日则回澳门陪家人,享受跨境医疗保险……对她和许多港澳普通青年来说,粤港澳大湾区,已然是家的扩大和延伸。

三

粤港澳大湾区的建设才刚刚起步,我们对它的认识还十分粗浅,然而仅这点粗浅的认识就够令人兴奋了,隐隐能预感到它将带来怎样一个富饶发达的世界级城市群,也难怪国家要将它作为国家级战略高度重视。

而深圳,跟粤港澳大湾区的"明星"港珠澳大桥搭不上边的城市,却在港珠澳大桥正式通车前四年,提出了建设"粤港澳大湾区"的构想。

不是跟风建议,而是首次提出;也不是随口一提,而是由深圳市政府在政府工作报告里郑而重之、正式地提出;更不仅仅是提出一个概念,而是详细阐述了发展粤港澳大湾区经济的构想,并且还将构想上报国家发改委及规划司——显然酝酿已久,思考成熟。

那是 2014 年。那一年,深圳著名企业华为的终端基地落户东莞松山湖,被认为是深圳产业外迁的一次重大事件。加上在那之前富士

康等深圳知名大企业陆续将产业重心内迁到河南、江西等地，大疆等公司也在酝酿将总部建到东莞，对深圳的唱衰不绝于耳。既唱衰，自然就要加上诸般指责、嘲讽。毕竟世上的财富和其他所有好东西，一向是这人多了那人便少了，这地方得了那地方便失去了，失去得越多就越落后、越荒凉。

但，深圳是一座海洋城市。

很多年前生活在内陆的雷锋就已经明白一个道理：一滴水只有放进大海里才永远不会干涸。一个人只有当他把自己和集体事业融合在一起的时候才能最有力量。

那么，一座城市呢？

假如深圳自傲于诞生之日经济特区的名头，那么，当改革开放深入全国，上海、苏州等城市经济发展亮点纷呈之际，它作为市场经济试验田和改革排头兵的角色早就结束，早该黯然退场了；假如深圳自夸于所拥有的海陆空口岸和外贸、金融、科技方面的优势，那么每次国际金融海啸和流行病疫情比如新冠肺炎疫情等，都足以对它造成致命打击。

显然，深圳并没有将自己的目标定在成为一座最富有、最发达、最令人羡慕的城市。它始终记得自己诞生的使命，将自己融入国家的需要当中。

当国家需要探索改革开放的时候，它是经济特区，先行先试，敢为人先；当人民群众对新时代中国特色社会主义有了新的认同、追求和期待的时候，它是综合配套改革试验区，是自由贸易区，可以在港珠澳大桥开通四年前就提出建设粤港澳大湾区的详细构想。

唯一不变的是它依然敢闯敢试，敢为人先，放掉小我，将自己放

到一个世界级城市群里做考量——现在，深圳的名称不再只是经济特区，而是社会主义先行示范区。

先行，就必然筚路蓝缕，必然面对不可知的艰辛困苦，要怎样才能拥有往前走的勇气和超越现状的目光呢？

2019 年，习近平主席对意大利进行国事访问时，意大利众议长菲科提问："您当选中国国家主席的时候，是一种什么样的心情？因为我本人当选众议长已经很激动了，而中国这么大，您作为世界上如此重要国家的一位领袖，您是怎么想的？"

对此，习近平主席的回答是：这么大一个国家，责任非常重、工作非常艰巨。我将无我，不负人民。我愿意做到一个"无我"的状态，为中国的发展奉献自己。

无论一个人还是一座城市，真正伟大的力量都来自从"有我"到"无我"的伟大转身。

参考文献

1. 陈秉安，胡戈，梁兆松. 深圳的斯芬克思之谜 [M]. 深圳：海天出版社，1991.

2. 陈秉安. 大逃港 [M]. 广州：广东人民出版社，2010.

3. 涂俏. 袁庚传：改革现场 [M]. 深圳：海天出版社，2008.

4. 陈开枝. 起点，邓小平南方之行 [M]. 北京：中国文史出版社，2008.

5. 田炳信. 南方谈话亲历者访谈录 [M]. 广州：广东人民出版社，2019.

6. 中国人民政治协商会议广东省深圳市委员会. 敢闯敢试：改革开放以来深圳创造的全国"率先" [M]. 深圳：海天出版社，2018.

图书在版编目（CIP）数据

荆棘中绽放：深圳 40 个历史时刻 / 舒黎明编著
. —— 深圳：海天出版社，2022.9
　　ISBN 978-7-5507-3565-1

　　Ⅰ. ①荆… Ⅱ. ①舒… Ⅲ. ①深圳 – 地方史 Ⅳ.
① K296.53

中国版本图书馆 CIP 数据核字 (2022) 第 105367 号

荆棘中绽放：深圳 40 个历史时刻
JING JI ZHONG ZHAN FANG : SHEN ZHEN 40 GE LI SHI SHI KE

出 品 人	聂雄前
责 任 编 辑	曾韬荔
责 任 校 对	叶 果
责 任 技 编	梁立新
装 帧 设 计	自留地　交流邮箱：919679085@qq.com

出 版 发 行	海天出版社
地　　　址	深圳市彩田南路海天综合大厦（518033）
网　　　址	www.htph.com.cn
订 购 电 话	0755-83460239（邮购、团购）
排 版 制 作	深圳自留地文化创意有限公司
印　　　刷	中华商务联合印刷（广东）有限公司
开　　　本	787mm×1092mm　1/16
印　　　张	24
字　　　数	300 千
版　　　次	2022 年 9 月第 1 版
印　　　次	2022 年 9 月第 1 次
定　　　价	78.00 元

海天版图书版权所有，侵权必究。

法律顾问：苑景会律师 502039234@qq.com

海天版图书凡有印装质量问题，我社负责调换。